Gunther Wanke

Untersuchungen zur sogenannten Baruchschrift

Gunther Wanke

Untersuchungen zur sogenannten Baruchschrift

W DE G

Walter de Gruyter & Co.

Berlin 1971

CBPac

Beiheft zur Zeitschrift für die alttestamentliche Wissenschaft

Herausgegeben von Georg Fohrer

122

Als Habilitationsschrift auf Empfehlung der theol. Fakultät der
Universität Erlangen-Nürnberg gedruckt mit Unterstützung der
Deutschen Forschungsgemeinschaft

Meiner Frau

Vorwort

O. Kaiser bezeichnet in seiner jüngst erschienenen »Einleitung in das Alte Testament«, 1969, 188, die gründliche Untersuchung der Fremdberichte des Jeremiabuchs als ein dringendes Desiderat der alttestamentlichen Forschung. Es war auch ursprüngliche Absicht der folgenden Untersuchung, eine ins einzelne gehende Darstellung der mit diesen Texten verbundenen Probleme vorzulegen und — wenn möglich — die in der alttestamentlichen Forschung weitgehend vertretene Einheitlichkeit der sogenannten Baruchschrift zu erweisen.

Im Verlauf der Untersuchungen zeigte sich jedoch bald, daß erstens diese Arbeitshypothese kaum ihre Bestätigung finden würde und daß zweitens ein endgültiges Urteil über diesen Fragenkomplex einer ebenso intensiven Analyse des gesamten Jeremiabuchs bedürfte, wie sie für die Fremdberichte versucht wurde.

Aus diesem Grund liegt im folgenden das Schwergewicht auf den literarkritischen Analysen als der notwendigen Grundlage für jede weitere Beurteilung der fraglichen Texte, sowie dem damit verbundenen Versuch einer Erhellung der Überlieferungsgeschichte der Fremdberichte des Jeremiabuchs.

Trotz dieser notwendigen methodischen Beschränkung war es möglich, aus den Ergebnissen der Analysen eine Reihe nicht unwichtiger Konsequenzen zu ziehen; Konsequenzen, die G. Fohrer veranlaßten, in der zweiten Auflage seiner Einleitung (E. Sellin—G. Fohrer, Einleitung in das Alte Testament, 1969[11]) einige diesbezügliche vorläufige Änderungen vorzunehmen (436f.).

Nicht berücksichtigt wurde in der vorliegenden Untersuchung das häufig den Fremdberichten zugerechnete Kapitel Jer 34, da es sich trotz 34 6f. sowohl bei 34 1-7 als auch bei 34 8-22 um Redestücke und nicht um erzählende Abschnitte handelt.

Zu den im Text verwendeten Literaturabkürzungen sei auf die Angaben im folgenden Abkürzungsverzeichnis hingewiesen.

Die vorliegende Arbeit wurde von der Theologischen Fakultät der Friedrich-Alexander-Universität Erlangen—Nürnberg im Wintersemester 1969/70 als Habilitationsschrift angenommen. Für den Druck wurden auf Anregung des Korreferenten, Herrn Prof. Dr. Ernst Kutsch, einige redaktionelle Veränderungen vorgenommen; der Text blieb davon jedoch im wesentlichen unberührt.

Mein Dank gilt vor allem Herrn Prof. D. Dr. Georg Fohrer, D. D., für die stete Förderung meiner wissenschaftlichen Arbeit, nicht zuletzt durch seinen uneigennützigen, persönlichen Einsatz in manchen nur mittelbar damit verbundenen Problemen, für das besondere Interesse, das er dieser Arbeit zuwandte, und schließlich für die Aufnahme der Untersuchung in die Reihe der »Beihefte zur Zeitschrift für die alttestamentliche Wissenschaft«. Zu danken habe ich auch meinem Kollegen, Herrn cand. theol. Ludwig Markert, für die von ihm im Zusammenhang mit den Korrekturen des Buches aufgewendete Zeit und Mühe.

Erlangen, im März 1970   Gunther Wanke

Abkürzungsverzeichnis

Bright   J. Bright, Jeremiah, Anchor Bible 21, 1965
Cornill   C. H. Cornill, Das Buch Jeremia, 1905
Duhm   B. Duhm, Das Buch Jeremia, KHC XI, 1901
Ehrlich   A. Ehrlich, Randglossen zur hebräischen Bibel 4, 1912
Eißfeldt, Einleitung   O. Eißfeldt, Einleitung in das Alte Testament, 1964³
Erbt   W. Erbt, Jeremia und seine Zeit, 1902
Fohrer, Einleitung   E. Sellin — G. Fohrer, Einleitung in das Alte Testament, 1969¹¹
Fohrer, Berichte über symbol. Handlungen   G. Fohrer, Die Gattung der Berichte über
    symbolische Handlungen der Propheten, ZAW 64 (1952), 101—120 jetzt:
    Studien zur alttestamentlichen Prophetie (1949—1965), 1967, 92—112
Fohrer, Symbol. Handlungen   G. Fohrer, Die symbolischen Handlungen der alt-
    testamentlichen Propheten, 1967²
Giesebrecht   F. Giesebrecht, Das Buch Jeremia, HK III 2, 1907²
Hitzig   F. Hitzig, Der Prophet Jeremia, 1866²
Horst, ZAW 41   F. Horst, Die Anfänge des Propheten Jeremia, ZAW 41 (1923),
    94—153
Hyatt   J. Ph. Hyatt, Jeremiah, IB V, 1956
Köberle   J. Köberle, Der Prophet Jeremia, 1925²
Kremers, Diss   H. Kremers, Der leidende Prophet. Das Prophetenbild der Prosa-
    überlieferung des Jeremiabuchs und seine Bedeutung innerhalb der Prophetie
    Israels, Diss. Göttingen 1952
Kremers, EvTh 13   H. Kremers, Leidensgemeinschaft mit Gott im Alten Testament,
    EvTh 13 (1953), 122—140
Lamparter   H. Lamparter, Prophet wider Willen, BAT 20, 1964
Mowinckel   S. Mowinckel, Zur Komposition des Buches Jeremia, 1914
Nötscher   F. Nötscher, Das Buch Jeremias, 1934
Orelli   C. von Orelli, Der Prophet Jeremia, 1905³
Rietzschel   C. Rietzschel, Das Problem der Urrolle, 1966
Rothstein   J. W. Rothstein, Das Buch Jeremia, in: E. Kautzsch, Die Heilige Schrift
    des Alten Testaments, 1922/23⁴
Rudolph   W. Rudolph, Jeremia, HAT I 12, 1968³
Rudolph, ZAW 48   W. Rudolph, Zum Text des Jeremia, ZAW 48 (1930), 272—286
Schmidt   H. Schmidt, Die großen Propheten, SAT II 2, 1923²
Stade, ZAW 12   B. Stade, Bemerkungen zum Buche Jeremia, ZAW 12 (1892),
    276—308
Volz   P. Volz, Der Prophet Jeremia, KAT X, 1928²
Volz BWAT   P. Volz, Studien zum Text des Jeremia, 1920
Weiser   A. Weiser, Der Prophet Jeremia, ATD 20. 21, 1961⁴

Die über dieses Verzeichnis hinaus verwendeten Abkürzungen entsprechen dem in der
ZAW üblichen Verfahren. Ohne nähere Hinweise gebrauchte Abkürzungen ersetzen
die übliche Angabe »zur Stelle«.

Einleitung

In der durch Duhms bahnbrechenden Kommentar eingeleiteten bewegten Auseinandersetzung um die literarischen Probleme des Jeremiabuchs[1] hat sich eine Hypothese im wesentlichen durch die Jahrzehnte hindurchgerettet: Die Fremdberichte des Jeremiabuchs sind das Werk eines Verfassers. Und obwohl diese These, bedingt durch die verschiedenen Betrachtungsweisen, welchen das Jeremiabuch unterworfen wurde, mannigfache Modifikationen erfuhr, hat sie an Bedeutung für die Erhellung der Entstehung des Jeremiabuchs nichts eingebüßt. So ist im Verlauf der Forschungsgeschichte diese These zu einer der wenigen verläßlichen Grundlagen geworden, von denen aus man an die Untersuchung des gesamten Jeremiabuches gehen konnte. Selbst die traditionsgeschichtliche Betrachtungsweise konnte sich von dieser These nie ganz freimachen.

Ist es für die Vertreter der literarkritischen und stilkritischen Betrachtungsweise[2] zunächst wichtig festzuhalten, daß die Fremdberichte, von der Hand eines Verfassers stammend, als eine schriftliche Quelle des Jeremiabuchs zu verstehen sind[3], die im Laufe der Überlieferungs- und Redaktionsgeschichte auseinandergerissen und mit anderem Material verbunden wurde, und ist es für diese Gelehrten erst in einem weiteren Schritt interessant, nach der Identität dieses Verfassers zu fragen, hinter dem man schließlich mit mehr oder weniger Gewißheit die Person Baruchs vermutet, so überraschen die Vertreter der traditionsgeschichtlichen Betrachtungsweise[4] damit, daß sie die Beteili-

---

[1] Eine instruktive Darstellung der Forschungsgeschichte findet sich bei Rietzschel 10—19.

[2] Neben vielen andern seien hier vor allem Duhm, Mowinckel, Eißfeldt (Einleitung 466—492) und Rudolph genannt. — Die Terminologie für die Klassifizierung der einzelnen Betrachtungsweisen ist der Einfachheit halber von Rietzschel (s. o. Anm. 1) übernommen.

[3] Eine Ausnahme bildet hier G. Jacoby, Zur Komposition des Buches Jeremja, ThStKr 79 (1906), 1—30, der u. a. die erzählenden Partien einem Redaktor zuschreibt, welcher den Stoff für sie aus den im Volk kursierenden Erzählungen schöpfte (S. 8). — Zu den ähnlichen Auffassungen H. G. Mays (Towards an Objective Approach to the Book of Jeremiah: The Biographer, JBL 61, 1942, 139—155) und F. Augustins (Baruch und das Buch Jeremia, ZAW 67, 1955, 50—56), siehe Rudolph XIV Anm. 2.

[4] Hierzu rechnet Rietzschel (18) mit Recht bereits Volz und Weiser, die den Vorstellungen der skandinavischen Forscher, von denen für unsern Zusammenhang vor allem H. Birkeland, Zum hebräischen Traditionswesen, 1938, zu nennen ist, sehr nahe kommen.

gung Baruchs an der Entstehung des Jeremiabuchs besonders hoch
ansetzen, wenngleich auch wegen des komplizierten Überlieferungsprozesses die Form, die u. a. die Erzählungen durch Baruch erhielten,
verlorengegangen sein soll[5] bzw. nicht mehr zu erweisen ist, ob »sämt-
liche von der Hand Baruchs verfaßten Stücke in einer einheitlichen
chronologisch geordneten 'Baruchbiographie' vereinigt waren und
durch spätere Redaktorenhand auseinandergerissen wurden«[6]. Ganz
abgesehen von der Beurteilung des Traditionsprozesses[7], die im Einzelfall sehr unterschiedlich ausfällt, ist im Prinzip die Ausgangsposition
auch der zuletzt genannten Betrachtungsweise von der der literarkritischen kaum mehr zu unterscheiden. Beide rechnen mit schrift-
lichen Aufzeichnungen Baruchs, denen wenigstens die Fremdberichte
des Jeremiabuchs zuzurechnen sind[8].

Stößt man an diesem Punkt ganz offensichtlich auf eine opinio
communis innerhalb der Jeremiaforschung, so treten die Differenzen
in der Beurteilung dieser sogenannten Baruchschrift an einer ganz
anderen Stelle auf. Ist man sich erst einmal in der Annahme einig, daß
mit einem solchen Werk zu rechnen sei, und ist man sich weiter einig
darin, daß dieses Werk noch mit einiger Wahrscheinlichkeit zu rekonstruieren ist[9], dann kann auch die Frage nach der Absicht, die Baruch
mit diesem Werk verfolgte, zu beantworten gesucht werden. Die Auseinandersetzung hierüber hat Duhm mit seiner Bestimmung der Baruchschrift als einer Prophetenbiographie eingeleitet, wobei er selbst
bereits darauf hinweist, daß das ganze Werk eigentlich in zwei Teile
zerfällt, wovon der erste Teil (Kap. 26—29*. 32*. 34—36*) einen mehr
chronikartigen Eindruck macht und erst später im zweiten Teil (Kap.
37—45) die Erzählung stärker in Fluß kommt[10]. Aus diesem Grund
nahm die auf Duhm folgende Jeremiaforschung den von ihm im glei-

---

[5] H. Birkeland a. a. O. 49.

[6] A. Weiser, Einleitung in das Alte Testament, 1963[5], 190.

[7] Vgl. dazu A. H. J. Gunneweg, Mündliche und schriftliche Tradition der vorexilischen
Prophetenbücher als Problem der neueren Prophetenforschung, 1959.

[8] Selbst Mowinckel schloß sich nach anfänglicher Ablehnung der Baruchhypothese
(Zur Komposition des Buches Jeremia, 1914, 30) dieser These schließlich ausdrücklich an (Prophecy and Tradition, 1946, 61 Anm. 56), wobei auffällt, daß dieser Wandel bei Mowinckel offenbar im Zusammenhang steht mit der immer stärker hervor-
tretenden Berücksichtigung der traditionsgeschichtlichen Forschung.

[9] Diesen Schritt gehen die mit starkem Einfluß mündlicher Tradition rechnenden
skandinavischen Forscher nicht mehr mit, da ihrer Ansicht nach selbst ursprünglich
schriftlich überliefertes Gut durch die normative mündliche Überlieferung so stark
deformiert wurde, daß eine Rekonstruktion des Grundbestands aussichtslos sei. Es
bleibt schließlich bei der Feststellung, daß hinter Kap. 26—29. 32—36 eine von
Baruch in Palästina und hinter Kap. 37—45 eine von Baruch in Ägypten verfaßte
Schrift steht (H. Birkeland, Zum hebräischen Traditionswesen, 1938, 51).

[10] Duhm XV.

chen Zusammenhang gebrauchten Begriff der 'Denkwürdigkeiten' bereitwilliger auf als den durch die neuere Literaturwissenschaft eindeutig festgelegten Terminus 'Biographie'[11]. Nach Cornill und Erbt, der unter stärkerer Berücksichtigung der genauen Zeitangaben die Denkwürdigkeiten Baruchs im annalistischen Stil geschrieben sieht[12], ist es Mowinckel, der den Charakter des Werkes noch genauer umschreibt[13]. Nach ihm handelt es sich bei der Quelle B um ein personalgeschichtliches Werk, dessen Zweck es ist, »nicht die einzelnen denkwürdigen Erlebnisse an sich, sondern diese, insofern sie Gelegenheit zu denkwürdigen Worten gegeben haben, mitzuteilen«. Der Plan des Werkes bringt es mit sich, daß »es häufig das Gepräge einer Anekdotensammlung« erhält. Daß die Darstellung gegen Ende pragmatischer wird, »ist natürlich z. T. in den Ereignissen selbst begründet«[14]. Diese Auffassung der genannten Forscher hat bis heute ohne wesentliche Änderung ihre zahlreichen Vertreter gefunden[15]. Unter noch stärkerer Betonung der Einheitlichkeit erkennt Rudolph in der Baruchschrift ein Werk, dessen Zweck es sei, »nur die Leiden und Verfolgungen, denen Jeremia durch seinen prophetischen Beruf ausgesetzt war«, zu schildern[16]. Danach wäre es sehr unwahrscheinlich, daß die Baruchschrift ursprünglich noch weitere, nicht mehr erhaltene Stücke enthalten haben soll[17]. Aus dieser Zweckbestimmung fallen nach Rudolph nur Kap. 45 und 51 59-64 heraus, doch sei ihre Mitteilung innerhalb der Baruchschrift schon wegen der beteiligten Personen verständlich. Bestimmt Rudolph den Grundtenor des gesamten Werkes offenbar stärker von seinem zweiten Teil her (Kap. 37—45), so gehen Fohrer[18] und A. Gelin[19] in ihrer Beurteilung vorwiegend vom ersten Teil der Baruchschrift aus (Kap. 19 1—20 6 26—36*) und kommen zu dem Ergebnis, die Baruchschrift suche »die schließliche Verwirklichung der Ankündigungen des Propheten, deretwegen er so viel gelitten hat, nachzuweisen« bzw. sei eine Art Tatsachenapologie, in der der Schreiber seinem Glauben an die Sendung seines Meisters Ausdruck verlieh.

---

[11] G. Hölscher, Die Profeten, 1914, 386.

[12] Erbt 3f.

[13] Mowinckel 24—30.

[14] Mowinckel 25f.; vgl. auch Prophecy and Tradition, 1946, 61.

[15] Köberle 23f.; C. Kuhl, Die Entstehung des Alten Testaments, 1960[2], 197—200; Hyatt 788; Bright LXVII; J. Scharbert, Die Propheten Israels um 600 v. Chr., 1967, 67, u. a.

[16] Rudolph XVI, unter Berufung auf G. v. Rad, Die Konfessionen Jeremias, EvTh 3 (1936), 275 Anm. 5. Ähnlich auch Eißfeldt, Einleitung, 478; Lamparter 27, und H.-J. Kraus, Prophetie in der Krisis, 1964, 83f.

[17] Rudolph gegen Duhm.

[18] Fohrer, Einleitung, 437.

[19] A. Gelin, in: A. Robert—A. Feuillet, Einleitung in die Heilige Schrift, I 1963, 516f.

Eine Sonderstellung in diesem Zusammenhang nehmen Volz und Weiser[20] insoferne ein, als beide zwar auch Baruch als den Verfasser der Fremdberichte des Jeremiabuchs anerkennen, aber nicht an der Einheitlichkeit seines Werkes festhalten, sondern für seine beiden Teile je verschiedene Zweckbestimmungen erkennen. So können beide zwar noch von einer Leidensgeschichte Jeremias sprechen, beschränken diese aber auf die Kap. 37—45, während sie die Fremdberichte innerhalb Kap. 26—36 als mit einem erzählenden geschichtlichen Rahmen umgebene Reden und Handlungen Jeremias verstehen.

Auf diesem von Volz und Weiser vorgezeichneten Weg gehen Kremers[21] und in seinem Gefolge Rietzschel[22] und G. v. Rad[23] einen Schritt weiter, indem sie nun nicht alle Fremdberichte einem Verfasser zuschreiben, sondern nur mehr für die Kap. 37—45* zugestehen, daß sie das Werk einer Hand sind; alles übrige seien Einzelerzählungen oder kleine Überlieferungskomplexe (Kap. 27—29). Kremers und Rietzschel unterscheiden sich nur insoferne voneinander, als Kremers wegen Kap. 45 den Erzählungszyklus Kap. 37—43* Baruch zuschreibt und auch hinter Kap. 36 Baruchs Hand vermutet, während Rietzschel aufgrund einer völlig anderen Beurteilung von Kap. 36 und Kap. 45 dieser Annahme Kremers große Skepsis entgegenbringt. Als zwei Traditionskomplexe mit je verschiedener Thematik (26—36: History of the word of Yahweh as mediated by the faithful prophet Jeremiah; 37—45: History of the prophet's suffering as a result of his faithful execution of the prophetic office among his people) beurteilt Kessler[24] den zweiten Teil des Jeremiabuches und liegt damit auf der Linie Rietzschels, welcher von den Einzelerzählungen ausgehend schließlich in Kap. 26—35 ebenfalls einen größeren Überlieferungsblock erkennt.

Faßt man diesen Überblick über die Forschung noch einmal kurz zusammen, so zeigt sich, daß ihre Entwicklung bereits in den Beobachtungen Duhms angelegt ist. So führt auf der einen Seite Duhms Behauptung, den Fremdberichten liege ein ursprünglich einheitliches Werk e i n e s Verfassers zugrunde, zu den Positionen Rudolphs und Fohrers, auf der andern Seite seine Beobachtung des nicht ganz ein-

---

[20] Volz XLIV ff.; Weiser 485 f.; ders., Das Gotteswort für Baruch und die sogenannte Baruchbiographie, in: Heim-Festschrift, 1954, 35—46, jetzt: Glaube und Geschichte im Alten Testament, 1961, 321—329.

[21] Kremers, Diss., passim; EvTh 13, 129 f.

[22] Rietzschel 95—110.

[23] G. v. Rad, Theologie des Alten Testaments, II 1965⁴, 214.

[24] M. Kessler, Form-Critical Suggestions on Jer 36, CBQ 28 (1966), 389—401 (389 f.); ders., Jeremiah Chapters 26—45 Reconsidered, JNES 27 (1968), 81—88 (83), ohne jedoch auf die Entstehungs- und Überlieferungsgeschichte einzugehen. — Die Dissertation Kesslers: A Prophetic Biography: A Formcritical Study of Jer. 26—29; 32—45 (Brandeis University 1965), war mir leider nicht zugänglich.

heitlichen Stils über Volz und Weiser zu den Thesen Kremers', Rietzschels und Kesslers.

Es wird aus den folgenden Analysen deutlich werden, daß die
Lösung der mit den Fremdberichten des Jeremiabuchs verbundenen
Probleme auf dem von Volz, Weiser, Kremers und Rietzschel vorgezeichneten Wege zu suchen sein wird. Aus diesem Grund kann auch
vieles vor allem von Kremers und Rietzschel Erarbeitete übernommen
werden, da es sich durch die eigenen Analysen bestätigt finden wird.
Dennoch müssen eine Reihe von Modifikationen vorgenommen werden,
die sich vor allem im Blick auf Rietzschels Ergebnisse — nicht im Blick
auf seine Methode — als notwendig erweisen[25].

Doch zuvor sollen noch einige Bemerkungen über die in den Analysen angewandte Methode eingefügt werden. Wenn es überhaupt
möglich ist, zu brauchbaren Aussagen über die Entstehung alttestamentlicher Literatur zu kommen, dann nur auf zunächst literarkritischem Weg. Er allein gibt im Zusammenhang mit der der Gegenwart ausschließlich in schriftlicher Form überlieferten alttestamentlichen Literatur erst die Grundlagen für jede weitere Beurteilung der
Texte an die Hand. Selbst die Erkenntnis, daß — in welchem Umfang
auch immer — mit mündlicher Überlieferung zu rechnen ist, setzt voraus, daß zuvor die Literarkritik an ihre Grenze gelangt sein muß. Jede
weitere an die Texte herangetragene Fragestellung und damit verbunden jede weitere auf sie angewandte Untersuchungsmethode gewinnt
je mehr an Wert, je mehr sie sich auf die Ergebnisse voraufgegangener
literarkritischer Analyse stützen kann. Daß sich die einzelnen Methoden
in ihren Ergebnissen gegenseitig korrigieren, sei ausdrücklich hervorgehoben, ändert aber nichts an der Vorrangstellung der Literarkritik
ihnen gegenüber. Es ist darum auch in den vorgelegten Untersuchungen der literarkritischen Analyse breitester Raum eingeräumt worden,
und, wie die Ergebnisse zeigen werden, wohl nicht zu Unrecht. Daß
dennoch manches nur mit Vorbehalt geäußert wurde, liegt zum einen
darin, daß tatsächlich die Grenze der Möglichkeiten erreicht war, zum
andern darin, daß eine Reihe von für die endgültige Beurteilung der
Fremdberichte unbedingt heranzuziehenden Texten nicht in der gleichen Weise analysiert werden konnte[26].

---

[25] Es scheint die Schwäche von Rietzschels Arbeit zu sein, daß er nicht wie Kap. 25
auch alle andern Kapitel des Jeremiabuchs in gleicher intensiver Weise analysierte,
daher auch häufig zu nicht ganz einleuchtenden Urteilen im Einzelfall kommt.
Dessenungeachtet wird sie ein Wegweiser für die Jeremiaforschung bleiben.

[26] Hier wären vor allem die Selbstberichte und die sog. deuteronomistischen Reden
zu nennen, deren Analyse sicherlich noch mancherlei Aufschlüsse gegeben hätte.

I. Analysen

1. Jeremia 19 1—20 6

Text

19 1 So\[a\] hat Jahwe (zu mir\[b\]) gesprochen: »Geh' und kaufe eine Töpfer-
flasche\[c\] und (nimm mit dir\[d\]) einige von den Ältesten des Volkes und von
den Priestern\[e\] 2 und geh' hinaus zum [Tal Ben Hinnom, welches beim\[f\]]
Eingang des Scherbentores\[g\] [liegt\[f\],] [und verkündige dort die Worte, die
ich zu dir reden werde, 3 und sprich: 'Hört das Wort Jahwes, Könige von
Juda und Bewohner von Jerusalem; so hat Jahwe Zebaoth, der Gott Israels,
gesprochen: Siehe, ich bringe Unheil über diesen Ort, daß jedem, der es
hört, die Ohren gellen werden, 4 weil sie mich verlassen haben und diesen
Ort unkenntlich gemacht haben und an ihm andern Göttern opferten, die
sie, ihre Väter und die Könige von Juda nicht kannten, und\[h\] diesen Ort
mit dem Blut Unschuldiger füllten\[h\] 5 und Baalshöhen\[i\] bauten\[j\], um ihre
Söhne mit Feuer zu verbrennen als Brandopfer für den Baal, was ich nicht
befohlen und nicht angeordnet habe\[k\], und was mir nie in den Sinn gekommen ist. 6 Darum siehe, es werden Tage kommen, ist der Spruch Jahwes,
da man diesen Ort nicht mehr Tophet oder Tal Ben Hinnom nennen wird,
sondern Mordtal. 7 Da werde ich verschütten den Rat Judas und Jerusalems
an\[l\] diesem Ort und ich lasse sie durch's Schwert fallen vor ihren Feinden
und durch die Hand derer, die ihnen nach dem Leben trachten; und ich
gebe ihre Leichname den Vögeln des Himmels und den wilden Tieren zum
Fraß. 8 Und ich mache diese Stadt zum Entsetzen und Gepfeife: jeder, der
an ihr vorüberzieht, wird sich entsetzen und pfeifen wegen all ihrer Schläge,
9 und ich gebe ihnen das Fleisch ihrer Söhne und das Fleisch ihrer Töchter
zu essen, und sie werden einer das Fleisch des andern essen in der Bedräng-
nis und Drangsal, mit der ihre Feinde und, die ihnen nach dem Leben trachten, sie bedrängen werden'\[f\].] 10 Und zerbrich die Flasche vor den Augen
der Männer, die mit dir gegangen sind, 11 und sprich zu ihnen: So hat
Jahwe Zebaoth gesprochen: So werde ich dieses Volk und diese Stadt zerbrechen, wie man das Töpfergeschirr zerbricht, so daß es nicht wieder ge-
heilt werden kann. [Und im Tophet wird man begraben, weil es sonst keinen
Raum zum Begraben gibt\[m\]. 12 So werde ich diesem Ort tun, ist der Spruch
Jahwes, und seinen Bewohnern\[n\], um diese Stadt dem Tophet gleichzu-
machen. 13 Und es werden die Häuser Jerusalems und der Könige Judas
wie der Ort des Tophet verunreinigt\[o\], nämlich alle Häuser, auf deren
Dächern sie dem ganzen Himmelsheer geopfert und andern Göttern Trank-
opfer gespendet haben.«\[f\]]
14 Als Jeremia vom Tor\[p\], wohin ihn Jahwe gesandt hatte, um als Prophet aufzutreten, zurückkehrte, betrat er den Vorhof des Tempels und
sprach zum ganzen Volk: 15 »So hat Jahwe Zebaoth, der Gott Israels, ge-

sprochen: Siehe, ich bringe[q] über diese Stadt und alle ihre Städte all das
Unheil, das ich ihr angedroht habe, weil sie hartnäckig dabeiblieben, nicht
auf meine Worte zu hören.«
20 1 Als aber der Priester Paschchur, der Sohn Immers — er war
Oberaufseher im Tempel —, den Jeremia diese Worte prophezeien hörte,
2 da ließ Paschchur den Propheten Jeremia schlagen und ihn in den Block
legen, der sich im oberen Benjamin-Tor[r] am Tempel befand. 3 Und als
anderntags Paschchur den Jeremia aus dem Block freiließ, da sprach Jeremia zu ihm: »Nicht Paschchur nennt Jahwe deinen Namen, sondern Grauen
[ringsum[s]]. 4 Denn so hat Jahwe gesprochen: Siehe, ich gebe dich dem
Grauen preis, dich und deine Freunde; sie werden durch das Schwert ihrer
Feinde fallen, und deine Augen sollen es sehen. Ganz Juda aber gebe ich
in die Hand des Königs von Babel; und der wird sie in die Verbannung nach
Babel führen oder sie mit dem Schwert erschlagen. 5 Und ich gebe allen
Reichtum dieser Stadt, all ihren Erwerb und all ihre Kostbarkeiten und
alle Schätze der Könige von Juda gebe ich[t] in die Hand ihrer Feinde, daß
sie sie plündern und mitnehmen und nach Babel bringen. 6 Und du, Paschchur, und alle Bewohner deines Hauses werden in die Gefangenschaft gehen:
nach Babel wirst du kommen und dort sterben und dort begraben werden,
du und deine Freunde, denen du lügnerisch prophezeit hast.«

a 𝔊 liest אז und erhält auf diese Weise eine Zeitangabe, die häufig vermißt wurde (Schmidt, Rudolph). Die Formel אז אמר יהוה wäre im Alten Testament singulär (mit Menschen als Subjekt: I Reg 8 12 // II Chr 6 1 I Reg 22 50 Ps 40 8 126 2 I Chr 15 2). 𝔊 knüpft mit ihrem τότε an das Kap. 18 an, doch könnte es auch aus τάδε = כה verlesen sein (Giesebrecht). — b 10 MSS 𝔊𝔏 (𝔖𝔗) lesen אלי. Da von Jeremia im folgenden aber immer in der 3. Person die Rede ist, könnte man bei dem gut bezeugten אלי an eine Abkürzung für אל־ירמיהו denken (so Schmidt, Volz, Rudolph); doch vgl. die Analyse. — c Eine doppelte Kennzeichnung von בקבק ist nicht notwendig; zu יוצר vgl. II Sam 17 28 Ps 2 9, zu חרשׂ Num 5 17 Jer 32 14. Welche der beiden Kennzeichnungen ursprünglich ist, ist schwer zu entscheiden; da jedoch auch v. 11b יוצר hat und חרשׂ in 𝔖𝔊א* fehlt, wird jenes zu bevorzugen sein (Ehrlich, Volz BWAT u. a.); 𝔊 versucht bereits beides miteinander in Einklang zu bringen. — d V. b ist ein Torso; es muß ein Verbum ausgefallen sein; lies mit (𝔊)𝔖𝔗 לָקַחְתָּ אִתְּךָ. — e Die Ältesten der Priester sind zwar in II Reg 19 2 erwähnt, doch ob sie für Jeremia so ohne weiteres erreichbar waren, bleibt zu fragen (Duhm, Rudolph); lies daher mit 𝔊[B]א וּמֵהַכֹּהֲנִים. — f Siehe die Analyse. — g Mit Q ist סית- zu lesen. — h Folgt man der 𝔊, welche den Vers bei ואב׳ teilt, dann sind es vor allem die Könige von Juda, denen die Tophetgreuel zugeschrieben werden (so z. B. Duhm, Cornill, Rudolph). — i במות Plural der Ausdehnung (Rudolph)? Oder ist בָּמַת zu lesen (Duhm u. a.)? — j Liegt aramaisierender Tempusgebrauch vor wie 37 15 (Rudolph)? Man erwartet wie auch in 7 31 ein impf. cons.[1]. — k לא דברתי fehlt in 𝔊 und in 7 31. — l בְּ meint hier wegen v. 6 wohl ‘an’ und nicht ‘wegen’ (gegen Rudolph). — m In 𝔊 fehlt der ganze v. 11b; wegen seiner zum Teil wörtlichen Übereinstimmung mit 7 32 erwartet man ihn hinter v. 6; vielleicht ist der Satz vom Rand her an eine falsche Stelle im Text

[1] G. Bergsträsser, Hebräische Grammatik, II 1929, § 8h: unter Einfluß des Aramäischen wird impf. cons. häufig durch pf. cop. ersetzt; doch § 9b—k (Anm.): bei Jer 7 31 37 11. 15 ist die Überlieferung verdächtig.

geraten (Rudolph; anders Volz BWAT). — n וְליושביו, durch seine Stellung hinter נאם יהוה auffallend; wird nachträglicher Zusatz sein, der durch die Deutung von מקום auf Jerusalem bedingt sein mag. Die geschicktere Stellung von נאם יהיה in ⅏[B]𝕾 ist durch nachträgliche Glättung entstanden[2]. — o Bei הטמאים stört der Artikel, welcher das pluralische Adjektivum mit מקום התפת verbindet. Man liest am besten mit 𝕾 מְטֻמָּאִים, da auch die ⅏ das vorgestellte מ kannte (Volz, Rudolph)[3]. — p מההתפת kann nachträgliche Angleichung des erzählenden Textes an die inter-polierte Predigt sein (siehe die Analyse); ursprünglich stand dann wohl מהפתח oder מפתח השער im Text (vgl. v. 2) (Volz BWAT, Hyatt, Rudolph). Lamparter und Weiser lassen den Text unverändert, während Köberle, Erbt, Cornill und Schmidt das fragliche Wort und den folgenden Relativsatz wegen der Einschaltung v. 3-9. 12f. streichen. — q מבי entstand durch Haplographie; lies mit Q מביא. — r Zur Lage des Tores siehe K. Galling, Die Halle des Schreibers, PJB 27 (1931), 51—57. — s מסביב fehlt in ⅏𝕾ʷ𝔄, und in v. 4 wird darauf nicht mehr Bezug genommen; wahr-scheinlich ist dieses Wort wegen der Wendung מגור מסביב in v. 10 und 6 25 hier eingefügt worden. — t Wiederaufnahme des Verbums nach überlangem Objekt; fehlt in ⅏.

Analyse

Daß der vorliegende Abschnitt nicht aus einem Guß ist, wird heute kaum jemand bestreiten. Einig ist man sich auch darüber, daß dem Bericht über eine symbolische Handlung ein längerer predigtartiger Abschnitt beigegeben wurde. Umstritten hingegen ist die Abgrenzung der beiden Berichte und vor allem die Beurteilung der Einschübe[4].

Durch die einleitende Botenformel *19 1* wird der an Jeremia er-gehende Auftrag und alles Folgende bis v. 13 in die Form des Jahwe-wortes gekleidet. In 𝔐 ist Jeremia selbst nicht erwähnt, doch fehlt die angeredete Person auch in andern Überschriften des Jeremiabuchs (22 1 und 26 1). Nach ⅏ u. a.[5] läge, durch die mit אלי erweiterte Boten-formel bedingt, ein Ich-Bericht vor, wenn man nicht אלי als Abkür-zung für אל-ירמיהו verstehen will, woraus sich die Form des Er-Berichts ergäbe. Für die ⅏-Lesart spricht vor allem 13 1 und 17 19 (vgl. 35 2. 12), wo an Jeremia ergehende Aufträge der gleichen Form ebenfalls als Ich-Berichte erscheinen. Am wenigsten hat die Annahme des Er-Berichts für sich, da sie von der zunächst unbewiesenen Hypo-these ausgeht, als seien die Abschnitte 19 1-13 und 19 14ff. von vorn-herein als zusammengehörig zu betrachten[6].

---

[2] W. Rudolph, ZAW 48, 283.

[3] G. R. Driver, Linguistic and Textual Problems: Jeremiah, JQR 28 (1937/38), 114, stellt הט' um, so daß sich als Sinn ergibt: »and the impure houses of Jerusalem ... shall become like Topheth«.

[4] Ich folge über weite Strecken der Analyse Rudolphs, die sich mir als die begrün-detste erwiesen hat, ohne für diesen Text jeweils darauf zu verweisen.

[5] Vgl. die Note b.

[6] Näheres siehe unten.

Der Auftrag an Jeremia ist in eine dem Jeremiabuch eigentümliche Form gebracht worden: הָלוֹךְ mit folgenden Verba finita der 2. m. sg. nur in 2 2 3 12 13 1 17 19 28 13 34 2 35 2. 13 39 16 und außerhalb des Jeremiabuchs II Sam 24 12 (vgl. I Chr 21 10) II Reg 5 10 Jes 38 5. Die Ergänzung von v. b[7] ist nötig, da in v. 10b ausdrücklich Männer genannt sind, die Jeremia begleiteten.

V. 1 nennt also den Gegenstand, mit welchem die symbolische Handlung ausgeführt werden soll, und gibt das Forum an, vor welchem sie sich abspielen wird.

V. 2 nennt den Ort der symbolischen Handlung. Es ist nach dem vorliegenden ungekürzten Text das Tal Ben Hinnom, dessen Lage durch einen Relativsatz näher bezeichnet wird; diese Näherbestimmung des sicher bekannteren Tales durch ein weniger bekanntes Tor[8] ist auffällig und wohl auf spätere Manipulationen zurückzuführen. Ursprünglich wird eher das sonst nicht genannte Scherbentor sein, sekundär hingegen das Tal Ben Hinnom und die folgende Relativpartikel[9].

Auf die Angaben in v. 1. 2a folgend, erwartet man in *v. 2b* einen näheren Hinweis darauf, was mit der gekauften Flasche geschehen soll; statt dessen folgt eine Aufforderung, von Jahwe noch mitzuteilende Worte zu verkündigen, eine Aufforderung, die formal gut an das Vorhergehende anschließt und mit dem Wort שם sich auf eine der Ortsangaben von v. a bezieht.

V. 3 schließt nun nicht nur formal, sondern auch inhaltlich gut an v. 2b an. Formal, da v. 3 mit ואמרת wie v. 2b mit וקראת von dem Auftrag הלוך י (v. 1) abhängig ist; inhaltlich, weil mit v. 3 der Wortlaut der Verkündigung beginnt, die v. 2b gefordert wird. Die Adressaten der nun folgenden Jahweworte sind jedoch andere als die v. 1 genannten Priester und Ältesten, welche der symbolischen Handlung beiwohnen sollen. Angeredet sind hier wie in 17 20[10] (22 2) die Könige Judas und die Bewohner von Jerusalem. Es liegt also zwischen der Ankündigung der symbolischen Handlung und der der Verkündigung ein Bruch vor. Ob dieser jedoch zwischen v. 2a und v. 2b oder zwischen v. 2b und v. 3 anzunehmen ist, kann von hier allein aus nicht entschie-

---

[7] Vgl. die Note d.

[8] Das Scherbentor ist vielleicht identisch mit dem Neh 2 13 3 13f. genannten Misttor, das »bei der Ausmündung des Stadttales in das Kidrontal gelegen haben« muß: A. Alt, Das Taltor von Jerusalem, PJ 24 (1928), 89, jetzt: Kl. Schr. III 1959, 339. Vgl. auch G. Dalman, Jerusalem und sein Gelände, 1930, 206.

[9] Der Rettungsversuch durch Weiser scheint nicht geglückt; dem Relativsatz in seiner jetzigen Form kommt keine eingrenzende Funktion zu; sollte er zur Bezeichnung einer bestimmten Stelle des Tales Ben Hinnom dienen, müßte er anders lauten (Rudolph).

[10] Vgl. 19 3 𝔊 mit 17 20!

den werden. Daran aber wird besonders deutlich, wie kunstvoll die beiden Textgebilde miteinander verknüpft wurden.

Das in v. b folgende Drohwort stimmt fast wörtlich mit II Reg 21 12 (vgl. auch I Sam 3 11) überein. Beide unterscheiden sich wesentlich nur darin, daß in II Reg 21 12 die Bedrohten (Jerusalem und Juda) eindeutig benannt sind, in v. 3b hierfür jedoch die schillernde Bezeichnung המקום הזה verwendet wird, was sich im jetzigen Zusammenhang nur auf das Tal Ben Hinnom (v. 2) oder das Tophet (v. 6) beziehen kann. Vielleicht sollte aber hier eine unausgesprochene Beziehung des Drohworts auf Juda und Jerusalem noch mitklingen.

In v. 4 folgt das dieses Drohwort begründende Scheltwort, das ein zweifaches Vergehen nennt: Abfall und Götzendienst. Die zur Beschreibung dieser Vergehen benützte Terminologie ist aus andern Zusammenhängen bekannt: zu v. a vgl. 1 16 44 17f. 25, besonders 44 3. 5. 8. 21, ferner 7 9 11 12f. 17 16 11. 13. In v. b findet sich ein konkreter Hinweis auf das Vergehen, welcher sich jedoch sowohl auf die Sünden Manasses (II Reg 21 16 24 4) als auch auf die Kinderopfer (v. 5; vgl. II Reg 16 3 21 6) beziehen kann. Rudolph denkt an die letztere, Giesebrecht an die erstere Möglichkeit, Weiser will beide Beziehungen gelten lassen. Dem Wortlaut nach (weitgehende wörtliche Übereinstimmung mit II Reg 21 16 24 4) müßte es sich um eine Anspielung auf die Sünden Manasses handeln, dem Zusammenhang nach um eine Verurteilung der Kinderopfer (v. 5). Eine endgültige Entscheidung ist nur möglich, wenn — wie schon in v. 3 — gesagt werden könnte, ob mit המקום הזה Jerusalem (wie in II Reg 21 16 24 4) oder das Tophet[11] (nach dem jetzigen Zusammenhang) gemeint ist. Man ist geneigt, aufgrund dieses Befundes Weiser zuzustimmen, der beide Beziehungen gelten lassen will. Der zweideutige Gebrauch von המקום הזה, der auch an eine absichtliche Verschlüsselung der Redeweise denken läßt, wird aber doch wohl erst durch die Uminterpretation der aus II Reg übernommenen Worte entstanden sein, man versteht nämlich sonst nicht ganz, warum die Nennung von Jerusalem hier unterdrückt worden sein soll (vgl. v. 7ff.).

Die Übernahme von 7 31-33 in den folgenden Versen 5-7 macht nun vollends deutlich, daß in diesem Abschnitt zunächst vom Tophet die Rede sein soll: So wird die Nennung von »Tophet« und »Tal Ben Hinnom« in 7 31 hier in v. 5 weggelassen und die lokale Kennzeichnung der במות durch eine religiöse, במות הבעל, ersetzt, wozu 32 35 das Vorbild gewesen sein wird[12]; ferner wird durch die Einfügung von

---

[11] S. Moscati, Il »Tofet«, Studi sull'Oriente e la Bibbia, in: Rinaldi-Festschrift, 1967, 71—75; ders., Il sacrificio dei fanciulli, Pontificia Accademia romana di Archeologia, Rendiconti 38 (1965/66), 61—68 (s. ZAW 80, 1968, 285. 413).

[12] Vgl. hierzu auch die über 7 31 hinausgehende ungeschickte Einfügung von עלות לבעל, die dem למלך in 32 35 entspricht. Siehe auch O. Eißfeldt, Molk als Opfer-

המקום הזה in den aus 7 32 übernommenen Zusammenhang hier in v. 6
'dieser Ort' auf das Tophet bezogen und somit eindeutig bestimmt. —
Das Scheltwort (v. 4) findet in v. 5 (= 7 31) seine Fortsetzung, doch ist
die Anknüpfung an das Vorhergehende durch pf. cop. hier wie in 7 31
sehr ungeschickt[13]. Dem jetzigen Zusammenhang entsprechend ist
v. 5 wohl Interpretation von v. 4, das sowohl inhaltlich als auch, was
den Wortlaut betrifft, aus einem völlig andern Zusammenhang
stammt.

Mit v. 6 (= 7 32) beginnt ein längeres Drohwort, welches im Gegensatz zu 7 32ff. in seinem Zusammenhang nicht recht passen will: v. 3
beginnt das Jahwewort mit einer Drohung (הנני מביא), die durch
ein Scheltwort (v. 4f.) (יען אשר) begründet wird, welches seinerseits
wieder mit einem Drohwort (v. 6-9) (לכן) fortgesetzt wird. Wenn man
auch für v. 3-9 annehmen muß, daß das erste allgemeiner gehaltene
Drohwort in v. 3 durch das Drohwort in v. 6-9 näher ausgeführt wird,
so läßt sich der Eindruck plumper, ungeschickter Rede nicht ganz beseitigen. Dies, wie der zwiespältige Eindruck, den man zunächst bei
der Untersuchung des Ausdrucks המקום הזה — der erst mit v. 6
eindeutig bestimmt wird — gewinnt, ist nicht anders zu erklären, als
durch Zusammenordnung von Texten aus verschiedenen Zusammenhängen entstanden. Ähnliche Unebenheiten begegnen auch in der
Weiterführung des Drohwortes v. 7. Ist in v. 3-6 alles Reden direkt auf
»diesen Ort«, das Tophet, bezogen und nur indirekt auf Juda und Jerusalem, so wendet sich mit v. 7 die Drohung direkt gegen Juda und
Jerusalem. Dies ist bedingt durch das am Beginn von v. 7 stehende,
an Jes 19 3 erinnernde Wortspiel mit בקבק, das an v. 1 und v. 10, also
der symbolischen Handlung, orientiert ist. Das Wortspiel und der
daran anschließende zweite Teil des v. a[14] unterbrechen das Zitat aus
7 31-33, welches mit v. b fortgesetzt wird[15].

In Anlehnung an 18 16 gebildet, setzt *v. 8* das Drohwort von v. 7
gegen Jerusalem fort. Nach Duhm soll v. 8 das in v. 3 angedrohte Unheil explizieren. Diese Interpretation ist aber nur möglich, wenn המקום
הזה von v. 3 mit Jerusalem identisch ist, was nach den Überlegungen oben unwahrscheinlich zu sein scheint. Vielmehr wird die in v. 7
beobachtete Wendung des Interesses auf Jerusalem hin durch v. 8 bestätigt. Zur Terminologie vgl. 25 9. 18 29 18 49 17 50 13 51 37.

Das ausführliche Drohwort wird mit *v. 9* abgeschlossen. Der Vers
ist im wesentlichen Dtn 28 53 und Jes 9 19b nachgebildet (vgl. Lev 26 29

---

begriff im Punischen und Hebräischen und das Ende des Gottes Moloch, 1935, 43
Anm. 1; dagegen W. Kornfeld, Der Moloch, WZKM 51 (1948/52), 287—313 (302f.).

[13] Siehe die Note j.
[14] Vgl. 15 9 21 7 22 25 38 16 44 30 46 26 49 37, ferner 20 4f. und 39 18, vor allem 34 20!
[15] Vgl. hierzu 7 33 16 4 und vor allem wieder 34 20!

Jes 49 26)[16]. Seine Stellung in diesem Zusammenhang ist ungeschickt; man erwartet ihn eher hinter v. 7, doch mag die Schilderung des Kannibalismus als Höhepunkt der Drohung verstanden worden sein, so daß v. 9 ans Ende des Drohwortes zu stehen kam.

Mit *v. 10* wird nun das fortgesetzt, was mit v. 1. 2a begonnen wurde: der Bericht über die symbolische Handlung. שברת kann nur abhängig sein von הלוך ו' in v. 1 und erweist sich somit formal als Weiterführung der Beauftragung des Propheten. Auch inhaltlich schließt sich v. 10 gut an v. 1. 2a mit dem Hinweis an, was mit der gekauften Flasche zu geschehen hat, und der Erwähnung der Männer, die Jeremia begleiteten.

V. 11a bringt die Deutung der symbolischen Handlung. Sie ist noch in den Auftrag miteinbezogen und durch eine eigene ausführliche Einführung als Jahwewort gekennzeichnet. Alles schließt nun formal und inhaltlich gut an v. 10 an. Weiser hingegen nimmt an, daß v. 10 auf v. 2b, die Ankündigung einer Jahwerede, folgt, woraus sich ergibt, daß innerhalb des Berichts über die symbolische Handlung die Deuteworte zweifach eingeleitet werden und diese doppelte Einleitung durch v. 10 unterbrochen würde. Ein Interpolator habe (so Weiser) zwischen v. 2 und v. 10 »die Worte Jahwes« vermißt, auf die v. 2 hindeutet, und sie mit v. 3-9 nachgetragen. Gehörte nun v. 2b ursprünglich zum Bericht über die symbolische Handlung, dann müßten hinter v. 2b tatsächlich Jahweworte ausgefallen sein, welche ein Glossator mit Recht zu ergänzen suchte. Es ist aber andrerseits nicht ganz einzusehen, warum der sonst ganz natürliche Aufbau der Schilderung durch einen Satz wie v. 2b unschön unterbrochen worden sein sollte. — Der ganze Sachverhalt läßt sich in der Tat einfacher erklären: Ein Ergänzer hatte aus welchen Gründen auch immer die Absicht, einen größeren Redeabschnitt an dieser Stelle einzubauen, und brachte dazu an passendem Ort eine eigene Einleitungsformel (v. 2b) in den Text, auf welche er die Rede v. 3-9 folgen ließ.

V. 11b erwartet man wegen seiner wörtlichen Übereinstimmung mit einem Teil von 7 32 hinter v. 6. Das Wort ist hier jedenfalls nicht ursprünglich[17].

V. 12 weist zwei verschiedene Verbindungen zu den vorausgehenden Stücken auf. Mit כֵּן bezieht sich v. 12 wohl deutlich genug auf v. 10-11a, mit der Wiederaufnahme von המקום הזה auf die v. 2b-9. Damit ist auch zweierlei beabsichtigt: 1. soll das Tophet, das in v. 10-11a nicht erwähnt wurde, wieder ins Spiel gebracht werden und 2. die symbolische Handlung auch auf das Tophet bezogen werden. Daß

---

[16] Die Weissagung mag tatsächlichem Geschehen nachgebildet sein (so Rudolph); für Jer 19 9 gilt aber eher literarische Abhängigkeit, wie die wörtlichen Übereinstimmungen mit den genannten Texten zeigen.

[17] Siehe die Note m und zur Wortstellung im Vergleich zu 7 32 Volz BWAT.

dieser Vers erst sekundär die Fortsetzung von v. 10-11a bilden sollte, zeigt sich auch an einem formalen Mangel: v. 10-11a heißt der Vergleich »wie der Flasche, so der Stadt«, in v. 12 hingegen »wie dem Tophet, so der Stadt«; v. 12 schaltet also ein Zwischenglied in die Symbolbeziehung ein, das nach dem Bericht über die symbolische Handlung überflüssig ist. V. 12 ist also nur dann sinnvoll, wenn mit ihm eine Korrektur der Deuteworte nach Einfügung der Worte über das Tophet (v.2b-9) beabsichtigt war (mit Rudolph gegen Weiser). Nimmt man v. 12f. mit Weiser zum ursprünglichen Bestand der Deuteworte, dann nimmt man eine Abschwächung der Drohung von v. 11a in Kauf.

Für *v. 13* gilt zum Teil dasselbe wie für v. 12. V. 13 enthält ebenfalls den abgeschwächten Vergleich »Tophet—Stadt« und verbindet damit gleichzeitig eine inhaltliche Abschwächung der Drohung: v. 10-11a Zerbrechen = Vernichtung, v. 13a Verunreinigung. Die Drohung v. 13a wird durch v. 13b begründet, doch ist v.b keinesfalls die Begründung zur ganzen symbolischen Handlung. V. 13a erläutert die mit v. 12b sehr allgemein gehaltene Drohung und kann sich mit dieser Erläuterung nur auf v. 3-9. 11b beziehen, andernfalls der Begriff der 'Verunreinigung' völlig unverständlich bliebe[18]. Zur Terminologie vgl. das bei v. 4 Genannte sowie 7 16-20 44 15-19 32 29; vgl. auch 8 1ff. 33 4.

V. 14 geht von der Jahwerede in den Bericht über und redet von Jeremia in der 3. Person. Der masoretische Text verbindet durch מהתפת v. 14 mit v. 2b-9. 11b-13 und durch den auf מהתפת folgenden Relativsatz v.14 mit v.2a. Ist in v.2a jedoch »Tal Ben Hinnom« sekundär, dann muß man dasselbe für מהתפת annehmen, an dessen Stelle eine andere passende Ortsangabe einzusetzen sein wird[19]. Mit Erbt, Cornill u. a. מהתפת mitsamt dem folgenden Relativsatz zu streichen, ist aus grammatischen und stilistischen Gründen nur schwer zu vertreten: absolut gebrauchtes בוא wäre in diesem Zusammenhang sehr ungewöhnlich, auch wenn mit v. 14 etwas völlig Neues beginnen würde. תפת wird erst mit der Vereinigung von v. 1-2a. 10-11a mit v. 2b-9. 11b-13 in den Text geraten sein, bzw. eine andere Ortsangabe verdrängt haben. V. 14a hat in seiner jetzigen Form wie in seiner abgeänderten Form (nicht jedoch in gekürzter Form) die Funktion, 19 14b—20 6 mit dem bisher Erzählten zu verknüpfen. Daß dieser v. 14a darüber hinaus von derselben Hand stammt wie 20 1, wird durch den Gebrauch des Wortes נבא für das prophetische Auftreten Jeremias nahegelegt[20].

---

[18] Gegen Weiser, der wohl damit recht hat, daß solche Begründungen ähnlichen Prophetenworten entsprechen, dafür aber keine Belege beibringt und offenbar auch übersieht, daß in Berichten über symbolische Handlungen diese Begründung durchaus auch fehlen kann: vgl. 16 1-4. 5-7 51 59-64 Ez 12 1-11.

[19] Siehe die Note p.

[20] Sonst nur noch in 25 13. 30 26 12 (20); mit Einschränkung in 11 21 29 27 32 3. Für das Wirken anderer, vorwiegend falscher Propheten wird נבא außer in 2 8 5 31 20 6 37 19

V. 14b setzt die mit v. 14a begonnene Situationsschilderung fort.
Nachdem die symbolische Handlung vor einem kleinen Kreis vollzogen
wurde, wird nun die Öffentlichkeit mit einem Jahwewort konfron-
tiert[21], welches mit v. 15 unmittelbar folgt. Es handelt sich um ein begründetes Drohwort, welches sehr allgemein gehalten ist und dessen
Terminologie aus andern Zusammenhängen stammt: zu v. a vgl. v. 3
4 6 6 19 11 11. 23 32 42 35 17 36 31 42 17 44 2 45 5 49 37 51 64; zu v. b 7 26
17 23(!) und Neh 9 16f. 29 (II Chr 36 13 im weiteren Zusammenhang mit
Jeremia). Die summarische Zusammenfassung aller Unheilsdrohungen
in diesem Vers setzt die Kenntnis der Verkündigung des Jeremia voraus, so daß der Eindruck entsteht, als solle hier nur das Faktum der
Verkündigung vor dem ganzen Volk festgehalten werden. Auf die Überlieferung eines bestimmten Jeremiawortes scheint man in diesem Zusammenhang keinen Wert gelegt zu haben, im Gegensatz zum Bericht
über die symbolische Handlung. So wird man Duhms Argumentation
nicht ganz von der Hand weisen können: der Verfasser »verrät selber
durch den Ausdruck: alles Unheil, das ich geredet habe, dass er nur
ein Ergänzer ist: warum spricht denn überhaupt Jer noch, wenn schon
alles gesagt ist? Aber er muss freilich sprechen, damit die Geschichte
20 1-6 sich ereignen kann«.

Mit *20 1* beginnt ein neuer Abschnitt, der jedoch mit dem voraus-
gehenden Bericht, vor allem mit v. 15, eng verbunden ist: ... וישמע
את־הדברים האלה kann sich nur auf das Drohwort v. 15 beziehen. Mit
Paschchur, dem Sohn Immers, wird eine neue Person in den Bericht
eingeführt. Er ist Oberaufseher im Tempel (vgl. 29 26). V. 1 bezeichnet
Jeremias Tätigkeit wie schon v. 14 mit נבא. — Die gleiche Form der
Anknüpfung an unmittelbar vorhergehend berichtete Verkündigung
Jeremias gebraucht auch 26 7.

V. 2 beschreibt das Eingreifen Paschchurs gegen Jeremia. Züchti-
gung und In-den-Block-legen Jeremias erscheint als berechtigte Reaktion des mit der Tempelaufsicht beauftragten Paschchur, der aufgrund der Unheilsverkündigung Jeremias einschritt.

V. 3 bringt den Bericht über die Freilassung Jeremias und seine
Antwort auf die negative Reaktion Paschchurs. Die Antwort Jeremias
ist in die Form eines Drohworts gekleidet, das an den Namen Paschchurs anknüpft. Analog zu 7 32 19 6 wird durch die Umbenennung ein
neues Geschick mit der Person Paschchurs verbunden, das durch den
neuen Namen (מסביב) מגור als ein unheilvolles gekennzeichnet ist.
Es liegt nahe, hinter dieser Form des Drohwortes eine 'etymologische

---

in den Kap. 14. 23 und 27—29 verwendet. In Kap. 26 wird נבא für die Bezeichnung
von Jeremias Auftreten durch andere gebraucht; ähnlich 11 21 und 32 3.

[21] Zu v. 14b vgl. 26 2a und 7 2a.

Spielerei'[22] zu vermuten, doch ist es bislang nicht gelungen, einen unmittelbar verständlichen — und das ist für ein Wortspiel hier wohl
unbedingt zu fordern —, inhaltlichen Zusammenhang zwischen dem
alten und dem neuen Namen aufzuspüren[23]. Man bleibt daher besser
bei der Annahme einer einfachen Umbenennung, zumal der Ausdruck
(מסביב) מגור für das Jeremiabuch typisch ist (6 25 20 10 46 5 49 29,
sonst nur noch Ps 31 14) und so seine Verwendung an dieser Stelle sich
leicht erklärt.

Mit *v. 4-6* folgt in Form einer Begründung eine ausführliche Erläuterung des Drohwortes von v. 3, deren Umständlichkeit, inkonse-
quente Darstellung und historische Anspielungen viele Ausleger veranlaßten, diese Verse als zugesetzt zu betrachten, wofür auch spricht,
daß die Drohung viel wirksamer und eindrucksvoller wäre, wenn sie
sich auf das knappe und scharfe Wort v. 3 beschränkte.

Die ausführliche Einleitung von *v. 4* mit begründendem כי und
der Botenformel scheint notwendig, um das als Prophetenwort auftretende Drohwort mit der Autorität des Jahwewortes zu stützen.
V. 4a wendet sich Paschchur und seinen Freunden zu, deren künftiges
Schicksal anknüpfend an das Wort מגור dargelegt wird. Dabei ist
jedoch nicht ganz deutlich, wie נתן mit Akkusativ und ל zu übersetzen ist: ob mit »jmd. zu etw. machen« oder mit »jmd. preisgeben
an«. Da Paschchur sich selbst aber schwer zum Grauen werden kann,
wird die zweite Lösung vorzuziehen sein: »ich gebe dich dem Grauen
preis« und die beiden folgenden ל werden als Explikation des Suffixes
in נתנך zu verstehen sein (vgl. 19 13)[24]. Ganz überraschend wendet
sich die Drohung in v. 4b nun auch noch ganz Juda zu, wobei neben
dem in v. 4a schon genannten unheilvollen Geschehen der Preisgabe
an die Feinde und des Fallens durch das Schwert in v. 4b das babylonische Exil in den Blick genommen wird. Eine weitere Ausdehnung
der Drohung vollzieht der folgende v. 5, nach welchem auch die mate-
riellen Güter Jerusalems dem gleichen Schicksal verfallen wie die
Menschen, nämlich der Deportation.

V. 6 führt wieder zu Paschchur, seiner Familie und seinen Freunden zurück, denen neben Grauen und Tod nun auch die Deportation
angekündigt wird.

Überblickt man diese Verse noch einmal, dann kann man sich des
Eindrucks der Umständlichkeit der Darstellung nicht erwehren, wobei

---

[22] Nach Duhm ist die ganze Erzählung aus einem etymologischen Spiel herausge-
wachsen.

[23] Vgl. hierzu die Kommentare sowie A. M. Honeyman, Māgôr Mis-sābîb and Jeremiah's Pun, VT 4 (1954), 424—426, und L. Wächter, Überlegungen zur Umnennung
von Pašḥūr in Māgôr missābīb in Jeremia 20 3, ZAW 74 (1962), 57—62 mit weiterer
Literatur.

[24] So Giesebrecht und Rudolph.

die Inkonsequenzen in der Erzählung (zuerst Tod: v. 4 — dann Exil: v. 6) eigentlich dieser Umständlichkeit zuzuschreiben sind und daher nicht so ins Gewicht fallen. In v. 4-6 folgt im Grunde eine Erläuterung der andern: v. 4a erklärt v. 3; v. 4b und 5 erklären, wie v. 4a möglich wird; v. 6 schließlich zeigt die Anwendung von v. 4b. 5 auf v. 4a, wobei jeder Schritt mit einer Abschwächung der Drohung von v. 3 verbunden ist. Dies führt soweit, daß man sich nach der Lektüre von v. 6 fragt, wozu der ganze Aufwand gut ist, wenn dem Paschchur nichts anderes angedroht wird, als was jedem andern Judäer auch bevorsteht: v.4b.5!! V. 6 endet also mit einer Banalität. Es wäre besser bei v. 3, vielleicht noch bei v. 4a geblieben.

V. 4b. 5 verwenden dreimal die gleiche Konstruktion: נתן ביד, die aus v. 4a übernommen scheint, wenn nicht auch dieser Versteil schon sekundär ist; die Drohung v. 4b ist aus andern Zusammenhängen bekannt[25] und die zentralen Ausdrücke von v. 5 (חסן, יגיע, יקר und אוצר) stammen fast ausschließlich aus der exilischen und nachexilischen Zeit[26]. Völlig überraschend kommt auch der Schluß des ganzen Abschnittes, die plötzliche Mitteilung, daß Paschchur auch Prophet gewesen sei. Davon ist in den Versen zuvor nie die Rede gewesen. Vielleicht soll mit diesem abschließenden Relativsatz die Handlungsweise des Paschchur nachträglich motiviert und mit einem negativen Akzent versehen werden, nachdem in v. 1f. das Vorgehen Paschchurs gegen Jeremia als durch sein Amt bedingt und damit rechtmäßig erschien. Die nachträgliche Charakterisierung Paschchurs entspricht einem häufig im Jeremiabuch wiederkehrenden Urteil[27]. Alle diese Beobachtungen legen die oben angedeutete Annahme nahe, daß die v. 4-6 nicht ursprünglich zur Auseinandersetzung zwischen Jeremia und Paschchur gehörten, sondern später hinzugefügt wurden.

Versucht man nun, die Einzelergebnisse der Analyse zusammenzuordnen, so ergibt sich ein nicht ganz klares Bild, da man über die Entstehung der Gesamtgröße 19 1—20 6 trotz Kenntnis der sie zusammensetzenden Einzelteile in manchen Punkten nur ein vorläufiges Urteil abgeben kann. Man geht am besten von den kleineren Einheiten aus, wie sie sich in der Analyse voneinander abhoben: 1. der Bericht über die symbolische Handlung[28] 19 1-2a*. 10-11a; 2. die sogenannte Tophetpredigt 19 2b-9. 11b-13; 3. der Bericht über die Auseinandersetzung zwischen Paschchur und Jeremia 19 14—20 6.

Der Bericht über die symbolische Handlung hat nach 𝔐 die Form des Jahwewortes und nach 𝔊 die Form des Ich-Berichtes: אז אמר

[25] Jer 21 7. 10 22 25 27 6 29 21 32 3f. u. ö. 34 2f. 37 17 38 3. 18 44 30 46 26.
[26] Siehe hierzu G. Lisowsky, Konkordanz zum hebräischen Alten Testament, 1958.
[27] Vgl. 5 31 14 14 23 25f. 32 27 10. 14-16 (28 15) 29 9. 21.
[28] Siehe G. Fohrer, Berichte über symbol. Handlungen, 92—112.

יהוה אלי‎[29], während die Paschchurepisode im Stil des Er-Berichts gehalten ist.

In den Bericht über die symbolische Handlung eingearbeitet wurde die sogenannte Tophetpredigt, wobei eine sehr enge Verknüpfung der beiden Abschnitte erreicht wurde. Diese enge Verbindung geht soweit, daß es schwer fällt, hinter v. 3-9 ein ehemals selbständiges Predigtstück zu sehen; vielmehr wird man mit einer durch einen Bearbeiter ad hoc gebildeten Interpolation zu rechnen haben, die durch die Nähe der Lokalitäten »Scherbentor« und »Tal Ben Hinnom« veranlaßt wurde. Die Interpolation erhielt ihre jetzige Gestalt durch das Zusammen»schreiben« von Schelt- und Drohworten im Blick auf das Tophet und die dort verübten Greuel[30] und abhängig von dem schon vorliegenden Bericht über die symbolische Handlung, woraus sich die Abhängigkeiten (v. 7 von v. 2 und 10), die Zusätze (v. 2a*) und Korrekturen (v. 12f.), sowie die Zusammenstellung von Worten aus verschiedenen Zusammenhängen unter einem zum Teil völlig neuen Thema erklären[31], was wiederum ein Licht wirft auf die Unklarheiten in manchen Bezugnahmen und Unebenheiten im Aufbau der Predigt[32].

Auch der Bericht über die Auseinandersetzung zwischen Jeremia und Paschchur 19 14—20 6 ist wahrscheinlich mit einer ursprünglich nicht selbständigen Erweiterung versehen worden, nämlich der Erklärung des Drohwortes gegen Paschchur in 20 4-6. Läßt man die Zusätze nun zunächst außer acht, dann bleiben zwei Texte: ein Jahwewort bzw. ein Ich-Bericht und ein Er-Bericht. Das Jahwewort bzw. der Ich-Bericht 19 1-2a*. 10-11a kann aufgrund seiner heutigen Gestalt selbständig überliefert worden sein, nicht jedoch der Er-Bericht 19 14—20 3, der durch den v.14 mit 19 1-2a*. 10-11a eng verknüpft ist. Versucht man nämlich auf literarkritischem Wege einen Grundbestand dieses Er-Berichts zu rekonstruieren, so stößt man auf beträchtliche Schwierigkeiten, da nach Ausscheiden von »redaktionellen Zusätzen« gleichgültig welcher Art und welches Umfangs immer nur ein erzählerisches

---

[29] Oder ... כה.

[30] Es handelt sich dabei wohl um einen Assoziationsvorgang, der an der Sache orientiert ist und ursprüngliche literarische Zusammenhänge nicht mehr beachtet (vgl. hierzu vor allem die Analyse der v. 3-7).

[31] Angesichts dieser Beobachtungen wird es besser sein, »die Kunst der Komposition eines solchen Mosaiks aus heterogenen Bestandteilen zu einem sinnvollen Ganzen [zu] bewundern« als von »traditionelle[r] Stilgebundenheit der liturgischen Sprache« zu reden (Weiser).

[32] Dies wird auch von J. W. Miller, Das Verhältnis Jeremias und Hesekiels sprachlich und theologisch untersucht, 1955, 56f., übersehen, der mit beachtlichen Gründen für die Zusammengehörigkeit der Tophetrede und der Erzählung 19 14—20 6 eintritt und den Bericht über die symbolische Handlung aus diesem Zusammenhang ausscheidet, dann aber gezwungen ist, die v. 2b-9. 11b-13 für eine tatsächlich gehaltene »symbolische Rede ins Leere des Ben-hinnom-Tales« zu halten.

Bruchstück übrigbliebe; ganz im Gegensatz zu dem Bericht über die symbolische Handlung, der auch in der Form des Jahwewortes oder des Ich-Berichtes ein geschlossenes, von andern Texten unabhängiges Ganzes bildet.

Daraus läßt sich folgendes erschließen: Ein schon schriftlich vorliegender Bericht über eine symbolische Handlung, der wahrscheinlich ursprünglich die Form des Ich-Berichtes hatte[33], wurde erweitert durch eine wohl bis dahin mündlich überlieferte Episode aus dem Leben Jeremias, deren literarische Gestaltung an dem Bericht über die symbolische Handlung ausgerichtet ist: v. 14a stellt die Verbindung zwischen beiden her, v. 14b. 15 sind notwendig für die Klarheit des folgenden Berichts in 20 1-3, wobei sich v. 1 wieder eindeutig auf 19 14 zurückbezieht. Es kann sein, daß die Verbindung der beiden Stücke, besser die Erweiterung des Berichts über die symbolische Handlung zu einer Änderung der Stilform, nämlich des Ich-Berichts — falls dieser ursprünglich war — in ein Jahwewort geführt hat, um einen Ausgleich zwischen den verschiedenen Stilformen des Ich- und des Er-Berichts zu schaffen.

Schwieriger wird die Beurteilung der Entstehungsgeschichte, wenn man nun die Interpolation 19 2b-9. 11b-13 und den Zusatz 20 4-6 in die Überlegung miteinbezieht. Lag dem- oder denjenigen, die 19 1-2a*. 10-11a mit 19 14—20 3 verbanden, der Bericht über die symbolische Handlung schon in erweiterter Form vor, oder kam die Tophetpredigt erst in einem späteren Stadium zu den schon verbundenen Stücken hinzu? Bei 20 4-6 kann man fragen, ob es sich um einen späteren Zusatz zum Drohwort v. 3 handelt oder um eine Erweiterung desjenigen, der für die Verknüpfung von 19 1-2a*. 10-11a mit 19 14—20 3 verantwortlich ist. Hier kommt man wohl über Vermutungen nicht hinaus: Die sehr enge inhaltliche und formale Verbindung zwischen 19 1-2a*. 10-11a und 19 14—20 3 weist auf eine längere gemeinsame Überlieferungszeit der beiden Stücke hin als die gröber anmutende, die Nähte noch deutlich sichtbar lassende Verbindung von 19 1-2a*. 10-11a mit 19 2b-9. 11b-13. Die Ausführlichkeit der Drohung in 20 4-6 läßt ebenfalls auf ein jüngeres Entstehungsdatum schließen als das der Drohungen von 19 15 und 20 3, die im Stil allgemeiner bzw. exakter gehalten sind, im Inhalt aber nicht diese Informiertheit zeigen wie 20 4-6, das man fast als *vaticinium ex eventu* bezeichnen möchte. Dabei darf aber wieder nicht übersehen werden, daß die Unterschiede zwischen den genannten Drohworten auch dadurch zustande gekommen sein könnten, daß einerseits überliefertes Material vorliegt (19 15 20 3), andererseits ein Eigenbeitrag dessen, der das überlieferte Material verarbeitete (20 4-6). Daß 20 4-6 nicht nur bloße Ausgestaltung von 20 3 sein will, sondern wenigstens

---

[33] Vgl. hierzu vor allem die Analyse zu v. 1.

in seiner heutigen Form auch eine bestimmte eigene Tendenz verfolgt, verrät die Charakterisierung Paschchurs als Lügenpropheten in 20 6.

Aus all dem ergibt sich für den erzählenden Teil des Abschnittes 19 1—20 6, nämlich 19 1-2a*. 10-11a. 14f. 20 1-3(-6), daß dieser Bericht von Hause aus keine Einheit darstellt, sondern erst in einem zweiten Überlieferungsstadium aus zwei ursprünglichen selbständigen Stücken verschiedener Überlieferungsbereiche zusammengewachsen ist, oder wohl eher zusammengearbeitet wurde.

Das so entstandene Stück zeigt einen klaren Aufbau:

1. Aktion Jeremias: 19 1-2a*. 10-11a. 14f.
2. Gegenaktion Paschchurs: 20 1f.
3. Drohwort gegen Paschchur: 20 3(4-6).

Einen solchen Aufbau hat schon Rietzschel[34] für die Kapitel 27—29 nachgewiesen, wobei er allerdings eine etwas andere Terminologie für die Bezeichnung der einzelnen Textabschnitte verwendet. An dem gezeigten Aufbau änderte sich auch nichts, wenn man in der Beurteilung der sogenannten Tophetpredigt und der Erweiterung des Drohwortes zu andern Ergebnissen gelangte. Das liegt vor allem daran, daß der Ansatzpunkt für Erweiterungen in diesem und, wie man später sehen wird, auch in anderen Texten immer bei den Redeabschnitten und fast nie bei Berichten über bestimmte Geschehensabläufe zu finden ist.

2. Jeremia 27—28

Text

27 1 [Im 4. Jahr Zedekias, des Sohnes Josias, des Königs von Juda, erging dieses Wort von Jahwe an Jeremia:]ᵃ 2 So hat Jahwe zu mirᵇ gesprochen: »Mache dir Stricke und Jochhölzer und lege sie auf deinen Nacken 3 und sendeᶜ (Botschaft) an den König von Edom und an den König von Moab und an den König der Ammoniter und an den König von Tyrus und an den König von Sidon durch ihreᵈ Gesandten, die zu Zedekia, dem König von Juda, nach Jerusalem gekommen sind, 4 und gib ihnen Auftrag für ihre Herren: So hat Jahwe Zebaoth, der Gott Israels, gesprochen: so sollt ihr zu euren Herren sprechen: 5ᵉ Ich habe die Erde gemacht, den Menschen und die Tiere, die auf der Erde sind, mit meiner großen Kraft und mit meinem ausgereckten Arm, und ich gebe sie, wem ich will. 6 Und jetzt gebe ich alle diese Länderᶠ in die Hand Nebukadnezars, des Königs von Babel, meines Knechtesᵍ, ja, selbst die Tiere des Feldes gebe ich ihm, daß sie ihm dienen. [7ʰ Und es werden ihm und seinem Sohn und seinem Enkel alle Völker dienen, bis die Zeit auch seines Landes kommt und esⁱ großen Völkern und mächtigen Königen dienstbar sein wird.] 8 Und das Volk und das Königreich, welches (ihmʲ) Nebukadnezar, dem König von Babel, nicht dient und welchesᵏ seinen Hals nicht in das Joch des Königs von Babel

---

[34] Rietzschel 118. Vgl. die Analyse der Kapitel 27—29.

gibt, — mit Schwert und mit Hunger und mit Pest suche ich jenes Volk
heim, ist der Spruch Jahwes, bis ich sie in seine Hand gebe[1].« 9 »Ihr aber,
hört nicht auf eure Propheten und eure Wahrsager und eure Träumer[m] und
eure Zeichendeuter und eure Zauberer, welche zu euch sagen: 'Ihr werdet
dem König von Babel nicht dienen', 10 denn Lüge prophezeien sie euch,
womit sie euch aus eurem Lande wegbringen, da ich euch verstoßen muß,
so daß ihr umkommt. 11 Und das Volk, welches seinen Hals in das Joch
des Königs von Babel gibt und ihm dient, das lasse ich in seinem Land, ist
der Spruch Jahwes, daß es es bebaue und darin wohne.«

12 Und zu Zedekia, dem König von Juda, redete ich ebenso: »Gebt
eure Hälse in das Joch des Königs von Babel und dient ihm und seinem Volk,
so werdet ihr leben. 13 Warum wollt ihr sterben, du und dein Volk, durch
Schwert, durch Hunger und durch Pest, wie Jahwe dem Volk angedroht
hat, das dem König von Babel nicht dient? 14 Und hört nicht auf die Worte
der Propheten, die zu euch sagen: 'Ihr werdet dem König von Babel nicht
dienen', denn Lüge prophezeien sie euch, 15 weil ich sie nicht gesandt habe,
ist der Spruch Jahwes, und lügnerisch prophezeien sie in meinem Namen,
so daß ich euch verstoßen werde und ihr zugrunde geht, ihr und die Propheten, die euch prophezeien.«

16 Und zu den Priestern und diesem ganzen Volk redete ich also: »So
hat Jahwe gesprochen: Hört nicht auf die Worte eurer Propheten, die euch
prophezeien: 'Siehe, die Tempelgeräte werden nun bald[n] aus Babel zurück-
gebracht werden', denn Lüge prophezeien sie euch. [17 Hört nicht
auf sie; dient dem König von Babel und ihr werdet leben. Warum soll
diese Stadt zur Trümmerstätte werden?][o] 18[p] Und wären sie Propheten und wäre das Wort Jahwes bei ihnen, sie würden in Jahwe Zebaoth
dringen, daß die Geräte, die im Tempel und im Palast des Königs
von Juda und in Jerusalem noch übrig sind, nicht auch nach Babel kommen[q]. 19 Denn so hat Jahwe [Zebaoth][r] gesprochen [über die Säulen
und über das (eherne) Meer und über die Gestelle und][r] über den Rest der
Geräte, die in dieser Stadt übrig sind, 20 welche Nebukadnezar, der König
von Babel, bei der Wegführung Jechonjas[s], des Sohnes Jojakims, des Königs
von Juda, [und aller Vornehmen Judas und Jerusalems][t] nicht aus Jerusalem nach Babel mitgenommen hat: [21 Denn so hat Jahwe Zebaoth, der
Gott Israels, über die im Tempel und im Palast der Könige von Juda und
in Jerusalem übriggebliebenen Geräte gesprochen:][t] 22 Nach Babel sollen
sie gebracht werden, [und dort sollen sie bleiben bis zu dem Tag, da ich
mich um sie kümmere][t], ist der Spruch Jahwes, [und ich sie herschaffe und
zurückbringe an diesen Ort][t].«

28 1 Im selben Jahr [...][u], im fünften Monat sprach der Prophet
Chananja, der Sohn des Assur, der aus Gibeon stammt, im Tempel in Gegenwart der Priester und des ganzen Volkes (zu mir[v]): 2 »So hat Jahwe Zebaoth,
der Gott Israels, gesprochen: Ich zerbreche das Joch des Königs von Babel.
3[w] In längstens zwei Jahren bringe ich an diesen Ort alle Tempelgeräte
zurück, die Nebukadnezar, der König von Babel, von diesem Ort mitgenommen und nach Babel gebracht hat. 4[w] Und Jechonja, den Sohn
Jojakims, den König von Juda, und alle Verbannten Judas, die nach
Babel gekommen sind, bringe ich an diesen Ort zurück, ist der Spruch

Jahwes, denn das Joch des Königs von Babel habe ich zerbrochen.« 5 Da sprach der Prophet Jeremia zu dem Propheten Chananja in Gegenwart der Priester und des ganzen Volkes, das im Tempel stand, 6 und es sprach der Prophet Jeremia: »Gewiß, so möge Jahwe tun, Jahwe möge deine Worteˣ, die du prophezeit hast, bestätigen, daß er die Tempelgeräte und alle Verbannten aus Babel an diesen Ort zurückbringe. 7 Nur höre doch dies Wort, das ich vor dir und dem ganzen Volk rede: 8 Die Propheten, die vor mir und vor dir seit jeher gewesen sind, die haben über großen Ländern und mächtigen Königreichen von Krieg und von Hungerʸ und von Pest prophezeit. 9 Der Prophet, der von Heil prophezeit — am Eintreffen des Prophetenworts wird der Prophet erkannt, den Jahwe wirklich gesandt hat.« 10 Da nahm der Prophet Chananja das Joch vom Nacken des Propheten Jeremia und zerbrach esᶻ. 11 Und Chananja sprach in Gegenwart des ganzen Volkes: »So hat Jahwe gesprochen: Ebenso werde ich das Joch Nebukadnezars, des Königs von Babel, [in längstens zwei Jahren]ᵃᵃ vom Nacken aller Völker brechen.« — Und der Prophet Jeremia ging seines Weges. 12 Und es erging das Wort Jahwes an Jeremia, nachdem der Prophet Chananja das Joch vom Nacken des Propheten Jeremia gebrochen hatte: 13 »Geh' und sprich zu Chananja: So spricht Jahwe: Hölzernes Joch hast du zerbrochen, aber an seiner Stelle schaffst duᵇᵇ eisernes Joch, 14 denn so spricht Jahwe Zebaoth, der Gott Israels: Ein eisernes Joch lege ich auf den Nacken aller jener Völker, daß sie dem Nebukadnezar, dem König von Babel, dienen müssen« [. . .]ᶜᶜ. 15 Und der Prophet Jeremia sprach zu dem Propheten Chananja: »Höre doch, Chananja, Jahwe hat dich nicht geschickt, du aber hast dieses Volk auf Lüge vertrauen lassen; 16 darum: so hat Jahwe gesprochen: Siehe, ich schicke dich weg vom Erdboden, heuer wirst du sterben [weil du Auflehnung gegen Jahwe geredet hast]ᵈᵈ.« 17 Und der Prophet Chananja starb im selben Jahr im siebten Monat.

a Die Zeitangabe stimmt fast wörtlich mit 26 1 überein; sie stößt sich mit den Angaben der folgenden Verse, die Zedekia (v. 3. 12) und nicht Jojakim nennen und die erste Deportation voraussetzen (v. 16 ff.); die Angabe fehlt also mit Recht in 𝕲 und wird nach 26 1 hier eingetragen worden sein. Ob anstelle dieser eindeutig unrichtigen Zeitangabe ursprünglich eine andere Zeitangabe anzunehmen ist, ist ebenso unsicher wie die Rekonstruktion dieser Zeitangabe. Nimmt man eine solche für 27 1 an, dann ist sie am besten nach dem nach 𝕲 verbesserten Text von 28 1 zu rekonstruieren[1], da Kap. 27 und 28, wenigstens was die geschilderten Ereignisse betrifft, zeitlich eng zusammengehören. — b אלי fehlt in 𝕲; Stade[2], Erbt und Cornill streichen es, Giesebrecht und Duhm verstehen es als Abkürzung von אל־ירמיהו, die meisten andern Kommentare belassen das Wort im Text. Aufgrund der 1. Person in v. 12 und 16 ist אלי auch hier gut möglich, es könnte aber ebensogut wegen dieser Verse hier nachgetragen sein. Ist אלי hier ursprünglich, dann stößt sich v. 2aα mit der angenommenen verbesserten Überschrift in v. 1, da dann die 3. gegen die 1. Person stünde. Für אלי spräche wiederum das in 28 1 in gleichem Zusammenhang stehende und textlich einwandfrei belegte אלי[3]. Es bleibt auch hier wie in 19 1 offen, ob ein Jahwewort, ein

---

[1] Siehe Volz BWAT, die Note u und die Übersetzung.

[2] Stade, ZAW 12, 293.

[3] Doch siehe die Note v.

Ich-Bericht oder ein Er-Bericht als ursprünglich anzunehmen ist, wobei wieder wie in 19 1 die Annahme des Er-Berichts am wenigsten für sich hat: man muß mit der 'Abkürzungshypothese' operieren[4]. — c Es ist am besten statt וְשִׁלַחְתַּם, dessen Suffix sich nur auf die Stricke und Jochhölzer beziehen kann, nach 𝕲[L] וְשָׁלַחְתָּ zu lesen, da Jeremia wahrscheinlich nur Botschaft, nicht aber auch Stricke und Jochhölzer an die Gesandten und Könige geschickt hat. — d Da הַבָּאִים die Determination des vorhergehenden Nomens bezeugt, wird man dieses nach 𝕲 mit Suffix lesen müssen: מַלְאֲכֵיהֶם. — e Der kürzere Text des v. 5 in 𝕲 ist durch Homoioteleuton entstanden. — f 𝕲 liest τὴν γῆν; das entspräche der Nennung von הָאָרֶץ in v. 5; 𝔐 bezieht sich auf die Aufzählung der Völker in v. 3. Was ursprünglich ist, ist schwer zu entscheiden. — g Die Änderung von עַבְדִּי in לְעַבְדּוֹ durch 𝕲[BA]𝔄 und seine Streichung durch 𝕲[A] 1MSS sind wohl aus dogmatischen Gründen vorgenommen worden[5]. — h V. 7 fehlt in 𝕲; vielleicht weil seine Voraussage so nicht eingetroffen ist? — i Es ist בָּהּ zu lesen; das mask. Suffix ist durch das vorangehende הוּא bedingt (Rudolph). — j אֹתוֹ ist zu streichen: es stößt sich mit dem folgenden אֵת; es könnte aus v. 7 eingedrungen sein (Volz BWAT) oder durch Dittographie der Gruppe וְאֵת entstanden sein (Rudolph). — k Die in diesem Zusammenhang schwierige Akkusativpartikel wird von Rudolph gestrichen[6]. — l תַּמֹּם ist sonst nur intransitiv gebraucht, daher mit 𝕾𝕿 תִּתֹּי zu lesen. — m Man erwartet anstelle von חֲלֹם »Traum« eine Bezeichnung für Personen, genauer: für eine bestimmte Personengruppe. Dem entspricht am ehesten Ehrlichs Annahme eines Verbaladjektivs חָלוֹם »Träumer« mit fem. pl., so daß unter Beibehaltung des Konsonantenbestands חֲלֹמְתֵיכֶם zu lesen wäre. — n עַתָּה מֵהֵרָה wurde von 𝕲 vermutlich wegen der Legende Bar 1 8f. ausgelassen (Rudolph, Weiser; anders Duhm). — o V. 17 fehlt in 𝕲 mit Recht; er unterbricht den Zusammenhang zwischen v. 16 und 18 und ist wohl Zusatz nach v. 13 (Stade, ZAW 12; Hitzig u. a.). — p 𝕲 liest fast den ganzen v. b nicht und bringt das übrige in die Form einer Jahwerede, doch nicht konsequent genug (דְּבַר יְהוָה!). V. b ist als ganzer wohl kaum zu entbehren und die 1. Person bei 𝕲 wegen der in v. 19 folgenden Begründung sehr unwahrscheinlich. — q בֹּאוּ nach לְבִלְתִּי ist unmöglich: lies daher mit Hitzig יָבֹאוּ. — r Die Aufzählung besonderer Geräte, die neben צְבָאוֹת in 𝕲 fehlt, dürfte nach 52 17 hier eingetragen sein und ist zu streichen. Ungeklärt bleibt dann aber das von 𝕲 bezeugte καὶ = וְ(עַל). — s Auffallend ist die Orthographie des Namens! Vgl. יֹאשִׁיָּהוּ v. 1. — t Von v. 20b-22 hat 𝕲 nur noch: בְּבָלָה / יוּבָאוּ נְאֻם יְהוָה. Da 𝕲 in v. 22 das einleitende בְּבָלָה nicht liest, könnte für v. 20b-22 (1. Wort) Ausfall durch Homoioteleuton angenommen werden. Dennoch wird man nach den meisten Kommentaren mit zahlreichen Zusätzen zu rechnen haben: v. 20b Zusatz nach II Reg 24 14ff.; v. 21 wiederholt ganz ungeschickt v. 19; v. 22 (soweit nicht durch 𝕲 bezeugt) ist *vaticinium ex eventu* (vgl. Esr 1 7ff.). — u Nach J. Begrich[7], J. Finegan[8] und zuletzt wieder J. Ph. Hyatt[9] ist רֵאשִׁית מַמְלֶכֶת

---

[4] Vgl. G. R. Driver, Once Again Abbreviations, Textus 4 (1964), 76—94 (79).

[5] Rudolph; dagegen W. E. Lemke, »Nebuchadrezzar, My Servant«, CBQ 28 (1966), 45—50 (46ff.), der 𝕲[BA] bevorzugt.

[6] Anders J. Blau, Zum angeblichen Gebrauch von אֵת vor dem Nominativ, VT 4 (1954), 7—19 (17 Anm. 8); J. Hoftijzer, Remarks concerning the use of the particle 't in Classical Hebrew, OTS 14, 1965, 9—99 (64).

[7] J. Begrich, Die Chronologie der Könige von Israel und Juda, 1929, 91ff.

[8] J. Finegan, Handbook of Biblical Chronology, 1964, 195.

[9] J. Ph. Hyatt, The Beginning of Jeremiah's Prophecy, ZAW 78 (1966), 204—214 (205); dagegen C. F. Whitley, Carchemish and Jeremiah, ZAW 80 (1968), 38—49 (39).

wie babylonisches rēš šarrūti term. techn. für das 'Akzessionsjahr' der Könige, kann
somit also mit der zweiten Angabe 'im 4. Jahr' nicht synchronisiert werden. Es kann
daher auch nur eine von beiden Angaben richtig sein: nach ⑥ 'im 4. Jahr'. Da בשנה
ההיא die beiden Ereignisse Kap. 27 und 28 miteinander verbindet, wird man בראשית
ממלכת als Ausgleich zwischen der falschen Überschrift in 27 1 und der wahrscheinlich korrekten Angabe in 28 1 zu verstehen haben. Ob בשנה ההיא auch noch auf eine
ursprüngliche Zeitangabe in 27 1 hinweist, kann endgültig nicht beantwortet werden.
Es ist grundsätzlich mit den beiden Möglichkeiten zu rechnen, wie sie einerseits in der
Übersetzung vorgeführt und andererseits in den Noten angedeutet sind: a) Zeitangabe
ist auf 27 1 und 28 1 aufzuteilen; b) Zeitangabe nur in 28 1. — v אלי stößt sich mit der
im folgenden gebrauchten 3. Person und ist wahrscheinlich wegen der 1. Person in
27 12-22 hier eingefügt worden. Rudolph und Volz sowie Bright denken an Abkürzung
für אל־ירמיה. — w Die in ⑥ fehlenden Worte — Stade, ZAW 12; Giesebrecht, Duhm
u. a. streichen diese Versteile als ergänzende, erläuternde Glossen — sind nach der Erweiterung des Berichts von Kap. 27 von ⑥ als überflüssig angesehen worden, da sie
Aussagen von 27 16-22 wiederholen. — x דבריך ist nicht ganz sicher belegt; ⑥𝔖
15 MSS lesen den Singular. — y Die beiden letzten Worte von v. 8 fehlen in ⑥; 23 MSS
lesen statt des vorletzten לרעב לרעה. Diese Änderung paßt den Ausdruck an die im
Jeremiabuch beliebte Formel »Schwert, Hunger und Pest« an. In v. 9 wird mit שלום
ein dieser Formel entgegengesetzter Sachverhalt umschrieben. Da in v. 8 und 9 sehr
allgemein von »Heil« und »Unheil« gesprochen wird, erwartet man für die Bestimmung
des Gegensatzes entsprechende Termini: dem שלום auf der einen Seite entspräche
auf der andern Seite am ehesten רעה oder die genannte dreigliedrige Formel. מלחמה
allein (so ⑥) als Gegensatz zu שלום ist in diesem Zusammenhang zu schwach; רעה
allein zu lesen, verbietet der textkritische Befund, bleibt also als Gegensatz zu שלום
die dreigliedrige Formel, und zwar in der Form »Krieg, Hunger und Pest«[10] (gegen
Rudolph, Weiser u. a.), da sie als Formel das Unheil umfassend zum Ausdruck bringt. —
z Das maskuline Suffix paßt nicht zu dem entsprechenden femininen Substantiv מוטה,
könnte aber durch על v. 11 veranlaßt sein; doch ist vielleicht besser הָ zu lesen (Stade,
ZAW 12). — aa Die Zeitangabe, die in ⑥ fehlt, stört das prägnante Deutewort zur
symbolischen Handlung und wird aus v. 3, wo sie auch syntaktisch besser steht, hierher
geraten sein (Stade, ZAW 12, u. a.). — bb Eigentümlich ist die Form עשית; eine Änderung in die 1. Person, wie sie ⑥ vornimmt, ist eine Erleichterung, die wiederum den
v. 14 überflüssig macht. Behält man die Lesart von 𝔐 bei, bleibt auch v. 14 sinnvoll. —
cc Der in ⑥ fehlende Schluß des Verses ist aus 27 6 eingedrungen. — dd Der כי-Satz
ist Begründung der Drohung nach Dtn 13 6; er fehlt in ⑥ und ist Zusatz; vgl. hierzu
auch 29 32. —

Analyse

27 *1*: Rechnet man — wie in den Noten a und u schon angedeutet
und in der Übersetzung vorgeführt wurde — in v. 1 mit einer Zeitangabe als Überschrift, dann stünde hier die 3. Person gegen die 1. Per-

---

[10] In der Form, wie sie 𝔐 bietet, »Krieg, Unheil und Pest«, wirkt die Formel überladen.
Daß die Formel mit מלחמה und nicht wie sonst häufig mit חרב eingeleitet wird,
braucht nicht zu befremden, da die Formel nicht immer stereotyp verwendet wird,
sondern immer wieder einmal kleine Abwandlungen aufweist (statt Drei- oft Zwei-
gliedrigkeit); vgl. z. B. 18 21.

son in *v. 2*, was auf zwei verschiedene Überlieferungsstadien des so eingeleiteten Abschnittes hinweisen würde: es lägen zwei sich stoßende
Einführungen eines Jahwewortes an Jeremia vor. Doch bleiben solche
Überlegungen angesichts der schwierigen und kaum lösbaren Probleme
textkritischer Natur hypothetisch. Dennoch: mehr Wahrscheinlichkeit
für sich hat die Annahme, daß die in v. 2aα vorliegende zweite Einführung des Jahwewortes ursprünglich die Form des Ich-Berichts hatte:
Botenformel, die durch אלי erweitert wurde[11]. Das so eingeleitete
Jahwewort ist Auftrag zur Ausführung einer symbolischen Handlung[12], der auch die Gegenstände nennt, die benötigt werden, und was
mit ihnen zu geschehen hat: v. 2aβ.b. Auffällig ist der Gebrauch des
Plurals »Jochhölzer und Stricke« hier und in 28 13 gegen den Gebrauch
des Singulars in 28 10.12: dort wo vom Herstellen eines Jochs die Rede
ist, wird der Plural »Jochstangen« verwendet, der Singular »Joch« für
die Bezeichnung des schon fertigen, auf dem Halse des Jeremia liegenden Jochs[13].

V. 3 als Fortsetzung der Beauftragung von v. 2 leitet zur Deutung
der symbolischen Handlung über. Eine ausführliche Aufzählung aller,
an die die Botschaft der symbolischen Handlung gerichtet ist, läßt
gleichzeitig den historischen Ort der Ereignisse erkennen[14]. Unter den
Adressaten finden sich ausschließlich ausländische Fürsten, Zedekia
ist nur indirekt angesprochen.

An diese sehr ausführliche Überleitung schließt die noch ausführlicher gehaltene Einleitung zur Deutung der symbolischen Handlung
in v. 4 an. Sie ist wie schon v. 2 und 3 in die Form der Beauftragung
gebracht. Das einleitende Verbum ist von dem Imperativ עשה in v. 2
abhängig, und das folgende אתם verknüpft den v. 4 mit dem vorangehenden v. 3. Auffällig wird der sonst gut an das Vorangehende angeschlossene und in sich selbst folgerichtig aufgebaute v. 4 durch seine
Überladenheit: eine dreifache Einleitung führt zur Deutung der symbolischen Handlung hin, wobei jeder der drei Teile für sich allein stehen
könnte und die beiden andern als überflüssig erscheinen läßt. Ange-

---

[11] Vgl. die Note b, zu der hinzuzufügen ist, daß in den 27 2 ähnlich gelagerten Fällen,
nämlich in 13 1 17 19 und 19 1, den Textzeugen, die die 1. Person aufweisen, das
größere Gewicht zukommt. So wird man auch in 27 2 die Ursprünglichkeit des Ich-
Stils stark in Rechnung stellen müssen.

[12] Siehe Fohrer, Berichte über symbol. Handlungen, 99.

[13] מוטה kommt außerhalb Jer 27f. nur noch Ez 30 18 34 27 Lev 26 13(H) und Jes 58 6. 9,
also erst in exilischer Zeit vor.

[14] Vgl. J. Yoyotte, Sur le voyage asiatique de Psammetique II, VT 1 (1951), 140—144
(143); D. N. Freedman, The Babylonian Chronicle, BiblArch 19 (1956), 50—60 (58);
anders H. Schmidt, Das Datum der Ereignisse von Jer 27 und 28, ZAW 39 (1921),
138—144 (7. Jahr), und G. R. Driver, Once Again Abbreviations, Textus 4 (1964),
83—86 (1. Jahr).

sichts dessen wird man den Eindruck nicht ganz los, als wollte der
Schreiber von v. 4 durch seine Ausführlichkeit dokumentieren, daß er
die Redesituation, wie sie sich aus v. 2f. ergibt, verstanden hat: es
werden nämlich alle Aspekte derselben in der Einführung zur Deutung
noch einmal aufgegriffen: 1. v. 4a nimmt v. 3a wieder auf; 2. v. 4bα
bringt die für das folgende Jahwewort nötige Botenformel bzw. nimmt
v. 2aα wieder auf; 3. v. 4bβ berücksichtigt die Mittlerfunktion der Gesandten nach v. 3b. Eine solche umständliche Ausdrucksweise ist den
Berichten über symbolische Handlungen im Jeremiabuch nicht eigen;
mit v. 3 wäre schon alles gesagt, was zur Einführung der Deutung der
Handlung nötig ist, und v. 4 ist damit praktisch überflüssig. Alles das
weist darauf hin, daß man damit zu rechnen hat, daß in v. 4 eine Naht
vorliegt, die zwei ursprünglich nicht zusammengehörige Stücke miteinander verbindet[15].

Dieser ausführlichen Ein- und Überleitung folgt nun in dem jetzigen Textzusammenhang die erwartete Deutung der symbolischen
Handlung in *v. 5-8*. Auch sie ist sehr ausführlich gehalten. Sie setzt ein
mit einer theologischen Prämisse (v. 5), aus der geschichtliche Folgerungen abgeleitet werden (v. 6f.), und wird abgeschlossen durch die
Nennung der praktischen Auswirkung im Falle der Nichtanerkennung
der geschichtlichen Folgerungen (v. 8). In v. 8 ist der abschließende
Einschnitt durch die Formel נאם יהוה markiert. V. 5-8 ist Jahwerede
(innerhalb eines Ich-Berichts) und braucht nicht erst durch Streichung
des אלי in v. 2 dazu gemacht zu werden[16]. Auffällig an dieser ausführlichen Deutung ist das Fehlen des direkten Bezuges zur symbolischen
Handlung. Nur in v. 8 ist eine Beziehung zwischen Deutung und sym-
bolischer Handlung zu erkennen; doch scheint der fragliche Relativsatz v. 8aβ mit seiner negativen Aussage eine positive Aussage vorauszusetzen. Eine solche erwartet man auch als Deutewort der Handlung
im Gegensatz zu der jetzt vorliegenden theologischen Abhandlung[17].

---

[15] Vgl. hierzu Duhm und ihm folgend Erbt, Cornill und Schmidt.

[16] Gegen Rietzschel 115f., der dieses Argument u. a. braucht, um einen Stilbruch
zwischen v. 8 und v. 9 zu konstatieren.

[17] Zur Terminologie dieser Abhandlung muß vermerkt werden, daß die einzelnen Ausdrücke ganz verschiedenen Bereichen entstammen: v. 5 »mit großer Kraft und aus-
gerecktem Arm« aus dem dtn. Bereich (Dtn 4 34 5 15 9 29 u. ö., meist mit Bezugnahme auf den Exodus; mit Bezugnahme auf die Schöpfung nur noch Jer 10 12
par. 51 15 32 17!! durchwegs sekundäre Stücke); ישר עיני יהוה ist ebenfalls eine
typisch dtn.-dtr. Wendung (Dtn 6 18 12 25 u. ö.; häufig zur Charakterisierung der
Könige in I + II Reg par. II Chr.); v. 6 »Nebukadnezar עבדי« noch Jer 25 9 und
43 10; v. 7 ist sprachlich abhängig von 25 12. 14a und stammt darum wohl aus sehr
später Zeit (Duhm; Rietzschel 40); v. 8 »חרב,רעב,דבר« ist eine für die Bücher Jer
und Ez typische Formel (51mal im Alten Testament [in verschiedener Variation],
davon 30mal bei Jer und 10mal bei Ez).

Durch וְאַתֶּם klar vom Vorhergehenden abgehoben, beginnt mit
v. 9 ein neuer Abschnitt, der bis Schluß des Kapitels reicht. Dieser
Abschnitt *v. 9-22* zerfällt deutlich in drei Teile, von denen jeder mit
einer besonderen Einleitung versehen ist (v. 9: וְאַתֶּם ist in der Form
etwas kürzer als die Einleitungen in v. 12a und v. 16aα, da er v. 3f. als
Einführung voraussetzen kann): »an die Gesandten« v. 9-11; »an Zedekia« v. 12-15 und »an die Priester und das ganze Volk« v. 16-22, und
von denen jeder mit der Formel נְאֻם יְהוָה abgeschlossen wird. Jeder
dieser drei Teile ist auch in der gleichen Form der Anrede gehalten —
von den Adressaten wird in der 2. Person gesprochen — im Gegensatz
zu dem Wort in v. 5-8, wo von den Adressaten nur in der 3. Person
geredet wird. Im übrigen handelt es sich bei diesen drei Worten um
Jahwe- bzw. Prophetenrede innerhalb eines Ich-Berichts, der durch
v. 12a und 16aα noch besonders hervorgehoben wird, was in gleicher
Weise für v. 2-8 zutrifft, so daß von einem Stilbruch im Blick darauf[18]
nicht die Rede sein kann.

Für die weitere Beurteilung dieser drei Worte, ihres Verhältnisses
zueinander und zu den vorangehenden und folgenden Stücken ist die
Untersuchung ihres Aufbaus aufschlußreich. Der engen Zusammengehörigkeit der drei Worte entsprechend, ist ein weitgehend paralleler
Aufbau derselben und sogar wörtliche Übereinstimmung einer Reihe
von Passagen zu beobachten:

	v. 9aα	v. 12aα	v. 16aα
Bezeichnung der Angeredeten			
Einführung des Prophetenwortes (1. pers.)		v. 12aα	(=) v. 16aα
Inhalt: Warnung vor den falschen Propheten			
אַל־תִּשְׁמְעוּ ... לֵאמֹר	v. 9a. bα	(=) v. 14aα	(=) v. 16aα
Verkündigung der falschen Propheten	v. 9bβ	= v. 14aβ	v. 16aβ
Begründung der Warnung	v. 10a	= v. 14b	= v. 16b
Beurteilung der falschen Propheten		v. 15a	v. 18
negative Folgen ihres Verhaltens	v. 10b	v. 15b	v. 19ff.
			(indirekt; Form: Jahwewort).

Dieser Aufbau und die bis ins Wörtliche gehenden Übereinstimmungen lassen nun auch die gemeinsame Absicht dieser drei Worte
ganz deutlich erkennen: Warnung vor den »falschen Propheten«; eine
Absicht, die mit dem Ziel der in diesem Kapitel geschilderten symbolischen Handlung zunächst nichts gemein hat. In den ersten beiden
Worten v. 9-11 und v. 12-15 wird eine Beziehung zwischen diesen und
der symbolischen Handlung — genauer: zwischen den beiden Worten
und der Deutung der Handlung, wie sie jetzt in v. 5-8 vorliegt — hergestellt durch die Angabe des Inhalts der Verkündigung der »falschen
Propheten«: »Dient nicht dem König von Babel«. Das wird auch noch

---

[18] So Rietzschel 115f.

daran deutlich, daß der für v. 5-8 zentrale Begriff עבד in v. 9-11 und
v. 12-15 wiederaufgenommen wird. Hingegen fehlen Bezugnahmen auf
die die symbolische Handlung charakterisierende Wendung »den Hals
unter das Joch geben« völlig, wenn man sich auf den oben angegebenen
Umfang der Worte beschränkt. Dort, wo eine direkte Beziehung zur
symbolischen Handlung selbst vorliegt, handelt es sich um formal ganz
auffällige Stellen: 1) v. 8: der oben schon erwähnte negative Bezug auf
die symbolische Handlung findet sich in einem Relativsatz, dessen
Einleitung ואת אשר im masoretischen Text sehr schwierig ist und
auf eine Nahtstelle und damit auf eine sekundäre Einfügung hindeuten
könnte[19]. 2) v. 11: ist der einzige Vers innerhalb der drei Prophetenworte, der positive Folgen für ein bestimmtes Verhalten nennt, und
paßt schon deshalb nicht in den für die Prophetenworte charakteristi-
schen Aufbau; die Wendung »den Hals unter das Joch geben« findet
sich auch wieder innerhalb eines Relativsatzes und scheint wie in v. 8
eine entsprechende Forderung vorauszusetzen. 3) v. 12b: fällt wie v. 11
aus dem Rahmen des oben festgehaltenen Aufbaus der Prophetenworte, würde aber genau dem entsprechen, was man als Deutewort
zur symbolischen Handlung erwartet. — Neben den drei genannten
Versen bzw. Versteilen paßt auch v. 13 nicht in den Rahmen der Prophetenworte. V. 13 ist auch ganz deutlich von v. 8 abhängig und daher
wahrscheinlich Ergänzung zu v. 12b im Blick auf die Aussagen von v. 8.

Das dritte der drei Prophetenworte (v. 16-22) ist nicht wie die
beiden ersten von der Deutung der symbolischen Handlung v. 5-8,
sondern von der in Kap. 28 folgenden Erzählung abhängig. Die Bezugnahmen finden sich auch in diesem Wort innerhalb der Angabe des
Inhalts der Verkündigung der »falschen Propheten«.

Daraus ergibt sich fürs erste, daß den drei Prophetenworten die
Stücke 27 2-8 und 28 1ff. bereits als bekannt vorlagen, die Prophetenworte also erst später aufgrund von 27 2-8 28 1ff. konzipiert wurden.
27 2-8 wiederum besteht aus dem wohl ursprünglichen Bericht über
die symbolische Handlung (v. 2-3 + v. 12b) und der später zugefügten
und mit eigener Einleitung versehenen neuen, theologisch begründeten
Deutung (v. 4. 5-8), die die alte Deutung v. 12b verdrängt hat. Um den
Zusammenhang zwischen den einzelnen Abschnitten zu wahren, wurden an den oben genannten formal auffälligen Stellen (v. 8. 11. 12b)
Erweiterungen eingefügt, die eine direkte Bezugnahme auf die symbolische Handlung bzw. deren ursprüngliches Deutewort herstellten.
Dies war um so mehr nötig, als die neue Deutung (v. 4. 5-8) nicht im
Blick auf die symbolische Handlung konzipiert worden sein muß, son-
dern durchaus als ein selbständiges Wort entstanden sein kann.

---

[19] Vgl. auch die Note k; Rudolphs Änderung scheint für den jetzigen Textzusammenhang nötig.

28 1: Die vorliegende Zeitangabe und die damit verbundene Einführung eines Worts des Chananja an Jeremia markieren einen neuen
Abschnitt, der durch בשנה ההיא mit dem voraufgehenden Kap. 27
verbunden wird. Ohne einen Teil des Inhalts von Kap. 27 als Voraussetzung wäre das in Kap. 28 Berichtete auch nicht zu denken. V. 1 macht
genauere Angaben über Chananja, dessen Herkunft und Beruf angegeben werden, den Schauplatz seiner Rede und deren Hörer. Anders
als in 27 3, wo die fremden Gesandten angesprochen sind, sind hier die
Priester und das ganze Volk die Angeredeten[20].

V. 2: Mit der Botenformel wird das folgende Chananjawort als ein
Jahwewort charakterisiert. Dieses bezieht sich auf die in 27 2f. 12b geschilderte symbolische Handlung zurück, sagt aber genau das Gegenteil von dem aus, was mit dem Deutewort der symbolischen Handlung
27 12b gemeint ist, und nimmt damit gleichzeitig aber auch das Deutewort der in v. 10. 11a geschilderten symbolischen Handlung vorweg.
Damit wird ein Gegensatz erreicht und wahrscheinlich auch bezweckt,
der die später geschilderten Ereignisse bestimmt. Das Jahwewort ist
im pf. proph. gehalten, was den Gegensatz nur noch verstärkt.

V. 3. 4a setzen die Weissagung von v. 2 fort und präzisieren sie,
indem ein genauer Termin für ihr Eintreffen angegeben wird, die Konsequenzen der Weissagung näher bezeichnet werden und die Gewißheit, daß sie auch tatsächlich eintreffen wird, noch einmal unterstrichen wird. Letzteres wird vor allem durch die exakte Terminangabe
שנתים ימים, die nochmalige Berufung auf Jahwe נאם יהוה und die Wiederholung des entscheidenden Satzes אני משיב אל־המקום הזה erreicht
und unterstrichen.

Den Schluß des Chananjawortes bildet *v. 4b* mit einer Wiederaufnahme der Eingangsworte im impf.: So gewiß das angekündigte
Ereignis bei Jahwe schon beschlossen ist (v. 2 pf. proph.), so gewiß
wird es auch zu dem angegebenen Termin eintreten (v. 4 impf.).

Mit diesem Rückverweis wird das Chananjawort zu einem abge-
rundeten Ganzen von großer Eindringlichkeit: das etwas breit gehaltene Objekt der Weissagung wird von einem doppelten Rahmen
umgeben: innerer Rahmen v. 3aα // v. 4aβ, äußerer Rahmen v. 2b // v. 4b
Sachlich steht das Chananjawort v. 2-4 in Beziehung zu dem vorausgehenden Prophetenwort 27 16-22: hier wie dort geht es um die Tempelgeräte, spielt die Gola eine Rolle und beidemal sind die Adressaten
»die Priester und das ganze Volk«, worauf die Kürzungen in v. 3f.
durch ⑤ zurückzuführen sein werden[21]. Ob es sich bei den in ⑤ fehlenden Teilen von v. 3f. um später eingefügte erklärende Glossen handelt
oder um für diesen Zusammenhang ursprüngliche Erläuterungen, ist

---

[20] Zu אלי, das Jeremia als Angeredeten im Blick hat, vgl. die Note v.
[21] Vgl. die Note w.

schwer zu entscheiden. Beides — sowohl Glosse als auch ursprüngliche
nähere Erläuterung — ist nur sinnvoll, wenn nichts Entsprechendes
unmittelbar vorausgeht, wie das hier jedoch mit 27 16-22 der Fall ist.
Gerade diese Beobachtung aber, sowie die ungeschickte Vorwegnahme
des Inhalts des Chananjawortes durch 27 16-22 und die schon im Zusammenhang mit Kap. 27 gemachten Beobachtungen stützen die Annahme, daß 27 16-22 gegenüber 28 2-4 sekundär ist[22]. Auffällig an 28 2-4
ist auch, daß das Wort nicht nur andere Adressaten nennt als 27 2f. 12b,
mit dem es durch den Zentralsatz eng verknüpft ist, sondern auch
inhaltlich einen andern Weg geht: es ist nur mehr am Geschick der
eigenen Gola, nicht aber am Geschick der andern Völker interessiert,
wie das bei dem Bericht über die symbolische Handlung der Fall ist.
  V. 5 führt die Antwort Jeremias auf Chananjas Weissagung ein.
Die Einführung ist etwas umständlich gehalten. Sie wiederholt die
schon v. 1 gemachten Angaben über die näheren Umstände der geschilderten Ereignisse. Direkt angesprochen ist natürlich Chananja,
als indirekt betroffen werden aber auch Priester und Volk genannt,
wie schon in v. 1. Statt des solche Einführungsworte üblicherweise abschließenden לאמר folgt zu Beginn von *v. 6* eine Wiederholung der
wesentlichen Worte dieser Einführung[23]. Die Antwort Jeremias selbst
ist zuerst ganz positiv gehalten. Sie nimmt direkt Bezug auf die Weissagung des Chananja, indem sie die wichtigsten Gedanken und Worte
derselben wieder aufgreift[24]: שוב, Tempelgeräte, Gola, המקום הזה
(= Jerusalem)[25]. Daß von Jahwe in der 3. Person gesprochen wird,
weist dieses Wort als ein reines Prophetenwort aus, welches nur den
persönlichen Wunsch Jeremias zum Ausdruck bringen soll. Jeremia
beantwortet das Jahwewort Chananjas nicht wieder mit einem Jahwewort.
  V. 7 setzt die Jeremiarede fort. Die Partikel אך und die Aufforderung zur Aufmerksamkeit שמע־נא heben jedoch das folgende Jeremiawort von dem vorhergehenden deutlich ab. Daß es sich auch bei dem
angekündigten Wort um ein Wort des Propheten und nicht um ein
Jahwewort handelt, wird durch den Relativsatz v. aβ. b unterstrichen.
Die mit der Partikel אך angekündigte Einschränkung des in v. 6 Gesagten folgt in *v. 8f.* Die Beurteilung der Worte Chananjas kann nicht

---

[22] Gegen Rudolph, Weiser, die von einer Aufnahme von 27 16-22 durch 28 2-4 ausgehen.

[23] Duhm: Baruch ist an längere Sätze nicht recht gewöhnt, darum wiederholt er.
    Schmidt: Wiederholung ist zu streichen.

[24] Daraus, daß die von Chananja erwartete Rückführung Jojachins von Jeremia nicht
    erwähnt wird, zieht A. Malamat, Jeremiah and the Two Last Kings of Judah, PEQ
    1951, 81—87 (83f.), Konsequenzen für die politische Einstellung Jeremias.

[25] Die Bezeichnung מקום הזה für Jerusalem außer im Jeremiabuch (7 3. 6f. 20 [19
    3f. 6f. 12] 29 10. 14 u. ö.) nur noch in I Reg 8 30. 35 par. II Chr 6 20—7 15* II Reg 18 25
    22 16f. 19f. par. II Chr 34 24f. 27f., scheint also eine typisch dtr. Wendung zu sein.

von einem Wunschdenken Jeremias ausgehen, sondern erfolgt von der
Tradition her, in der sich Jeremia mit Chananja stehen sieht (v. 8),
und von dem auch in Dtn 18 21f. — dort allerdings in negativer Form —
ausgesprochenen Grundsatz aus, nach welchem die Wahrheit eines
heilsprophetischen Wortes sich in seiner Verwirklichung erweist (v. 9).
Gleichzeitig stellt Jeremia mit diesen Worten die Unheilsprophetie der
Heilsprophetie gegenüber, wobei für beide völlig verschiedene Kriterien der Beurteilung in Anspruch genommen werden[26]. Anders
Dtn 18 21f., wo alle Propheten nach dem gleichen Prinzip beurteilt
werden. Es ist schwer zu entscheiden, welcher der beiden Stellen
Dtn 18 21f. oder Jer 28 8f. der Vorrang zukommt bzw. welche von
welcher abhängig ist, zumal Dtn 18 21f. einer späteren Bearbeitung
von Dtn 18 angehört[27], so daß von hier aus eine zeitliche Ansetzung
der Worte unmöglich erscheint.

   V. 10. 11a berichtet von der Ausführung einer symbolischen Handlung des Chananja mit der dazugehörigen Deutung. Der Bericht gebraucht dieselben Begriffe wie der Bericht über die symbolische Handlung Jeremias (27 2f. 12b): מוטה und צואר für die Handlung selbst,
על und צואר für die Deutung. V. 10 knüpft außerdem direkt an 27 2f.
12b an. Trotz der engen Beziehung der beiden Handlungen zueinander,
die an eine nahe zeitliche Verbindung denken lassen, sind daneben
wichtige formale Unterschiede festzustellen: 27 2f. 12b enthält den
Jahwebefehl zur Ausführung der Handlung; der Bericht über die Ausführung selbst fehlt; an den Befehl angeschlossen ist die in Form einer
Aufforderung gehaltene Deutung; 28 10. 11a hingegen fehlt der Jahwebefehl, es findet sich erst der Bericht über die Ausführung und die als
Jahwewort bezeichnete Deutung mit Symbolbeziehung[28]. Auffällig ist
weiter, daß der Bericht über die Handlung Jeremias als ganzer die
Form der Jahwerede hat, während das Jahwewort im Bericht über die
Handlung Chananjas noch mit einer ausführlichen Einleitung versehen
ist, die es als Chananjarede hinstellt. 27 2f. 12b ist also als Jahwewort
formuliert, während 28 10. 11a den Bericht über die symbolische Hand-

---

[26] Zur Problematik »wahre—falsche Prophetie«, auf die hier nicht näher eingegangen
   werden soll, siehe unter anderen W. Staerk, Das Wahrheitskriterium der alttestamentlichen Prophetie, ZsyTh 5 (1927/28), 76—101; G. v. Rad, Die falschen Propheten, ZAW 51 (1933), 109—120; J. Hempel, Die Mehrdeutigkeit der Geschichte
   als Problem der prophetischen Theologie, 1936, 27f.; M. Buber, Der Glaube der
   Propheten, 1950, 253ff.; G. Quell, Wahre und falsche Prophetie, 1952; H. W. Wolff,
   Hauptprobleme alttestamentlicher Prophetie, EvTh 15 (1955), 446—468 (465ff.);
   E. Jacob, Quelques remarques sur les faux prophètes, ThZ 13 (1957), 479—486;
   E. Osswald, Falsche Prophetie im Alten Testament, 1962, und H.-J. Kraus, Prophetie in der Krisis, 1964, 82—115.
[27] Fohrer, Einleitung, 189; F. Horst, Das Privilegrecht Jahwes, 1930, 120, u. a.
[28] Fohrer, Berichte über symbol. Handlungen, 99.

lung als Erzählung überliefert; zwei verschiedene Stilformen, die sich voneinander abheben, weisen aber darauf hin, daß trotz der engen Verbindung beider Texte nicht damit zu rechnen ist, daß sie von einer Hand verfaßt worden sind. Dies würde eher eine Darstellung der Vorfälle in der Stilform der Erzählung erwarten lassen. 27 2f. 12b als Jahwewort könnte durchaus eine Zeitlang selbständig überliefert worden sein, bevor es zum Bestandteil einer Erzählung über die Auseinandersetzung zweier Propheten gemacht wurde. Sollte überdies die Form des Ich-Berichts (vgl. v. 2) die ursprüngliche sein[29], dann legt sich dieser Schluß jedenfalls nahe. 28 10. 11a hingegen ist in seiner Gestaltung an 27 2f. 12b orientiert und von diesem Bericht so abhängig, daß von einer selbständigen Überlieferung nicht die Rede sein kann. 28 10. 11a ist nur im Zusammenhang mit 27 2f. 12b vorstellbar. Dem Überlieferungsstadium, das beide Stücke gemeinsam tradierte bzw. zusammenfügte, wäre dann auch sinnvoll die in 27 1 rekonstruierte Überschrift zuzuordnen, da sie den eventuell selbständig überlieferten und als Jahwewort oder Ich-Bericht formulierten Bericht über eine symbolische Handlung Jeremias in einen Erzählungszusammenhang einbaut und so einen Ausgleich zwischen den unterschiedlichen Stilformen schafft; einen Ausgleich, wie er so geschickt in 19 1—20 6 nicht erreicht wurde.

Die genannten formalen und stilistischen Differenzen tragen im jetzigen Zusammenhang stark zur Hervorhebung und Unterstreichung des Gegensatzes zwischen den beiden Propheten bei, der in den divergierenden Inhalten der Deutung ihrer Handlung vollends klar wird.

In 28 10. 11a begegnet ein wichtiger Aspekt wieder, der trotz Übernahme eines Teils der Deutung nach v. 2-4 und trotz seiner Bedeutung für 27 2f. 12b in der Auseinandersetzung zwischen Jeremia und Chananja (28 2-9) keine Rolle spielte: es handelt sich um die Beziehung der symbolischen Handlung auf fremde Völker. In beiden Berichten ist Juda und Jerusalem höchstens indirekt angesprochen, während die Völker als die direkt Betroffenen angeredet sind. In 28 2-9 hingegen sind ausschließlich die Geschicke Judas und der Gola von Wichtigkeit. Dies könnte darauf hindeuten, daß die beiden Berichte 27 2f. 12b und 28 10. 11a von anderer Hand stammen, als die auch sprachlich viel umständlicher gestalteten Prophetenreden in 28 2-9, die außerdem durch 28 1 vom Vorhergehenden stark abgehoben werden.

V. 11b enthält eine kurze Schlußbemerkung, die den vorläufigen Abschluß der Szene bildet. Sie entspricht der kurzen Bemerkung in 36 26b, welche ebenfalls einen vorläufigen Abschluß der Ereignisse um die Buchrolle bildet[30].

---

[29] So H. Wildberger, Jahwewort und prophetische Rede bei Jeremia, 1942, 28f.
[30] Sowohl aus theologischen wie aus formalen Gründen (Parallelität zu Kap. 36) ist eine Streichung des v. 11b nicht gerechtfertigt: gegen Cornill.

V. 12 setzt mit der Einführung eines Jahwewortes und einer damit verbundenen Zeitbestimmung neu ein. Die Einführung des Jahwewortes entspricht einer im Jeremiabuch häufig vorkommenden Form. Die Zeitbestimmung nimmt mit אחרי das Vorausgehende wieder auf und wiederholt es in der anschließenden Infinitivkonstruktion. Diese Form der Anknüpfung an Vorhergehendes findet sich ebenso Jer 36 27. Das so eingeführte Jahwewort beginnt *v. 13* mit der Aufforderung an Jeremia, Chananja ein weiteres Jahwewort mitzuteilen, das mit der Botenformel eingeleitet wird[31]. Das Jahwewort selbst gliedert sich in zwei Teile. Der erste Teil zeigt die Konsequenzen von Chananjas Verhalten auf: er hat mit dem Zerbrechen des Jochs nur eine Verstärkung der Drohung bewirkt. Der zweite Teil *v. 14* begründet das mit einem neuen Jahwewort, das die Verkündigung Jeremias nun endgültig bestätigt. Dieses zweite Wort bezieht sich mit כל־הגוים האלה eindeutig auf die beiden symbolischen Handlungen zurück, während ein Bezug auf die Prophetenworte v. 2-9 auch in v. 12f. nicht gegeben ist. Der gesamte Passus v. 13f. entspricht sachlich dem Abschnitt über die Wiederherstellung der Buchrolle in 36 28. 32.

V. 15f.: Mit einer neuen Einleitungsformel wird, vom Vorausgehenden etwas abgehoben, nun ein Prophetenwort eingeführt, das, beginnend mit der Aufforderung zur Aufmerksamkeit (vgl. v. 7!), Chananjas Reden und Verhalten schilt. Das Scheltwort hat im Gegensatz zu v. 12ff. keine direkte Beziehung zu den beiden symbolischen Handlungen, vielmehr erinnert es an v. 5a. 7aα. 9 und mit dem Hinweis auf »dieses Volk« ebenfalls an die Worte v. 2-4. V. 16 folgt, mit לכן eingeleitet, ein durch die Botenformel als Jahwewort ausgewiesenes Drohwort, das Chananja den baldigen Tod ankündigt. Auch hier ist die Beziehung zu v. 2-4 nicht zu übersehen: wie Chananja für das Eintreffen seiner Weissagung einen genauen Termin angibt (v. 3), so tut das nun auch Jeremia. — Wie schon in den vorausgehenden Versen, so ist auch hier eine auffallende formale Übereinstimmung mit Versen aus Jer 36 zu beobachten. So entspricht v. 15 Jer 36 29, einem Scheltwort gegen Jojakim, dem wie hier mit v. 16 in 36 30 ein Drohwort angeschlossen ist: die gescholtene Person wird jeweils in der 2. Person angesprochen, und die beiden Drohworte beginnen übereinstimmend mit לכן כה אמר יהוה.

V. 17 stellt in einer Schlußbemerkung das Eintreffen des angekündigten Unheils fest, und zwar wieder mit exakter Terminangabe. Von den neueren Kommentatoren sind, soweit es übersehen werden kann, Nötscher und Bright die einzigen, die sich nicht damit begnügen, die Historizität dieser Schlußbemerkung zu behaupten, sondern noch auf Dtn 18 20 hinweisen, das den Tod falscher Propheten ankündigt

---

[31] Zur Form der Beauftragung vgl. die Analyse von 19 1 und Cornill.

und angesichts der Verwandtschaft von v. 9 mit Dtn 18 21f. nicht übersehen werden darf[32]. Es läge nahe, aufgrund dieser Beobachtung anzunehmen, daß wenigstens v. 5-9 und v. 15f. nach Dtn 18 20ff. gestaltet
sind, doch muß das eine Vermutung bleiben, da die zeitliche Ansetzung
des Prophetengesetzes von Dtn 18 nicht ganz einfach sein dürfte und
die Abhängigkeitsfrage zwischen den beiden fraglichen Texten kaum
zu klären ist. Doch vielleicht kann man dieser Beobachtung jedenfalls
soviel entnehmen, daß v. 17 auf v. 5-9 und mit der genauen Terminangabe auf v. 3 weist, v. 16f. also mit den Prophetenworten v. 2-9 zu-
sammengehört.

Besonders auffallend an diesem Schlußstück ist der dem Schlußstück von Kap. 36 parallele Aufbau:

(27* + 28 1-11a // 36 1-26a	Bericht über die Ereignisse mit negativem Ausgang für Jeremia)
28 11b // 36 26b	Vorläufige Schlußbemerkung über das Verhalten Jeremias angesichts dieses negativen Ausgangs
28 12 // 36 27	Neueinführung des entscheidenden Abschnitts (wörtlich bzw. formal übereinstimmend)
28 13f. // 36 28. 32	Letzte Entscheidung durch Jahwe 28: Verstärkung der Deutung der symbolischen Handlung 36: Auftrag zur Wiederherstellung der Buchrolle und Aus- führung
28 15 // 36 29	scheltende Worte gegen die Widersacher
28 16 // 36 30f.	Drohworte gegen die Widersacher
(28 17	Schlußbemerkung).

Beide Stücke unterscheiden sich nur dadurch, daß in Kap. 36 das begründete Drohwort in das Schlußstück eingeschoben[33], während es in
Kap. 28 an das Schlußstück angehängt wurde.

Zusammenfassend kann Kap. 28 nur im Zusammenhang mit
Kap. 27 betrachtet werden, da die wesentlichen Stücke des Kapitels
von dem Bericht über die symbolische Handlung 27 2f. 12b abhängig
sind[34]. Die Analyse von Kap. 27 ergab deutlich drei Überlieferungs-

---

[32] E. Jenni, Die politischen Voraussagen der Propheten, 1956, 60, nimmt an, daß
Baruch mit v. 17 eine Anwendung der in v. 9b formulierten Regel gibt, verweist aber
in diesem Zusammenhang nur auf Dtn 18 21f., nicht auch auf Dtn 18 20.

[33] Vgl. hierzu die Analyse von Kap. 36.

[34] Zur Klärung des Verhältnisses von Kap. 27 und 28 werden die mannigfachsten
Lösungen angeboten, von denen die wichtigsten genannt sein mögen: 27 und 28 sind
erst durch die Redaktion verbunden worden (Stade, ZAW 12, 300); der Verfasser
von 28 benützt einen authentischen Selbstbericht Jeremias Kap. 27 (Weiser) bzw.
läßt Jeremia bewußt im Ich-Stil reden (Lamparter); zugunsten des aus einer andern
Quelle als 28 stammenden Kap. 27 wurde die ursprüngliche Einleitung von 28 weg-
gebrochen (Mowinckel, Rudolph); Kap. 27 und 28 gehören zusammen, 27 ist jedoch
einer starken Überarbeitung unterworfen worden (Duhm, Erbt 19ff., Rietzschel

stufen: 1. v. 2f. 12b, den Bericht über eine symbolische Handlung, von
dem nicht eindeutig gesagt werden kann, ob er ursprünglich als Ich-
Bericht oder als Jahwewort überliefert worden ist; 2. v. 4. 5-8, die
neue, theologisch begründete Deutung; 3. v. 9-22, die drei Prophetenworte. Dazu kommen aus Kap. 28 folgende Stücke, die noch dem
Überlieferungskomplex von Kap. 27 zuzuordnen sind: 1. v. 1-9, die
Redeauseinandersetzung zwischen Jeremia und Chananja; 2. v. 10-
11a(b), der Bericht über die symbolische Handlung des Chananja; 3.
v. 12-14, ein Bericht über die Entscheidung der Auseinandersetzung
zwischen den beiden Propheten; 4. v. 15-17, ein begründetes Drohwort
gegen Chananja. Von diesen Stücken ist 27 9-22 das eindeutig jüngste,
da es 27 2-8 und 28 1-4 (5-17) voraussetzt, keine direkten Beziehungen
zum Bericht über die symbolische Handlung des Jeremia aufweist und
außerdem eine eigenständige, dem übrigen Text der beiden Kapitel
nicht eigene Absicht verfolgt: die Warnung vor den »falschen Propheten«.

     Läßt man diese jüngste Bearbeitung der Kap. 27f. außer acht,
dann bleibt eine gut aufgebaute Erzählung übrig:

27 (1)2f. (4-8). 12b   ⌐ Bericht über die symbolische Handlung Jeremias
28 1-4   ⌐⌐ Entgegnung Chananjas
28 5-9   ⌊⌊ Entgegnung Jeremias
28 10-11   ⌊— Bericht über die symbolische Handlung Chananjas
                           + vorläuf. Schlußbemerkung
28 12-14   ⌐Bestätigung Jeremias und
28 15-17   ⌊begründetes Drohwort gegen Chananja.

Dieser Aufbau entspräche der schon bei Jer 19 1—20 6* beobachteten
Gliederung der Erzählung in drei Teile[35]:
     1. Aktion Jeremias: 27 2f. (4-8). 12b 28 5-9
     2. Gegenaktion Chananjas: 28 1-4. 10-11a (b)
     3. Bestätigung Jeremias und Drohwort gegen Chananja: 28 12-17.
Doch ist mit großer Wahrscheinlichkeit damit zu rechnen, daß die so
aufgebaute Erzählung noch eine komplizierte Vorgeschichte aufzuweisen hat. Darauf deuten verschiedene, in der Analyse schon festge-
haltene Beobachtungen. So sind 27 4-8 sicherlich nicht die ursprüngliche Deutung der symbolischen Handlung von 27 2f., sondern eine
spätere, theologisch ausgeführte Interpretation der Handlung. Weiter
kann man in Kap. 28 zwei Textgruppen voneinander abheben, die
wahrscheinlich verschiedene Überlieferungsstadien des Textes darstellen: a) v. 10f., die symbolische Handlung des Chananja, und v. 12-14,

---

114ff.). Der letztgenannte Lösungsvorschlag wird den Texten am ehesten gerecht
und soll der oben vorgeführten Analyse entsprechend modifiziert werden.

[35] Auf diesen dreigliedrigen Aufbau hat schon Rietzschel 118 hingewiesen, doch stellt
er die Sachlage etwas zu einfach dar.

die Bestätigung Jeremias; beide Stücke sind eng mit dem Bericht über die symbolische Handlung Jeremias (27 2f. 12b) und untereinander verbunden; b) v. 1-9, die Redeauseinandersetzung, und v. 15-17, das Drohwort gegen Chananja, welche Stücke sich von den unter a) genannten Stücken durch das betonte Interesse an Juda-Jerusalem und der Gola unterscheiden, außerdem die symbolische Handlung des Chananja als bekannt voraussetzen (v. 2b. 4b) und untereinander durch die enge Verwandtschaft mit Dtn 18 20ff. verbunden sind. Man wird also damit rechnen müssen, daß die Redeabschnitte 28 1-9 und 28 15-17 erst sekundär mit einem Bericht über die symbolischen Handlungen der beiden Propheten und dem dazugehörigen Bericht über die Entscheidung der Auseinandersetzung (27 (1)2f. 12b 28 10f. 12-14) verbunden worden sind. Daß diese Einfügungen[36] äußerst geschickt und dem vorliegenden Material entsprechend vorgenommen wurden, macht ihr Erkennen um so schwieriger. Daß es sich bei 28 1-9 um eine Einfügung handelt, wird auch durch die umständliche Einführung der Interpolation in 28 1 bestätigt, eine Einführung, die man sonst in 27 1 zu Beginn des Textes erwartet.

Aus all diesen Beobachtungen ergibt sich für die Überlieferungsgeschichte von Kap. 27—28 folgendes: Der wohl ursprüngliche Bericht über die Auseinandersetzung zwischen Jeremia und Chananja umfaßte 27 (1)2f. 12b 28 10f. 12-14, wobei offengelassen werden muß, ob dieser Bericht von vornherein so konzipiert war, oder ob — worauf einige Beobachtungen in der Analyse hinwiesen — auch dieser Bericht bereits eine Geschichte aufzuweisen hat[37]; dieser Bericht wurde um die Redeauseinandersetzung zwischen den beiden Propheten und das Drohwort gegen Chananja 28 1-9. 15-17 erweitert. In diesem Überlieferungsstadium weist der Text einen Aufbau auf, der dem von 19 1—20 6* weitgehend entspricht[38]. Dieser Aufbau wurde durch die späteren Einfügungen, nämlich die theologische Deutung der symbolischen Handlung Jeremias 27 4-8 und die Prophetenworte 27 9-22, nicht mehr wesentlich verändert.

Unberücksichtigt bei all diesen Überlegungen blieb bislang die auffällige Parallelität des Aufbaus der Schlußstücke von Jer 28 und 36[39]. Daß angesichts der weit-

---

[36] Soweit ich sehe, hat bislang nur Eva Osswald, Falsche Prophetie im Alten Testament, 1962, 19, mit einer tiefgreifenderen Überarbeitung von Jer 28 gerechnet, dies aber nur vermutungsweise ausgesprochen. E. Jenni, Die politischen Voraussagen der Propheten, 1956, 59, hält nachdrücklich an der Einheitlichkeit von Kap. 28 fest: »Nur übertriebene rationalistische Kritik könnte die v. 15-17 oder v. 17 allein als unechten Zusatz ablehnen«.

[37] Siehe hierzu die Analyse von 27 1f. 28 10. 11a sowie den Schluß der Analyse von Kap. 36.

[38] Siehe S. 34 und die Analyse von 19 1—20 6, S. 8ff.

[39] Siehe hierzu die Gegenüberstellung der beiden Stücke S. 72ff., sowie die Analyse.

gehenden Übereinstimmungen der beiden Stücke zunächst von einem gemeinsamen Verfasser gesprochen werden kann, ist schwer von der Hand zu weisen, da eine solche Gleichartigkeit zweier literarischer Größen wie der genannten sich auf diese Weise am einfachsten erklärt. Stellt man außerdem in Rechnung, daß der dreigliedrige Aufbau von Jer 27f.*, welcher ebenso in Kap. 36 zu beobachten ist[40], wesentlich durch die Drohworte in den Schlußstücken geprägt ist, dann gewinnt diese Annahme an Wahrscheinlichkeit.

Geht man aber von dieser Annahme eines gemeinsamen 'Verfassers' aus, dann hat man auch zu fragen, was diesem an Überlieferungsgut bereits vorgelegen haben mag. Einem Verfasser von 28 11b-17 hätten beispielsweise die beiden Berichte über die symbolischen Handlungen der Propheten vorgelegen, die nun durch die Arbeit des Verfassers in einen größeren Rahmen gestellt worden wären. Gegen diese Auffassung ist jedoch zu halten, daß es wenig sinnvoll scheint, mit der Überlieferung eines so gestalteten Textkomplexes (zwei eng aufeinander bezogene, jedoch im Inhalt völlig gegensätzliche Berichte, deren Spannung in keiner Weise gelöst wäre) zu rechnen. Als sinnvolle Überlieferungseinheiten kämen nur zwei in Frage: entweder der Bericht über die symbolische Handlung des Jeremia — ihn allein zu tradieren, kann man alle Gründe anführen, die für die Überlieferung von Prophetenwort und Prophetenbericht angeführt werden können[41] — oder beide Berichte über die symbolischen Handlungen der genannten Propheten mit einer die Spannung lösenden Schlußbemerkung, wie sie 28 12-14 vorliegt.

Setzt man ersteres voraus, dann muß weiter angenommen werden, daß die Verbindung der beiden symbolischen Handlungen sowie das gesamte Schlußstück von demjenigen sprachlich gestaltet wurden, der für die Redeauseinandersetzung in 28 1-9 und das Drohwort in v. 15-17 verantwortlich ist. Dies entspräche dem Bearbeitungsvorgang, wie er in 19 1—20 6 und Kap. 29 zu beobachten ist. In diesen beiden Fällen ist jedoch die Verbindung der einzelnen Texteinheiten so eng, daß bei ihrer Entflechtung nur die Jeremiaworte als selbständige Überlieferungseinheiten übrigbleiben, während in Kap. 27f. nach Herausschälung der vermutlich jüngeren Einheiten immer noch eine gut aufgebaute Erzählung bleibt, was schließlich zu der zweiten Annahme führt, daß 27 (1)2f. 12b 28 10-14 als fest formulierte Überlieferungseinheit bereits vorlag. Die Konsequenz dieser zweiten Möglichkeit ist freilich, daß von einem gemeinsamen Verfasser der Schlußstücke der Kap. 28 und 36 nicht gesprochen werden kann, man vielmehr mit einer gemeinsamen Bearbeitung zu rechnen hätte, deren Möglichkeiten durch das Vorgegebene bereits sehr eingeengt waren. Eine endgültige Entscheidung in dieser Frage empfiehlt sich jedoch erst im Zusammenhang mit Kap. 36 und der für dieses Kapitel wahrscheinlichen Überlieferungsgeschichte.

3. Jeremia 29

Text

29 1 Und dies ist der Wortlaut[a] des Briefes, den der Prophet Jeremia von Jerusalem aus an[b] die Ältesten der Deportierten, an die Priester und Propheten und an das ganze Volk, [c]das Nebukadnezar aus Jerusalem nach Babel[d] weggeführt hatte, sandte, [2 nachdem der König Jechonja samt der Herrin, den Hofbeamten, den Vornehmen[e] Judas und Jerusalems, den

---

[40] Vgl. die Analyse von Kap. 36.
[41] Siehe Fohrer, Einleitung, § 54.

Handwerkern und Bauleuten (?) hat Jerusalem verlassen müssen,]ᶠ 3 durch
Eleasa, den Sohn Schafans, und Gemarja, den Sohn Hilkias, welche Zedekia,
der König von Juda, zu Nebukadnezar, dem König von Babel, nach Babel
sandte: 4 »So hat Jahwe Zebaoth, der Gott Israels, zu allen Deportierten,
die von Jerusalem nach Babel weggebracht wurdenᵍ, gesprochen: 5 Baut
Häuser und bewohnt sie, pflanzt Gärten und eßt ihre Früchte! 6 Nehmt
Frauen und zeugt Söhne und Töchter und nehmt für eure Söhne Frauen
und eure Töchter gebt Männern, daß sie Söhne und Töchter gebärenʰ, und
vermehrt euch dort, daß ihr nicht weniger werdet! 7 Und kümmert euch
um das Wohl des Landesⁱ, in das ich euch weggeführt habe, und betet für es
zu Jahwe, denn auf seinem Wohl beruht euer Wohl. 8 Denn so hat Jahwe
Zebaoth, der Gott Israels, gesprochen: Laßt euch nicht täuschen von euren
Propheten, die unter euch sind, und von euren Wahrsagern und hört nicht
auf eure Träumerʲ, die ihr zu träumen veranlaßtʲ, 9 denn Lügeᵏ prophezeien
sie euch in meinem Namen; ich habe sie nicht gesandt, ist der Spruch Jahwes.
10 Denn so hat Jahwe gesprochen: Erst wenn für Babel 70 Jahre voll sind,
werde ich mich um euch kümmern und meine Verheißungˡ, euch an diesen
Ort zurückzubringen, verwirklichen, 11 denn ich bin mir der Gedanken
die ich über euch habe, wohl bewußtᵐ, ist der Spruch Jahwes, Gedanken
des Heils und nicht des Unheils, euch Zukunft und Hoffnung zu geben.
12 Und ruft ihr mich dann anⁿ [und geht]ⁿ, und betet zu mir, dann werde
ich euch erhörenᵒ; 13 und wenn ihr mich sucht, werdet ihr (mich) findenᵒ;
jaᵖ, wenn ihr von ganzem Herzen nach mir fragt, 14 dann werde ich mich
von euch finden lassen ᑫ, [ist der Spruch Jahwes, und werde euer Geschick
wenden und euch aus allen Völkern und von allen Orten sammeln, an die
ich euch verstoßen habe, ist der Spruch Jahwes, und ich werde euch zurück-
bringen an den Ort, von dem ich euch weggeführt habe.]ʳ 15 Wenn ihr sagt:
'Jahwe hat uns in Babel Propheten erstehen lassen', [16 Denn so hat Jahwe
gesprochen über den König, der auf dem Throne Davids sitzt, und über das
ganze Volk, das in dieser Stadt wohnt, — eure Brüder, die nicht mit euch
in die Deportation hinausgezogen sind —, 17 so hat Jahwe Zebaoth gesprochen: Siehe, ich sende wider sie das Schwert, Hunger und Pest und
mache sie aufgesprungenen Feigen gleich, die niemand ißt, so schlecht sind
sie. 18 Und ich verfolge sie mit dem Schwert, Hunger und Pest und mache
sie zum Grauen für alle Königreiche der Erde, zum Fluch, Entsetzen, Gepfeife und zur Schmähung bei allen Völkern, unter die ich sie verstoßen
habe, 19 dafür daß sie auf meine Worte nicht gehört haben, ist der Spruch
Jahwes, obwohl ich immer wieder meine Knechte, die Propheten, zu ihnen
gesandt habe, und ihrˢ habt nicht gehört, ist der Spruch Jahwes. 20 Ihr aber
hört das Wort Jahwes, alle Deportierten, die ich von Jerusalem nach Babel
geschickt habe.]ᵗ 21 so hat Jahwe Zebaoth, der Gott Israels, über Ahab,
den Sohn Kolajas, und über Zedekia, den Sohn Maasejas, die euch in meinem
Namen Lüge prophezeitenᵘ, gesprochen: 'Siehe, ich gebe sie in die Hand
Nebukadrezars, des Königs von Babel; der wird sie vor euren Augen hinrichten lassen. 22 Und sie werden für die gesamte judäische Deportation
in Babel zum Anlaß für ein Fluchwort genommen werden, das lautet: Jahwe
mache dich Zedekia und Ahabᵛ gleich, die der König von Babel im Feuer
hat rösten lassen, 23 weil sie 'Torheit' in Israel verübten, mit den Frauen

ihrer Genossen Ehebruch trieben und in meinem Namen Worte redeten[w],
die ich ihnen nicht aufgetragen habe, und ich selbst bin Zeuge'[x], ist der
Spruch Jahwes.«

24. 25[y] Und Schemaja aus Nehelam[1] sandte in eigenem Namen einen
Brief [an das ganze Volk in Jerusalem und][z] an den Priester Zephanja, den
Sohn Maasejas, [und an alle Priester][z] mit folgendem Inhalt: 26 »Jahwe
hat dich anstelle des Priesters Jojada zum Priester gemacht, daß du Auf-
seher im Tempel[aa] seist über jeden Verrückten und als Prophet Auftretenden und ihn in den Block und das Halseisen legest. 27 Nun aber, warum
schreitest du nicht gegen Jeremia aus Anatot ein, der bei euch als Prophet
auftritt, 28 und zwar weil er uns folgende Botschaft nach Babel sandte: 'Es
wird noch lange dauern; baut Häuser und bewohnt sie, pflanzt Gärten und
eßt ihre Früchte.' « 29 Der Priester Zephanja aber las diesen Brief dem Propheten Jeremia vor. 30 Da erging das Wort Jahwes an Jeremia: 31 »Sende
Botschaft an alle Deportierten folgendermaßen: So hat Jahwe gesprochen
über Schemaja aus Nehelam: Weil euch Schemaja prophezeit hat, ich ihn
aber nicht gesandt habe, und er euch auf Lüge vertrauen ließ, 32 darum: so
hat Jahwe gesprochen: Siehe, ich suche Schemaja aus Nehelam und seine
Nachkommen heim; er wird keinen haben, der inmitten dieses Volkes
wohnen bleibt, das Glück zu schauen[bb], das ich meinem Volke schaffen
werde.« [ist der Spruch Jahwes, denn er hat Auflehnung gegen Jahwe ge-
predigt.][cc]

a Die Übersetzung von דברי הכפר mit »Geschichte von dem Brief« durch
Weiser ist von Rudolph zu Recht abgelehnt worden. Die Absicht, den Brief wörtlich
zu überliefern, was wenigstens aus der Form von v. 5-7 hervorzugehen scheint, sowie
das Zitat aus dem Brief in v. 28b rechtfertigen die Übersetzung »Wortlaut des Briefes«,
ganz abgesehen davon, ob der Brief in seinem vollen Wortlaut tatsächlich vorliegt,
oder nur als Referat seines Inhalts. — b Das in 𝔊 fehlende יתר ist in Verbindung mit
den »Ältesten der Deportierten« trotz verschiedenster Erklärungsversuche[2] nicht recht
verständlich, wenn nicht gar sinnlos[3]. Rothstein und Volz schlagen eine Umstellung
des Wortes zu העם vor, wofür Wendungen wie Neh 4 8. 19 sprechen. Obwohl die Einfügung des Wortes durch einen Glossator schwerer zu erklären ist als die Streichung
durch 𝔊, wird man vielleicht doch mit einer an Jer 39 9 52 15 II Reg 25 11[4] orientierten,
aber ungeschickt eingefügten und darum einen falschen Bezug herstellenden Glosse
rechnen dürfen. — c In 𝔊 fehlt der den Vers abschließende Relativsatz, von Hitzig,
Duhm u. a. als kommentierende Auffüllung gestrichen. Ähnliche erläuternde Relativsätze streicht 𝔊 auch an anderen Stellen, z. B. 28 3, um einen strafferen Text zu gewinnen. Die Streichung des Satzes ist leichter zu erklären als seine Zufügung, vor allem
im Blick auf v. 4b. — d Weiser und Rudolph ziehen das letzte Wort des v. 1 בבלה aus
nicht ganz klaren Gründen zum Hauptsatz; dies läßt zwar eine bessere Übersetzung

---

[1] Zu der eigenwilligen Deutung des Gentiliciums הנחלמי als substantiviertes Partizip Niphal mit affigiertem '-relativum durch L. Yaure, Elymas — Nehelamite —
Pethor, JBL 79 (1960), 297—314 (309), siehe Rudolph.

[2] Hitzig, Duhm, Lamparter u. a.

[3] Stade, ZAW 12, 305; Giesebrecht.

[4] יתר העם bezieht sich dort auf die von der zweiten Deportation betroffenen Judäer
bzw. Jerusalemer.

zu, ist aber syntaktisch kaum zu rechtfertigen. — e Lies mit nonnMSS֍֍ וְשָׂרֵי. — f Siehe unten die Analyse. — g Mit ֍ ist הַגְלְתָה zu lesen, da die 1.pers.sg. in die referierende Einleitung der Jahwerede nicht gut paßt. — h Die letzten drei Worte des v. 6a fehlen in ֍; ob die Worte zu streichen sind, läßt sich von textkritischen Überlegungen aus allein nicht beantworten. — i ֍ הָאָרֶץ entspricht dem Zusammenhang eher als ֙ הָעִיר, wozu 4 29 und vielleicht 23 39 zu vergleichen sind. — j Wie Kap. 27 9 ist auch hier mit Ehrlich חָלֹמֹתֵיכֶם »Träumer« zu lesen und das Partizip als pt.hi. zu vokalisieren, was eine Beibehaltung des Konsonantenbestands ermöglicht und außerdem dem Zusammenhang am ehesten entspricht. — k Parallel zu 27 10. 14. 16 ist mit pcMSS֍֍֍L שֶׁקֶר zu lesen. — l In ֍ fehlt das näherbestimmende Adjektiv הַטּוֹב[5]. — m »Die Kürzung in ֍ beruht auf dem Abirren des Übersetzers vom ersten auf das zweite אָנֹכִי« (Rudolph). — n V. 12aα fehlt in ֍֙. ֍ kennt nur וַהֲלַכְתֶּם nicht; dieses ist wohl Dittographie des folgenden Wortes (Volz BWAT, Rudolph). — o V. 12b und 13a sind in ֍ nicht belegt, v.13a fehlt außerdem bei ֍֊֙.— p Fehlt in ֍֊֙(֍ ?). — q Wegen des schon einmal v. 13 vorkommenden מֹצָא ändern Duhm, Volz BWAT, Rudolph u. a. נִמְצֵאתִי mit ֍֊֙ in לְ נֹרֵאתִי[6]. — r V. 14aβ. b fehlt in ֍ und ist aus inhaltlichen Gründen zu streichen, da sich der Vers auf die jüdische Diaspora bezieht, der Brief Jeremias hingegen an die Israeliten der ersten Deportation gerichtet ist. Köberle und Weiser halten einen Teil des Verses, nämlich den Teil, der von der Rückführung allgemein spricht, für ursprünglich und legen damit Jeremia Worte in den Mund, wie sie Kap. 28 von Chananja gesprochen wurden, allerdings mit einem anderen zeitlichen Zusammenhang. — s Die 2. Person, die dem Zusammenhang nicht entspricht, ist wohl durch die Gedankenlosigkeit eines Glossators in den Text gekommen (vgl. Rudolph, Volz BWAT). — t V. 16-20 fehlt in ֍ und ist Einschub nach Kap. 24[7]. — u ֍ kürzt v. 21 stark; doch handelt es sich bei den fehlenden Worten meist um solche, die ֍ im Jeremiabuch auch sonst gerne streicht. Nicht eindeutig ist allerdings die Partizipialkonstruktion am Ende von v. a, die vor allem wegen der 1. Person שֹׁמֵי Glosse nach Kap. 27 und 29 9 sein könnte. — v Mit QOr und parallel zu v. 21 ist אַחְאָב zu lesen. — w Das in ֍ fehlende שֶׁקֶר ist interpretierende Glosse. — x Für הוֹדֵעַ וְעֵד liest ֍ nur עֵד; ֙ könnte durch Dittographie seine jetzige Gestalt erhalten haben (Rothstein), wonach mit Rudolph nur הָעֵד zu lesen wäre, und womit man die inhaltlichen und grammatischen Schwächen der K- oder Q-Lesart nicht in Kauf zu nehmen braucht. — y Der hoffnungslos in Unordnung geratene Text der Verse 24f. lag offenbar schon den alten Übersetzern verdorben vor, so daß jeder Rekonstruktionsversuch nur hypothetischen Charakter haben kann. Der jetzt vorliegende Text, welcher den Eindruck vermittelt, als gehörten v. 24-32 noch zum Brief Jeremias, ist im Blick auf einen erzählenden Zusammenhang zu rekonstruieren, wie er sich durch v. 29 nahelegt. Der in der Übersetzung vorgeführte Rekonstruktionsversuch schließt sich dem auf Duhm zurückgehenden Versuch Rudolphs an. — z Da es sich wegen des Inhalts des Briefes nur um ein Schreiben an Zephanja handeln kann, sind die von ֙ genannten weiteren Adressaten mit ֍ zu streichen. — aa Statt פְּקִדִים בֵּית ist mit ֍Σ֍֍ (42 MSS) פְּקִיד בְּבֵית zu lesen, wozu 20 1 zu vergleichen ist. — bb Da das Subjekt von

---

[5] Vgl. die Analyse von v. 10.

[6] Doch vgl. die Analyse von v. 12-14.

[7] Zur Begründung dieses Sachverhalts sei auf die Kommentare verwiesen, von denen nur ganz wenige den Text anders beurteilen; z. B. Orelli, der v. 16-20 zum Brief des Jeremia rechnet, und Giesebrecht, welcher eine teilweise Beibehaltung der Verse bei gleichzeitiger Umstellung derselben vertritt.

לֹא יִרְאָה nicht Schemaja, sondern eher אִישׁ sein wird, ist mit ᵚ besser der Infinitiv לִרְאוֹת zu lesen. — cc Der in ᵚ fehlende Schlußteil des v. 32 ist Begründung der Drohung nach Dtn 13 6 und, wie auch in 28 16, hier zugesetzt, zumal die eigentliche Begründung der Drohung bereits vorausgeht (v. 31b). —

Analyse

V. 1: Unter Angabe der Absender und Empfänger führt v. 1 einen Brief ein, dessen Inhalt ab v. 4 wiedergegeben wird. Der referierende Stil dieser Einführung weist darauf hin, daß der Brief nicht durch den Verfasser selbst, sondern durch eine zweite oder dritte Hand überliefert ist, der Inhalt des Briefes also — wenigstens was die originale Wiedergabe von Briefeingang und -schluß betrifft — nicht mehr vollständig wiedergegeben ist. Dies läßt die Annahme zu, daß unter Umständen die Angabe der Adressaten nicht mehr ursprünglich ist, das heißt, den im Brief selbst einmal genannten Empfängern nicht mehr entspricht. So wurde vielfach angenommen, daß wegen der scheltenden und drohenden Äußerungen gegen die Propheten in den nach dem jetzigen Zusammenhang zum Brief gehörenden v. 8f. 15. 21-23 diese nicht zu den Adressaten zu rechnen seien[8]. Dies führte weiter dazu, auch die Nennung der Priester und des ganzen Volks, sowie den in ᵚ fehlenden Relativsatz für sekundär zu halten[9]. In diesem Zusammenhang muß nun aber genau unterschieden werden, ob man es bei der Nennung von Priestern, Propheten und ganzem Volk mit einer Glosse — also einem in den vorliegenden Textzusammenhang eingefügten Zusatz — zu tun hat, oder ob man mit einer Differenz zwischen dem Brief Jeremias und den Angaben derer, die den Brief überlieferten, zu rechnen hat. Nimmt man das zweite an, dann kann man die fraglichen Stücke des v. 1 nicht mehr ohne weiteres streichen. Stellt man in Rechnung, daß Kap. 29 wahrscheinlich erst als Einzelerzählung überliefert wurde, dann wird eine ausführlichere Einführung schon am Platze gewesen sein. »Priester, Propheten und das ganze Volk« werden in den berichtenden Teilen des Jeremiabuchs gerne gemeinsam genannt[10], wohl um dem Wort Jeremias und den Ereignissen um seine Person ein möglichst großes Forum zu verschaffen; eine Intention, die durchaus auch der Überlieferung des Jeremiabriefes als Teilabsicht zugrunde liegen könnte. Daneben finden sich an andern Stellen dem v. 1bβ ähnliche, die näheren geschichtlichen Verhältnisse erläuternde Relativsätze oder gleichwertige Konstruktionen, die in ᵚ fehlen, und deren Fehlen leichter als Streichung zu erklären ist, nachdem die Kap. 27—29

---

[8] Duhm, Cornill, Rothstein u. a.

[9] So vor allem Mowinckel 41: späterer Zusatz, und Schmidt. Weiser hält eine spätere Erweiterung für möglich.

[10] Vgl. z. B. 26 7f. 11 28 1.

zu einem größeren Ganzen zusammengefaßt wurden, denn als interpretierende oder erweiternde Glossen des hebräischen Textes[11]. Dies
führt zu dem Schluß, daß v. 1 — von dem Wort יתר abgesehen — in
seiner vorliegenden Form ursprünglich sein wird, und zwar als ein-
führender Bericht derer, die den Brief Jeremias überlieferten[12].

V. 2 als Infinitivkonstruktion soll das שלח von v. 1 näher bestimmen, rückt damit aber das ebenfalls von שלח (v. 1) abhängige ביד
(v. 3) ungewöhnlich weit ab und unterbricht somit den guten Zusammenhang zwischen v. 1 und v. 3. Die Zeitbestimmung v. 2, die in ähnlicher Form auch in Jer 24 1 begegnet, stammt wahrscheinlich aus
II Reg 24 12. 14ff. und dürfte hier wie in Kap. 24 sekundär eingefügt
worden sein[13].

V. 3: Das v. 3 einleitende ביד ist direkt von שלח (v. 1) abhängig;
v. 3 setzt somit v. 1 unmittelbar fort und berichtet über die näheren
Umstände der Übermittlung des Briefes, der von Angehörigen einer
judäischen Delegation nach Babel mitgenommen wurde. Die Einführung des Briefes wird durch das am Schluß von v. 3 stehende לאמר
abgeschlossen, das gleichzeitig den Beginn des im folgenden zitierten
Briefinhalts markiert.

V. 4 gehört bereits zum Briefinhalt selbst. Der Vers leitet den
eigentlichen Brieftext ein und kennzeichnet diesen mit Hilfe einer erweiterten Botenformel als Jahwewort. Die in v. 4 vorliegenden, Jahwe
beigelegten Epitheta und die abermals wiederholte Näherbestimmung
der Deportation durch einen Relativsatz lassen an Auffüllung des
Verses denken[14]; da jedoch, von drei Worten abgesehen, die 𝕲 den
Text vollständig bietet, ist es schwierig, hier zu einem gesicherten Ergebnis zu kommen. Außerdem muß beachtet werden, daß v. 4 bereits
dem Briefinhalt zuzurechnen ist, während v. 1-3 der Einführung zu-
gehört. Überschneidungen in sprachlicher Hinsicht sind daher leicht
möglich.

Mit *v. 5* beginnt das in v. 4 angekündigte Jahwewort. Es ist charakterisiert durch den Gebrauch von Imperativen, die kurz aufein-

---

[11] In 27 20, wo die Deportation das erste Mal erwähnt wird, behält 𝕲 die Näherbestimmung derselben noch bei, läßt sie aber in 28 3. 4 bereits fallen, weil sie als überflüssig
angesehen wurde.

[12] Dies muß festgehalten werden gegenüber einer Position, die offenbar nicht unterscheidet zwischen Eingriffen in einen überlieferten Text (= Glossen oder Auslassun-
gen) und Textüberlieferung durch eine zweite Hand.

[13] Duhm, Schmidt, Lamparter u. a. Ob man an dieselbe Hand zu denken hat, die auch
v. 16-20 einfügte (vgl. die Note t und die zugehörige Anmerkung), bleibt Vermutung,
da nur sehr schwer festzustellen sein wird, ob dem an Kap. 24 orientierten Interpolator bereits das überarbeitete Kap. 24 vorlag (gegen Weiser; anders Rietzschel 117,
der einen Zusammenhang zwischen v. 2 und v. 10-14 annimmt).

[14] Duhm, Erbt.

anderfolgen. So gewinnt die Aufforderung, sich in Babel niederzulassen, drängenden Charakter.

V. 6 setzt mit einer Reihe von weiteren Imperativen diese Aufforderung fort. Gleichzeitig wird mit diesem Vers eine inhaltliche
Steigerung erreicht: nicht nur sich häuslich niederzulassen, sondern
auch Familien zu gründen, wird den Exulanten empfohlen. Nach 𝔐
gilt diese Aufforderung für drei Generationen; doch an der Ursprünglichkeit dieser Auffassung ist schon häufig gezweifelt worden[15]. Dem
knappen Stil von v. 5 entsprechen die etwas weitläufigen Angaben von
v. 6 in der Tat nicht ganz.

Zu diesem oberflächlichen Eindruck, der allein für eine Beurteilung nicht ausreicht, kommen noch einige weitere Beobachtungen hinzu, die eine Überarbeitung
wenigstens wahrscheinlich machen, wenn auch nicht sicher beweisen. Auffallend an
v. 6a ist zunächst der zweifache Gebrauch des Verbs ילד, einmal im q und einmal im
hi, obwohl das Verbum in jeweils demselben Zusammenhang vorkommt, bzw. in dem
zweigliedrigen Aufbau des Verses — ילד — לקח, נתן — לקח — ילד — jeweils die
gleiche Bedeutung haben sollte; man erwartet also zunächst zweimal ילד hi[16]. תלדנה
bezieht sich außerdem in unserm Zusammenhang nur auf die genannten Frauen, während sich alle übrigen Verben auf die gesamte Gola beziehen. Was ursprünglich zum
Brieftext gehörte und was der Überarbeitung zuzurechnen ist, ist schwer zu entscheiden, da die genannten Beobachtungen nur Vermutungen zulassen und auch das Fehlen
einiger Worte in 𝔊 nicht wesentlich weiterhilft. Vielleicht weist noch הוֹלִידוּ auf
Überarbeitung hin, da ילד hi erst seit der exilisch-nachexilischen Zeit belegt ist[17].

Rechnet man nun mit einer Überarbeitung — was sich nach dem
oben Gesagten nahelegt, aber nicht sicher beweisen läßt —, dann hätte
man diese wohl in v. 6a ab והוליד zu suchen, wobei das Fehlen eines
Teils dieses Satzes in 𝔊 auf zwei Stufen der Überarbeitung hinweisen
würde. Ein von solcher Überarbeitung befreiter Text gewänne außerdem den drängenden Charakter wieder, wie er in dem vorhergehenden
v. 5 beobachtet wurde. *V. 7* setzt mit zwei weiteren Imperativen die
in v. 5 begonnenen und v. 6 fortgesetzten Aufforderungen fort und
schließt diese mit einem begründenden כִּי-Satz ab.

Durch die Partikel כי und die Botenformel eingeleitet, wird mit
v. 8f. eine Warnung vor Lügenpropheten an v. 7 angeschlossen. Da

---

[15] Duhm sieht die in 𝔊 fehlenden Worte des v. 6a als Einfügung an, die die drei Generationen des Exils herausbringen soll. Erbt rechnet mit zwei Erweiterungen, die
beide Jeremias Wort nicht nur auf die erste, sondern auch auf die folgenden Generationen des Exils bezogen wissen wollten. Cornill hingegen scheint anzunehmen,
daß Jeremia den Deportierten riet, fremde Frauen zu nehmen, und dieser für spätere
Ohren anstößige Rat durch Überarbeitung unschädlich gemacht wurde.

[16] ילד q bedeutet nur in älteren Texten »zeugen« (Gen 4 18 10*(J) par. I Chr 1 Prov
17 21), in jüngerer Zeit nur »gebären«, wird auch so in den Kommentaren übersetzt.

[17] Nur wenige Belegstellen für ילד hi wären Jer 29 6 etwa gleichzeitig, nämlich 16 3
Ez 18 10. 14, während der Rest der Belegstellen, etwa 170, aus späterer Zeit stammt.

v. 7b selbst bereits einen begründenden Nachsatz darstellt, kann dasselbe nicht auch von v. 8 gelten, zumal v. 9 ebenfalls ein begründender
Nachsatz ist, der nun eindeutig von v. 8 abhängig ist. So bleibt für
das כי von v. 8 nur die Funktion der Einleitung eines Vordersatzes,
was durch die Verwendung der Botenformel unterstrichen wird. Doch
gibt auch das keinen rechten Sinn, da die Warnung vor den Lügenpropheten an dieser Stelle sonst völlig in der Luft hängt. Irgendein,
wenn auch negativer Bezugspunkt müßte für das כי v. 8 doch vor-
handen sein. Einen solchen gewinnt man, wenn man v. 8f. hinter v. 15
umstellt[18]. Doch ist diese Umstellung von v. 8f. nur sehr schwer zu
erklären. Da nach dem jetzigen Zusammenhang v. 8f. zum Briefinhalt
zu rechnen wäre, aber weder nach vorne noch nach hinten sinnvolle
Verbindung aufweist — die auf v. 8f. folgenden Verse werden ebenfalls
wieder mit כי + Botenformel eingeleitet, und dieses כי kann sich —
wenn überhaupt sinnvoll — nur auf v. 5-7 beziehen —, wird man bei
v. 8f. mit einer späteren Einfügung zu rechnen haben. Dazu kommt,
daß v. 8f. den Inhalt der Verkündigung der Lügenpropheten als bekannt voraussetzt. Sie verkündigen offenbar gerade das Gegenteil von
dem, was Jeremia zu sagen hat. Diese Voraussetzung kann nur gemacht werden, wenn dem Leser von Kap. 29 auch der Inhalt von
Kap. 27f. vorlag. V. 8f. kam somit erst in den vorliegenden Zusammenhang, als die Kap. 27—29 miteinander verbunden wurden oder schon
verbunden waren. Dies wird weiter dadurch nahegelegt, daß v. 8f.
seinem Wortlaut nach bereits durch 27 9. 10. 14f. vorweggenommen
ist. Obwohl auch in Kap. 27 die fraglichen Verse einem späteren Überlieferungsstadium angehören[19], wohl dem jüngsten, so stehen die Verse
dort in ihrem unmittelbaren Kontext in einem guten Zusammenhang,
wobei außerdem in Kap. 27 der Inhalt der Verkündigung der Lügenpropheten noch angegeben ist, was beides für 29 8f. nicht zutrifft. V. 8f.
scheinen die aus Kap. 27 bekannte Warnformel an dieser Stelle stereotyp zu wiederholen. Beachtet man außerdem, daß diese Worte in
einem Brief Jeremias an die Deportierten geschrieben sein sollen, ohne
daß auch nur eine Andeutung über den Inhalt der Verkündigung der
Lügenpropheten gemacht wird, dann kann der Anspruch auf Ursprünglichkeit vollends nicht mehr gerechtfertigt werden[20].

---

[18] Ein solches Verfahren schlagen Rothstein, Weiser, Lamparter und Rudolph vor,
während Giesebrecht und Volz die v. 8f. hier für unentbehrlich ansehen.

[19] Siehe die Analysen von Kap. 27f.

[20] S. Herrmann, Die prophetischen Heilserwartungen im Alten Testament, 1965, 186
Anm. 50, sieht v. 15 als »unmittelbare Fortsetzung zu v. 9« an (ähnliches scheint
Rietzschel 117f. anzunehmen, da er v. 8f. 15. 21ff. immer in einem Atemzug nennt);
eine solche Annahme hat mit großen formalen Schwierigkeiten zu rechnen; vgl. die
Analyse zu v. 15. — Es sei noch angemerkt, daß das in v. 8 verwendete Verbum נשא
hi außer in Gen 3 13 nur in exilisch-nachexilischen Texten gebraucht wird!

V. *10* bietet nun den vierten כי-Satz in ununterbrochener Reihenfolge, der außerdem durch die einleitende Botenformel vom Vorhergehenden etwas abgehoben wurde. Für v. 10 stellt sich somit die gleiche
Frage wie für den ebenso eingeleiteten v. 8: Handelt es sich bei v. 10
um einen begründenden Nachsatz oder um einen Vordersatz, von dem
allerdings auch irgendeine Beziehung zu schon Gesagtem erfragt werden muß? V. 10 als begründenden Nachsatz zu verstehen, ist schon
wegen des folgenden כי-Satzes v. 11 unwahrscheinlich; es folgten dann
drei begründende Nachsätze aufeinander. Bleibt also nur die Annahme,
daß mit v. 10, wie das auch durch die einleitende Botenformel nahegelegt wird, ein neuer Gedankengang beginnt.

Durch das einleitende כי wird dieser aber an Vorhergehendes mehr
oder weniger eng angeschlossen. Im jetzigen Zusammenhang schließt
v. 10, dem es um die Zeitspanne der Dauer des Exils geht, an v. 8f. an
und setzt damit die Verkündigung der Lügenpropheten aus Kap. 27f.
als bekannt voraus, was von einem Leser der Erzählungen über Jeremia erwartet werden konnte, jedoch kaum von den Lesern des Briefes
Jeremias in Babel angenommen werden kann. Sollte aber, wie oben
erarbeitet wurde, v. 8f. einer späteren Bearbeitung zuzurechnen sein[21],
dann kann sich v. 10 auch auf v. 5-7 beziehen und diese Verse erläutern
wollen. V. 5-7 enthält Aufforderungen, die nur verständlich sind, wenn
eine lange Dauer des Exils angenommen wird; und als erläuternde
Bestätigung dieser Annahme würde v. 10 ausgezeichnet passen: Laßt
euch in Babel häuslich nieder, denn erst wenn 70 Jahre für Babel um
sind, werde ich euch heimsuchen. Ungeschickt scheint nur der Anschluß dieser Erläuterung an v. 7 zu sein, da dieser selbst mit einem
כי-Satz schließt und v. 10 mit einem כי-Satz fortfährt. Als Endpunkt
des Exils und Zeitpunkt der Heimsuchung durch Jahwe wird der Ablauf von 70 Jahren für Babel angegeben. Die gleichen 70 Jahre begegnen in 25 11f., und zwar bezeichnen sie dort ursprünglich nicht den
Zeitraum der babylonischen Herrschaft, sondern die Dauer der babylonischen Unterdrückung (v. 11) und haben damit die Funktion, die
Größe der drohenden Strafe anzugeben[22]. Auch der interpretierende
Nachtrag zu 25 11, nämlich 25 12[23], welcher aufgrund seiner sprachlichen Gestalt schon eher mit 29 10 in Verbindung gebracht werden
kann, hat wahrscheinlich die Zeitspanne der Unterdrückung durch

---

[21] Darauf weist u. a. neben der einleitenden Botenformel auch die Schlußformel נאם
יהוה in v. 9.

[22] Vgl. Rudolph 161; G. Fohrer, Die Struktur der alttestamentlichen Eschatologie,
ThLZ 85 (1960), 401—420, jetzt: Studien zur alttestamentlichen Prophetie (1949—
1965), 1967, 32—58 (35), sowie die Auseinandersetzung A. Orrs (The seventy years
of Babylon, VT 6, 1956, 304ff.) mit C. F. Whitley (The term seventy years captivity,
VT 4, 1954, 60—72).

[23] Siehe im einzelnen Rietzschel 38f.

Babel im Auge[24]. Demgegenüber stellt 29 10 mit seiner Auffassung der
70 Jahre als der Dauer der Herrschaft Babels schon eine starke Abschwächung dar, die noch verstärkt wurde durch die Verbindung
dieser Ankündigung mit einem Heilswort[25]. Was in 25 11 noch eindeutig drohenden Charakter hat, hat in 29 10 bereits tröstenden Charakter gewonnen. Der 29 10 vorausgehende Brieftext (v. 5-7) verliert
durch dieses Heilswort ziemlich an Schärfe, was die eindeutig negative
Reaktion des Schemaja nach dem Bericht von v. 24-32 nicht mehr ganz
verständlich erscheinen läßt. Vielmehr legt sich nach diesen Beobachtungen nahe, daß v. 10 nicht zum ursprünglichen Brieftext zu
rechnen ist. Es würden Jeremia damit auch Worte in den Mund gelegt, die den von ihm selbst verurteilten Worten des Chananja — von
der zeitlichen Bestimmung abgesehen — sehr ähnlich wären.

Für die Beantwortung der Frage, ob v. 10 zum Brieftext gehört hat oder nicht,
ist es nicht unerheblich festzustellen, worauf sich die Wendung והקמתי את־דברי הטוב
bezieht. In den Kommentaren wird diese Frage kaum gestellt, und es findet sich
auch nur in den älteren Kommentaren eine Antwort[26]: דברי הטוב bezieht sich auf
die in Kap. 24 ausgesprochene Verheißung für die erste Deportation (v. 5). Daß sich
v. 10b auf eine konkrete Verheißung bezieht, deren Erfüllung hier noch einmal bestätigt wird, und daß דברי הטוב nicht nur allgemein die Verheißung des Heils
meint[27], legt sich durch die Formulierung von v. 10b nahe, die der von 24 6a weitgehend
entspricht. Jedenfalls hat v. 10b in einem späteren Überlieferungsstadium eine solche
Interpretation erfahren, und zwar verhältnismäßig spät, da 𝕲 diese Interpretation
offenbar noch nicht kannte. Dies zu verdeutlichen, muß auf den Paralleltext zu 29 10b,
nämlich 33 14bα verwiesen werden, der mit den gleichen Worten wie 29 10b — »ich
erfülle die Verheißung« — ein im Jeremiabuch an anderer Stelle belegtes Heilswort
aufgreift (33 15f. nimmt 23 5f. auf[28]), um dessen Eintreffen aufs neue zu versichern. Der
ganze Abschnitt 33 14-26 fehlt jedoch in 𝕲, was nur so zu erklären ist, daß 𝕲 diesen
Textabschnitt noch nicht vorfand[29]. Ebenso fehlen in 𝕲 das Wort טוב von 29 10b und
die Verse 29 16-20, was auch keinen andern Schluß zuläßt, als daß 𝕲 diese Worte noch
nicht kannte. Da es sich bei der Einfügung von טוב wohl um eine Angleichung an
33 14b handelt und die v. 16-20 zum größten Teil Zitat aus Kap. 24 sind, ist die Annahme nicht unbegründet, daß derselbe, der für die Einfügung von 33 14-26 in den
masoretischen Text verantwortlich ist, Kap. 29 10-20 in der gleichen Weise umgestal-
tete: v. 10bα wurde als Einführung eines Jeremiaworts (v. 10bβ = 24 6aβ) verstanden,

---

[24] Eine Abschwächung des drohenden Charakters ist allerdings hier schon festzustellen,
wenn nicht mehr allein die überlange Zeit der Unterdrückung gesehen, sondern
schon die Zeit danach ins Auge gefaßt wird.

[25] So wird man auch annehmen müssen, daß — wenn überhaupt eine Abhängigkeit
besteht — 29 10 von 25 11(f.) abhängig ist und nicht umgekehrt, was von Rudolph
ins Auge gefaßt wird.

[26] Hitzig, Orelli, Giesebrecht, Rothstein und Volz.

[27] So Weiser zu v. 11.

[28] Über die Konsequenzen, die sich aus solcher Übernahme ergeben, siehe S. Herrmann,
Die prophetischen Heilserwartungen im Alten Testament, 1965, 210ff.

[29] Rudolph u. a.

das erneut bestätigt werden sollte, und gleichzeitig wurde das Jeremiawort aus seinem ursprünglichen Zusammenhang (Kap. 24) her noch beträchtlich erweitert (v. 16-20). Es liegt hier wohl eines der jüngsten Stadien der Überarbeitung des alttestamentlichen Textes vor, das zwei wesentliche Sachverhalte bereits voraussetzt: 1. daß die Kap. 23 und 24 bereits fest zur Jeremiaüberlieferung gehörten, was wenigstens für 23 5f. nicht selbstverständlich ist, und 2. daß die der Septuaginta zugrundeliegende hebräische Textversion 29 10*. 16-20 und 33 14-26 noch nicht kannte.

Dies alles zeigt, daß man, noch während der alttestamentliche Text im Werden war, Jer 29 10bα als Einführung eines Zitats aus Kap. 24 verstanden hat, und 29 10bβ als das Zitat selbst. Wenn es sich auch ursprünglich so verhalten haben sollte — und es spricht einiges dafür[30] —, dann kann v. 10b nicht in Jeremias Brief an die Gola gestanden sein, zumal Kap. 24 wahrscheinlich später abgefaßt wurde als der Brief[31].

Mag jedes einzelne Argument für sich nicht ausreichen, v. 10 dem Brief Jeremias abzusprechen, so macht doch die Summe der oben vorgeführten Beobachtungen es unwahrscheinlich, v. 10 für die ursprüngliche Fortsetzung von v. 5-7 zu halten. Doch muß festgehalten werden, daß v. 10 jedenfalls vor v. 8f. in diesen Zusammenhang aufgenommen wurde, und doch gewiß mit der Absicht v. 5-7 weiterzuführen, um die Lage der Deportierten und ihre Zukunft deutlicher werden zu lassen.

V. 11 bietet nun den fünften כי-Satz in ununterbrochener Reihenfolge, und wieder erhebt sich die Frage, wie das einleitende כי zu verstehen ist bzw. worauf es v. 11 beziehen will. Zwei Antworten bieten sich an: 1. v. 11 begründet theologisch v. 7, die Aufforderung, für den שלום Babels zu beten, und wäre damit zum ursprünglichen Brieftext zu rechnen[32]; 2. v. 11 bekräftigt das Heilswort v. 10, indem durch das »ich bin mir bewußt«, der דבר von v. 10 noch einmal unterstrichen wird; dann jedoch kann v. 11 gemeinsam mit v. 10 nicht zum Brief gerechnet werden. V. 11 schließt gut an v. 10 an und bietet mit v. 10 — äußerlich durch die Einleitung mit der Botenformel (v. 10) und vorläufig abschließendes נאם יהוה in v. 11 als Einheit gekennzeichnet — einen geschlossenen Gedankengang. Die Annahme, v. 11 folge auf v. 7 und begründe diesen, muß mit stilistischen Schwierigkeiten rechnen —

---

[30] Unter anderem, daß das Verheißungswort »euch an diesen Ort zurückzubringen«, das noch in 28 3f. von Chananja gebraucht und von Jeremia sehr skeptisch aufgenommen wurde (28 6f.), jetzt nicht schon wieder positiv verwendet werden konnte (vgl. besonders die Formulierung von 29 10 mit 28 6!), sondern besser als aus einem andern Zusammenhang übernommen angesehen werden müßte.

[31] Duhm, Giesebrecht, Volz, Rudolph, Weiser. השיב אל המקום הזה ist außerdem eine Wendung, die gerne in sekundären Passagen des Jeremiabuchs begegnet: 27 22 28 3f. 32 37.

[32] V. 11 als direkte Fortsetzung von v. 7 nehmen Duhm, Schmidt und E. Balla, Die Botschaft der Propheten, 1958, 243, an. Letzterer versteht den Brieftext v. 5-14* als poetischen Text: 4 Strophen zu je 5 Kurzversen; hierzu vgl. G. Fohrer, Über den Kurzvers, ZAW 66 (1954), 199—236, jetzt: Studien zur alttestamentlichen Prophetie (1949—1965), 1967, 59—91 (besonders 88f.).

zwei begründende Nachsätze folgen unmittelbar aufeinander — und
hätte zu erklären, warum v.11 nicht Begründung von v.10 sein kann,
was nicht ganz einfach sein dürfte; außerdem wird die Frage nach der
Überlieferungsgeschichte von v. 7-11 nur sehr schwer zu beantworten
sein. All diesen Schwierigkeiten entgeht man, wenn man sich der oben
genannten zweiten Antwort anschließt. Dann allerdings gilt von v. 11,
was auch schon von v. 10 gesagt wurde und oben auch schon angedeutet ist, daß v. 11 gemeinsam mit v. 10 nicht zum Brieftext gerechnet
werden kann, sondern einem späteren Überlieferungsstadium zuzuordnen ist, was durch die Terminologie des Verses unterstrichen wird[33].

V. 12: Das einleitende ו stellt hier vor die gleiche Frage, wie das
כי in den vorangehenden Versen: bezieht es sich unter Übergehung
der späteren v. 8-11 direkt auf v. 7, oder verknüpft es v. 12 mit v. 11[34]?
Daß eine Verbindung zu Vorhergehendem anzunehmen ist und nicht
etwa ein Neueinsatz vorliegt, geht daraus hervor, daß das einleitende
ו ein ו-consecutivum ist. Stellte v. 12 die unmittelbare Fortsetzung
von v. 7 dar, dann ist mit der Möglichkeit zu rechnen, daß v. 12 zum
originalen Brieftext gehörte. Doch sind auch hier beträchtliche
Schwierigkeiten mit einer solchen Annahme verbunden: Fordert v. 7
zur Fürbitte für das Wohl Babels auf, so folgte mit v. 12 eine grundsätzliche Aufforderung, überhaupt zu Jahwe zu beten. V. 12 wäre
dann eine Art nachhängende Begründung dafür, daß das Gebet v. 7
überhaupt möglich ist, was besser mit einem כי eingeleitet würde.
Was das Formale betrifft, erwartete man auch in v. 12 die in v. 5-7
konsequent verwendeten Imperative, wie sie in dem sprachlich und
inhaltlich ähnlichen Wort Jes 55 6 auch begegnen, und kaum pf.cons.-
Formen als Einleitung von Konditionalsätzen gemäß dem dem v. 13
parallelen Dtn 4 29. Letzteres trifft auch für die von Volz angenommene Verbindung von v. 12 mit v. 8f. zu. So wird man besser dem vorliegenden Text folgen und v. 12 als Fortsetzung von v. 11 ansehen,
obwohl sich auch dabei nicht alle Bedenken ausräumen lassen. Entsprechend Jes 55 6ff., das v. 11f. verwandt ist, stünde v. 12f. besser
vor v. 11. Im vorliegenden Zusammenhang ist die Gedankenfolge nicht
ganz klar, und v. 12f. erscheint als Darstellung der Konsequenzen, die
sich aus dem Heilswort v. 10f. ergeben. Eindeutig wird sich die Zu-
gehörigkeit von v. 12 wohl kaum beantworten lassen, so daß man sich

---

[33] V. 11 erinnert an Jes 55 8; von 56 Vorkommen des Wortes מחשבה begegnen nur 5
in vorexilischer Literatur: Gen 6 5 Jer 4 14 11 19 18 18 Ps 56 6(?); תקור (insgesamt
32 mal) ist Hos 2 17 und vielleicht Jer 31 17 in vorexilischer Zeit belegt; ähnliches
gilt für אחרית, das überwiegend in exilisch-nachexilischen Texten begegnet.

[34] Eine dritte Möglichkeit faßt Volz ins Auge, welcher v. 12 als Fortsetzung von v. 8f.
versteht und beide Verse zum ursprünglichen Brieftext rechnet; doch finden damit
eine ganze Reihe von Schwierigkeiten keine Erklärung, die schon bei v. 8f. begeg-
neten.

gerade hier auf Hinweise und einzelne Indizien beschränken muß.
Ein solches ist bezüglich v. 12 doch auch die Terminologie, die wieder
in eine spätere Zeit als die der Entstehung des Jeremiabriefes weist[35]
und so in diesem wenigstens ungewöhnlich wäre. Die Verbalformen
von v. 12 beziehen sich als Konsekutivformen auch besser auf das
Imperfekt אפקד v. 10, das schon in v. 10 durch ein Perfekt consecuti-
vum fortgesetzt wird, als auf die Imperative in v. 5-7.

V. 13. 14aα setzt v. 12 unmittelbar fort. V. 13 deckt sich fast wörtlich mit Dtn 4 29. Welche der beiden Stellen die ursprüngliche ist bzw.
welche von der andern abhängig ist, ist fürs erste nicht leicht zu beantworten, da beide im unmittelbaren Kontext gut passen. Im weiteren Kontext jedoch ergeben sich für v. 13 Schwierigkeiten, die in Dtn 4
nicht zu beobachten sind: sowohl die Textüberlieferung als auch die
verwendeten Verbalformen (pf. cons.) geben in Dtn 4 29 keinerlei
Anlaß zur Beanstandung. Anders v. 13: Im Verein mit v. 12, dessen
unmittelbare Fortsetzung v. 13 zunächst ja darstellt, ergeben sich die
schon oben gestellten Fragen an den Gebrauch der grammatischen
Formen. Außerdem bieten die einzelnen Textversionen einen stark
gekürzten, bzw. geänderten Text, wobei die Versionen je verschiedene
Wege gehen. Das deutet wenigstens darauf hin, daß jeder Übersetzer
versuchte, mit den ihm vorliegenden Schwierigkeiten auf seine Weise
fertig zu werden. Schwierig erschien ihnen offenbar der doppelte Gebrauch von מצא in v. 13 und v. 14aα. Anstoß kann vor allem an der
ersten Form von מצא genommen werden, da sie — wie in Dtn 4 29 —
ohne nähere Bestimmung durch Präposition oder Suffix bleibt, während das v. 12 beschließende שמע, das im Aufbau der ganzen Periode
diesem מצא entspräche, solche Näherbestimmungen aufweist, was in
gleicher Weise für das zweite מצא v. 14aα zutrifft. Da außerdem in
Dtn 4 29 das Fehlen des Objekts bei מצא nicht so sehr ins Gewicht
fällt, weil die Satzperiode anders aufgebaut ist[36], ist anzunehmen, daß
v. 13 aus Dtn 4 29 hier eingesetzt wurde. Dafür spricht weiter, daß
ohne v. 13 ein guter formaler Aufbau gegeben wäre: Zwei auf Jahwe
gerichteten Handlungen der Angesprochenen — *ihr* ruft *mich* an // *ihr*
betet zu *mir* — stehen zwei auf die Angesprochenen gerichtete Handlungen Jahwes gegenüber — *ich* werde *euch* hören // *ich* werde mich

---

[35] Die Verbindung der Worte פלל hitp. und שמע findet sich im Alten Testament nur
an wenigen Stellen: im Tempelweihgebet I Reg 8 par. mehrere Male, im Gebet des
Hiskia II Reg 19 15f. 20 par. Jon 2 2ff. Neh 1 4ff. II Chr 7 12ff. 30 18ff. 33 13, in negativer Wendung Jer 7 16 par. 11 14 14 11. 12. Positiv gewendet ist der Gebrauch dieser
Wortkombination erst seit dem Deuteronomisten üblich.

[36] מצא ist in Dtn 4 29 mit dem folgenden Konzessivsatz zu verbinden (trotz des Atnachs)
und nicht wie in Jer 29 13 mit den vorangehenden Worten, was in v. 13 וכי er-
forderte.

von *euch* finden lassen (v. 12. 14aα)³⁷. Demjenigen jedoch, dem dieser Gedankengang von Dtn 4 29 her geläufig war, legte es sich nahe, die dort sprachlich besser und konsequenter als in Jer 29 13 durchgeführte Gestaltung der Aussage³⁸ in Anknüpfung an v. 14aα hier zur Erläuterung nachzutragen³⁹. Und daß es sich um einen Nachtrag handelt, und nicht ein Zitat aus Dtn 4 29 vorliegt, das der Verfasser von v. 12-14aα benützt hätte, zeigen die sprachlichen und textlichen Schwierigkeiten dieser Verse.

V. 14aβ.b ist ein noch späterer Zusatz als v. 13⁴⁰. Es sind starke inhaltliche, zum Teil sogar wörtliche Übereinstimmungen mit Dtn 30 3 festzustellen; und da der Kontext von Dtn 30 3, nämlich 30 1-5, sich inhaltlich mit v. 10-14aα berührt, ist es möglich, daß v. 14aβ.b aus diesem Grund hier eingetragen wurde. Ob dafür der Glossator von v. 10 (הטוב) verantwortlich ist, kann nur vermutet werden.

An dieser Stelle ist ein kurzer Rückblick auf die Analyse von v. 10-14 nötig, um die vorgetragenen Einzelbeobachtungen nicht beziehungslos im Raum stehen zu lassen und um angesichts der Vielfalt der Forschungsergebnisse bezüglich dieser Verse⁴¹ die eigenen Konsequenzen etwas deutlicher herauszuheben. Gleichzeitig muß gesagt werden, daß diese Konsequenzen Wahrscheinlichkeitsurteilen entspringen, also alle Ergebnisse nicht unbedingt unumstößlich sind, dennoch aber nach den angestellten Überlegungen als die wahrscheinlichsten und dem Text angemessensten Lösungen angesehen werden wollen: Von v. 14aαβ.b und v. 13 abgesehen, kann v. 10-14 als eine Ein-

---

³⁷ Man könnte hinter dieser Anordnung der Verben auch noch einen Chiasmus vermuten:

anrufen — beten
hören   — finden.

³⁸ Vgl. die Verknüpfung des Wortes מצא mit קרא und צלל hitp. 29 12ff. mit der weit besseren Verbindung von מצא mit בקש und דרש in Dtn 4 29.

³⁹ Daß dieser Vorgang verhältnismäßig früh sich vollzogen haben muß, ergibt sich aus der Tatsache, daß eine Reihe von Versionen, vor allem ⅍, v. 13 vorliegen hatten und versuchten, ihn in den Text einzupassen.   ⁴⁰ Siehe die Note r.

⁴¹ Ein unvollständiger Überblick mag zur Verdeutlichung der Lage genügen. Cornill, Giesebrecht, Erbt, Köberle, Lamparter, Rudolph und Weiser halten den Abschnitt v. 12-14 im wesentlichen für echt. Hyatt vermutet hinter v. 10-20 den deuteronomistischen Bearbeiter. Nach Duhm ist von v. 10-14 nur v. 11 und ein stark zusammengestrichenes Stück aus v. 12-14 echt; ihm schließen sich Schmidt und Balla an. Volz hält v. 8f. 12ff. für ursprünglich, v. 10f. für einen Einschub. Mit Mowinckel lehnen schließlich S. Herrmann (Die prophetischen Heilserwartungen im Alten Testament, 1965, 186f.), der v. 10-14 für eine selbständige Einheit hält, und Rietzschel 117, der v. 10-14 als Einschub in den Kontext v. 8f. 15. 21ff. versteht, die Ursprünglichkeit von v. 10-14 ab. Bei Rietzschel fehlt allerdings die Begründung für die Einheitlichkeit von v. 8f. 15. 21ff und für die Unechtheit von v. 11-14; seine Argumentation beschränkt sich im wesentlichen auf v. 10.

heit angesehen werden, was sich vor allem von der sprachlichen Gestaltung des Textes her nahelegt. V. 12 schließt besser an v. 11 als an
v. 9 oder v. 7 an. Sollte man jedoch geneigt sein, hinter v. 10-14* zwei
Texteinheiten zu vermuten, dann muß vor allem das inhaltliche Moment berücksichtigt werden; die Verwandtschaft von v. 11 und v. 12.
14aα mit Jes 55 6ff. verbietet die Teilung des Textes gerade zwischen
v. 11 und v. 12. Das verwendete Vokabular verweist v. 10-14* in die
exilische und frühnachexilische Zeit und verrät verstärkt deutero-
jesajanischen und deuteronomistischen Einfluß[42]. Dazu kommt die
Abhängigkeit von Kap. 25 in einer bereits überarbeiteten Form. Dies
alles schließt aus, daß v. 10-14* oder Teile davon dem Brief Jeremias
an die erste Deportation zuzurechnen sind. Daneben muß ebenso festgehalten werden, daß v. 10-14 nie für sich selbst existiert haben, sondern als Interpretation des Briefinhalts konzipiert worden sind: und
zwar wird sowohl die Dauer des Exils (v. 5-7) von Jer 25 her (v. 10)
als auch die Möglichkeit des Gebets im fremden Land (v. 7) von Jes
55 6ff. her (v. 11f. 14aα) interpretiert und damit auch weitergeführt[43].

V. 15 bietet wieder einen der vielen כי-Sätze, deren Beziehung
nicht eindeutig ist. Inhaltlich bezieht sich v. 15 auf die Frage nach
den Propheten der Gola, ein Thema, das schon in v. 8f. begegnete und
in v. 21ff. wieder aufgegriffen wird. Eine Verbindung zwischen v. 8f.
und v. 15 scheint aber nur dann sinnvoll zu sein, wenn v. 8f. auf v. 15
folgte, da v. 15 besser als Vordersatz, denn als begründender Nachsatz
anzusehen ist. Diese Beobachtung veranlaßte Rothstein u. a., v. 8f.
hinter v. 15 umzustellen, womit ein guter Zusammenhang gewonnen
wird. Eine Verbindung von v. 8f. mit v. 15 in der im Text vorliegenden
Reihenfolge, wie sie von Rietzschel und Herrmann[44] angenommen
wird, stößt auf ziemliche Schwierigkeiten: v. 8f. nähme v. 15 unschön
voraus, der wiederum auch nicht als begründender Nachsatz zu v. 8f.
verstanden werden kann. Rietzschels Argument gegen eine Umstellung der Verse: man steht vor der kaum lösbaren Frage, was einen
Redaktor dazu bewogen haben könnte, v. 8f. hinter v. 15 wegzubrechen
und an seinen jetzigen Ort zu stellen[45], kann aber auch nicht umgangen
werden. So bleibt für die Beurteilung der Verbindung zwischen v. 8f.
und v. 15 nur die Feststellung, daß angesichts der bestehenden Schwierigkeiten mit einem ursprünglichen Zusammenhang zwischen beiden
nicht gerechnet werden darf; vielmehr scheint es sich bei v. 8f. um
ein selbständiges Stück zu handeln[46], bei v. 15 um die Einführung eines
neuen Gedankengangs, der sich — wie heute kaum mehr bestritten

---

[42] Vgl. hierzu S. Herrmann, Die prophetischen Heilserwartungen im Alten Testament,
1965, 185f., und die Analyse der Verse.
[43] In einem späteren Überlieferungsstadium wird dazu noch Dtn 30 3 und 4 29 herangezogen.   [44] Siehe Anm. 20.
[45] Rietzschel 117.   [46] Siehe die Analyse von v. 8f.

wird — in v. 21ff. fortsetzt, einem Drohwort gegen zwei Propheten
der Gola. V. 15 als Vordersatz greift einen Einwand auf, der sich auf
einen der vorausgehenden Abschnitte beziehen muß. Da v. 15, von
seiner Formulierung her zu schließen, im vorausgehenden Kontext
die Nennung von Propheten offenbar nicht voraussetzt, kommt v. 8f.
für so eine Verbindung auch inhaltlich nicht in Frage, woraus entnommen werden muß, daß v. 8f. einem späteren Überlieferungsstadium
angehört als v. 15. Weiter ist festzustellen, daß v. 15 auf einen Einwand zurückgreift, der die Verkündigung der genannten Propheten
als bekannt voraussetzt, und daß es sich bei dieser Verkündigung um
eine der Verkündigung Jeremias widersprechende handeln muß. Solcher Widerspruch liegt beispielsweise in Schemajas Äußerungen v. 28
vor, die sich auf v. 5-7 beziehen, und gegensätzliche Verkündigung
begegnet in den vorausgehenden Worten Chananjas Kap. 28. Der
Einwand könnte sich dementsprechend gegen die Ankündigung einer
langen Exilsdauer durch Jeremia gewandt haben, also entweder an
v. 5-7 oder v. 10-14aα* anschließen.

Aus diesen Beobachtungen ergeben sich für die Beurteilung von
v. 15 drei Möglichkeiten: 1. v. 15 gehört zum ursprünglichen Text des
Jeremiabriefs und schließt direkt an v. 5-7 an, wobei Jeremia mit v. 15
einen Einwand der Adressaten seines Briefes vorwegnimmt; 2. v. 15
setzt den bereits um v. 10-14aα* erweiterten Brieftext voraus und 3.
v. 15 setzt vom Standpunkt des späteren Lesers aus auch Kap. 28 als
bekannt voraus. Eine endgültige Beantwortung dieser Fragen ist
jedoch erst von v. 21ff. aus möglich. Sollte sich jedoch v. 15 wirklich
an v. 7 anschließen — gleichgültig, ob ursprünglich oder sekundär —,
dann muß noch festgehalten werden, daß ein solcher Anschluß zwar
auch nicht übermäßig elegant ist, aber immer noch besser scheint als
der von v. 8f. oder v. 10-14aα* an v. 7.

V. 16 20: Diese Verse stellen einen aus Kap. 24 stammenden Zusatz dar, der von
𝔊 nicht gelesen wurde. Die Beweise der Unechtheit dieses Textes sind längst zusam-
mengetragen[47] und brauchen hier nicht wiederholt zu werden. Die Sichtung des Beweis-
materials ergibt: »Da v. 10-14 24 5-7 entsprach, hatte der Ergänzer das Bedürfnis, den
zweiten Teil des Gesichts (24 8-10) entsprechend nachzutragen und so den Gegensatz
zwischen Gola und Jerusalem auch hier anzubringen«[48]. Daß das ebenfalls in 𝔊 fehlende הטוב v. 10 mit der Einfügung von v. 16-20 in Zusammenhang steht, wurde bei
der Analyse von v. 10 ausführlich dargelegt. Daß v. 16-20 sehr spät in den Text eingefügt worden ist, zeigt der durch die gleiche Vorgangsweise entstandene und ebenfalls
in 𝔊 fehlende Abschnitt Jer 33 14ff.

V. 21-23 stellen die Fortsetzung von v. 15 dar und enthalten ein
begründetes Drohwort gegen zwei namentlich genannte Propheten

---

[47] Siehe die Kommentare, bei denen, soweit ich sehe, nur Orelli und Giesebrecht eine
    Ausnahme machen, da sie v. 16-20 ganz oder teilweise dem Jeremiabrief zurechnen.
[48] Rudolph.

der Gola. Die ersten Schwierigkeiten des Abschnittes begegnen in
v. 21, von dem in ⑥ nur ein stark gekürzter Text vorliegt[49], der nicht
allein aus den Kürzungsgewohnheiten der ⑥ entsprungen sein kann.
So wird die v. 21a abschließende Partizipialkonstruktion besser als
spätere Eintragung nach Kap. 27 und vielleicht auch nach 29 9 anzusehen sein, denn als Auslassung von ⑥, da שמי hier eigentlich ein
Suffix der 3. Person bei sich haben müßte[50]. Ebenso ist das Fehlen
der Vaternamen der Propheten in ⑥ nur schwer zu erklären, da nicht
ganz einzusehen ist, warum die schwerlich frei erfundenen Namen
von ⑥ ausgelassen worden sein sollten, zumal ⑥ nur bei häufigerem
Vorkommen der selben Bezeichnungen Kürzungen vornimmt. Schließlich überrascht in v. 21 der Gebrauch der richtigen Form des Namens
Nebukadrezars, da Jer 27—29 sonst die im Alten Testament — das
übrige Jeremiabuch und Ezechiel ausgenommen — übliche falsche
Form des Namens Nebukadnezars verwendet[51]. Dies könnte darauf
hindeuten, daß v. 21-23 entweder dem originalen Brieftext zuzurechnen ist und 'Nebukadrezar' deshalb der Überarbeitung entging, oder
aber erst nach der Zusammenfügung von Kap. 27—29, bzw. einer bestimmten Bearbeitung dieser Kapitel hier eingetragen wurde.

    V. 21 enthält die Einführung eines Drohwortes, das durch die
erweiterte Botenformel als Jahwewort gekennzeichnet ist, und das
Drohwort selbst. Dieses beginnt wie 28 16 und 29 32, die Drohworte
gegen Chananja und Schemaja, mit הנני + Partizip; im Unterschied
von den Drohworten gegen Chananja, Schemaja und Jojakim (36 29ff.)
jedoch folgt hier die Begründung des Drohwortes v. 23 auf das Drohwort, während sie in den genannten Fällen dem Drohwort voraufgeht.

    V. 22 setzt mit einer weiteren Ankündigung, durch welche auf
indirekte Weise die Art der Strafe für die beiden Propheten angegeben
wird, das Drohwort fort.

Die verwendeten Vokabeln lassen dabei an ein Wortspiel denken, dem folgende
Worte zugehören könnten: קללה, קוליה, der Vatername des einen der beiden Propheten, sowie קלה, das die Todesart angibt. Daß eines der Worte aus dem andern herausgesponnen wurde, ist sehr wahrscheinlich, doch welches der genannten Worte das
ursprüngliche ist, wird sich kaum mehr erheben lassen[52]. Einen kleinen Anhalt bietet

---

[49] Siehe die Note u.

[50] Doch vgl. den Relativsatz v. 4.

[51] Von den mit Sicherheit echten Jeremiaworten verwendet keines den Namen Nebukadrezar. Vielleicht stellt 43 10 eine Ausnahme dar. Jedenfalls verrät der Gebrauch
des Namens redaktionelle Tätigkeit, wobei das häufige Fehlen des Namens in ⑥ für
die Beurteilung der Überlieferungsgeschichte des Jeremiatextes kein Kriterium darstellt (Kürzung ist verständlicher als Erweiterung von 𝔐).

[52] Hitzig und Rudolph denken an ein Wortspiel mit קוליה, das Cornill ablehnt. Giesebrecht nimmt an, daß קלה wegen קוליה und קללה gewählt wurde, während Duhm
meint. daß der Vatername sonderbar nach dem Fluch v. 22b schmecke.

vielleicht 20 3, wo ebenfalls ein Name zur Bildung eines Drohwortes verwendet wird, man also an dieser Stelle analog an den Eigennamen Kolaja als Ursprungswort des Wortspiels zu denken hätte.

V. 23 bietet die Begründung des Drohwortes, die inhaltlich mit Jdc 19 23f. 20 10 Gen 34 7 Dtn 22 21 und II Sam 13 12 verwandt ist, wo wie in v. 23 »נבלה in Israel« sexuelle Verfehlungen meint. Solche werden auch hier den beiden Propheten angelastet. Die gleiche Begründung für die Bekämpfung der »falschen Propheten« findet sich im Jeremiabuch auch an anderer Stelle: 23 14. Als dritte Begründung für die Verwerfung der beiden Propheten wird neben der »נבלה in Israel« und dem »Ehebruch« das »Reden im Namen Jahwes ohne Auftrag« genannt. Vor allem die beiden letztgenannten Begründungen scheinen auf Jeremia hinzuweisen. Doch muß auch hier darauf verwiesen werden, daß der Inhalt der Verkündigung der Propheten, gegen die v. 21-23 zu Felde zieht, nicht erwähnt und daher wohl als bekannt vorausgesetzt wird, was auch bei v. 15, dem diesen Abschnitt einleitenden Vers, zu beobachten war, so daß auch hier gefragt werden kann, ob v.15.21-23 nicht schon Kap.27f. mit im Auge haben. Die Form von v. 15, einen Einwand vorwegnehmend aufzugreifen, weist allerdings darauf hin, daß es sich bei dem Inhalt der Verkündigung der Propheten um für die Adressaten selbstverständlich Bekanntes handeln mußte. Von hier aus legt sich die Annahme nahe, v. 15. 21-23 zum originalen Brieftext zu rechnen. Nun muß aber auf der andern Seite beachtet werden, daß v. 21-23 ein in sich geschlossenes Wort darstellen, das — mit einer sehr ausführlichen Einleitung versehen (v. 21a) und durch eine bestätigende Schlußformulierung gut abgerundet (v. 23b) — als solches auch gekennzeichnet ist, und das mit v. 15 als Klammer an Vorhergehendes angeschlossen wurde. Der nicht besonders gute Anschluß an v. 7 (zwei aufeinanderfolgende כי-Sätze) und die — wenn auch einzig mögliche — doch holprige Fortsetzung in v. 21 erweisen v. 15 als solche Klammer. Dies alles führt darauf, daß v. 21-23 nicht ursprünglich zum Brieftext gehörte, sondern an diesen mit Hilfe von v. 15 angeschlossen wurde.

Noch nicht beantwortet ist allerdings die bei v. 15 gestellte Frage, ob v. 21-23 an den originalen Brieftext, den um v. 10-14aα* erweiterten Brieftext oder an die um Kap. 27f. erweiterte Jeremiaüberlieferung anschließt. Letzteres anzunehmen erwies sich als nicht notwendig — im Gegensatz zu v. 8f., der ohne Kap. 27f. kaum verständlich wäre. Welche der beiden andern Möglichkeiten in Frage kommt, wird man kaum mehr beantworten können. Vielleicht führt die Beobachtung, daß v. 15 besser an v. 7 anschlösse als v. 10 an v. 7, eher in den Bereich der erstgenannten Möglichkeit.

Die den zusammengetragenen Beobachtungen und Indizien entsprechendste Lösung bietet H. Schmidt, der v. 15. 21-23 für eine Nach-

schrift des Briefes hält, womit er sowohl den formalen Schwächen als
auch der Feststellung gerecht wird, daß sich vom Inhalt her gegen die
Echtheit der Verse kaum etwas einwenden läßt. Auffällig ist nur, daß
auch dieser Abschnitt (v. 21-23) in der Bezugnahme des Schemaja auf
Jeremias Brief (v. 28) nicht berücksichtigt ist; auffällig um so mehr,
als Schemaja sich auch betroffen fühlen mußte (vgl. v. 31). Schemaja
aber bezieht sich nur auf den Wortlaut des Briefes nach v. 5-7. Vielleicht darf doch die einfache Frage, ob ein an Propheten adressierter
Brief Äußerungen wie v. 21-23 enthalten haben wird, nicht ganz unterdrückt werden[53]. So werden wir nur insofern mit einer Nachschrift
zum Brief rechnen dürfen, als es sich bei einer solchen wohl um ein
Jeremiawort gehandelt haben könnte, dieses aber wahrscheinlich nicht
vom Propheten selbst, sondern von Späteren hier nachgetragen wurde.
Bei dem regen Verkehr, der offenbar zwischen der ersten Deportation
und den Zurückgebliebenen herrschte, ist es durchaus möglich, daß
sich Jeremia noch öfter an die Gola mit einem Wort wandte und eines
dieser Worte mit v. 21-23 erhalten blieb und später an dieser Stelle, der
wohl einzig günstigen, nachgetragen wurde.

   V. 24-25[54] bringt einen Neueinsatz, indem im erzählenden Stil von
der Reaktion des Deportierten Schemaja auf Jeremias Brief berichtet
wird. Die Reaktion Schemajas schlägt sich in einem Brief nieder, der
an Zephanja, den Sohn Maasejas, einen Tempelaufseher und wahrscheinlichen Nachfolger Paschchurs in diesem Amt (20 1), gerichtet
ist[55]. Hier wie in v. 1 sind also Absender und Adressat des Briefes genau
vermerkt. Dennoch unterscheiden sich beide Briefeinführungen in
einem wesentlichen Punkt. Der referierende Stil in v. 1[56] erweckt bei
dem Leser den Eindruck, als sollte der Text des Jeremiabriefes um
seiner selbst, d. h. um des Prophetenwortes willen, mitgeteilt werden,
und nichts weist darauf hin, daß der mitgeteilte Brieftext auf eine
Fortsetzung hin angelegt ist. Der erzählende Stil von v. 24f.[57] hingegen
ist nicht allein an der Mitteilung eines Briefinhalts ausgerichtet, sondern drängt auf eine Fortsetzung des Berichtes hin. Wird in v. 1 mit
der Nennung von bestimmten Personen ein gewisser Sachverhalt mitgeteilt, so ordnet v. 24f. die von ihm genannten Personen in den Ab-

---

[53] Diese Frage setzt allerdings voraus, daß die Kap. 29 genannten Briefadressaten mit
   den tatsächlichen Adressaten identisch sind; vgl. die Analyse von v. 1.

[54] Ausgangspunkt der Analyse ist der in Note y rekonstruierte Text.

[55] Zephanja ben Maaseja ist noch in 21 1 und 37 3 als Vertrauter oder Abgesandter des
   Königs Zedekia in späterer Zeit genannt und vielleicht auch mit dem nach dem Fall
   Jerusalems hingerichteten Zephanja identisch: 52 24 par. II Reg 25 18.

[56] Dieser Stil drückt sich v. 1 vor allem in der Formulierung אלה דברי הספר aus und
   in der Tatsache, daß Absender und Adressaten in einem Nebensatz genannt werden.

[57] Gekennzeichnet durch die Einführung von Absender und Adressaten als handelnden
   Personen.

lauf eines Geschehens ein. Dies kann als erster Hinweis dafür aufge-
faßt werden, daß v. 1. 3-7 und v. 24-32 verschiedenen Überlieferungsstadien von Kap. 29 angehören. V. 25 schließt mit dem den Briefinhalt
ankündigenden לאמר.

V. 26-28 Briefinhalt: Der Brief beginnt mit der Feststellung von
Amt und Amtsvorgänger des Adressaten Zephanja sowie der sich aus
diesem Amt ergebenden Pflichten. Allein diese Feststellung hat schon
tadelnde Funktion, um so mehr als mit v. 27 die Aufgaben Zephanjas
auf den Einzelfall bezogen werden und sein Nichteinschreiten gegen
Jeremia als Vernachlässigung der in v. 26 genannten Amtsobliegen-
heiten ausgelegt wird. Anlaß und Ursache der Beschwerde Schemajas
wird in v. 28 angegeben: es ist der Brief Jeremias an die Gola, der auch
ausschnittsweise zitiert wird. An diesem Zitat v. 28aβ. b ist einiges auffallend: es fehlen die Hinweise auf Jeremias Verwerfung der Propheten, ebenso ein Hinweis auf die 70 Jahre dauernde Exilierung; hingegen wird einzig und allein Bezug genommen auf v. 5-7, indem v. 5
wörtlich zitiert wird und dieses Zitat mit einer interpretierenden Bemerkung versehen wird. Selbst wenn man annimmt, daß der von
Schemajas Brief berichtende Erzähler diesen nicht wörtlich, sondern
nur im Auszug zitiert hätte, wäre es auffallend, wenn er sich die er-
zählerisch wertvollen Motive der Bedrohung der Propheten und der
70 Jahre hätte entgehen lassen, zumal der Erzähler selbst den Schemaja unter die Gruppe der Gola-Propheten einreiht (v. 31). Daß die
70 Jahre mit ארכה היא gemeint sein sollen, könnte man annehmen,
doch scheint diese Wendung eher das folgende Zitat aus dem Jeremiabrief zu interpretieren. Das Fehlen all der genannten wichtigen Elemente in der Antwort Schemajas lassen darauf schließen, daß auch
im Brief Jeremias davon kaum etwas zu finden war und daß man daher
als Text des Jeremiabriefs nur die v. 5-7 wird erwarten können. Man
wird umgekehrt damit rechnen müssen, daß wenigstens der Inhalt
des Briefes Schemajas aus dem Jeremiabrief und der den Schemajabrief umgebenden Erzählung herausgesponnen wurde.

V. 29: Die mit v. 24f. begonnene und durch die Wiedergabe des
Schemajabriefes unterbrochene Erzählung wird durch v. 29 fortge-
setzt und vorläufig abgeschlossen. V. 29 stellt das Ergebnis der Aktion
Schemajas fest: Zedekia informiert Jeremia über den Inhalt des
Schemajabriefs, indem er ihm diesen vorliest[58]. Dieser Abschluß ist
unbefriedigend und ebenfalls auf Fortsetzung hin angelegt.

V. 30-32: Mit einer neuen Einleitungsformel wird, vom Vorhergehenden etwas abgehoben, ein Jahwewort eingeführt (v. 30). Diese
Einführung entspricht im wesentlichen auch den Einführungen der
die Erzählungen Kap. 27f. und 36 abschließenden Jahwe- bzw. Pro-

---

[58] קרא באזן im Sinn von »vorlesen« im Jeremiabuch nur noch Kap. 36.

phetenworte, nur daß dort, durch die jeweils voraufgehenden vorläufigen Schlußbemerkungen bedingt, die Einführungsformeln durch
eine Infinitivkonstruktion erweitert sind. Der Inhalt des Jahweworts
findet sich in v. 31f., gegliedert in: a) eine die Situation der Erzählung
berücksichtigende Anweisung an Jeremia v. 31aα; b) Botenformel, ver-
längert durch Angabe des Adressaten (Schemaja) v. 31aβ; c) begründetes Drohwort v. 31b. 32. Da sich, wie vorausgesetzt, die gesamte
Handlung als Briefwechsel zwischen Jeremia und Zephanja einerseits
und den Deportierten und Schemaja andererseits darstellt und Jeremia seine Briefe immer an die ganze Gola richtet, ist in dem begründeten Drohwort von Schemaja immer in der 3. Person die Rede und
nicht wie in den direkten Auseinandersetzungen Jeremias mit seinen
Gegnern in der 2. Person[59]. Das begründete Drohwort ist gekennzeichnet durch das die Begründung einführende יען אשר und das für die
Einführung von Drohworten typische לכן. Das Jahwewort und damit
auch die Erzählung wird abgeschlossen durch eine wie auch in 28 16
später zugefügte weitere Begründung[60].
    Bemerkenswert an diesem Drohwort gegen Schemaja sind einige
Übereinstimmungen mit Drohworten aus andern Erzählungen des
Jeremiabuchs: a) Schemaja unterliegt dem gleichen Urteil, dem auch
andere Propheten unterworfen waren: Jahwe hat sie nicht gesandt
(27 15) 28 15 (29 9); b) im Gegensatz zu wahrscheinlich jüngeren Stük-
ken in Kap. 27—29, die gewöhnlich die Worte נבא und שקר zur Charakterisierung der Verkündigung der »falschen Propheten« verwenden
(27 10. 14. 15. 16 29 9. 21. 23; vgl. 20 6), wird hier wie in dem Drohwort
gegen Chananja בטח und שקר gebraucht; c) die Einleitung der Drohung gegen Schemaja deckt sich fast wörtlich mit der Einleitung der
Drohung gegen Jojakim 36 30: לא יהיה לו (איש) יושב, und beide
Drohworte haben den Untergang der Nachkommenschaft zum Inhalt.
Diese Übereinstimmungen deuten darauf hin, daß wir bei all diesen
Drohworten mit Ergebnissen literarischer Arbeit ein und desselben
Überlieferungsstadiums zu tun haben. Die Behauptung Duhms, daß
die Verse 30-32 als ein Ergänzerprodukt erscheinen, demgegenüber
v. 24-29 als ursprünglich der Hand Baruchs zuzuschreiben wären, trifft
den Sachverhalt wohl nicht ganz, da — wie schon beobachtet —
v. 24-29 auf Fortsetzung hin angelegt scheinen, die nur in v. 30-32 vorliegen kann. In der Tat stellt das Drohwort die Lösung des durch
v. 24-29 aufgerollten Konflikts dar, ohne welche die Überlieferung von
v. 24-29 keinen rechten Sinn zu haben scheint, so daß sich fürs erste

---

[59] Aus diesem Grund wird in diesem Zusammenhang auch von einem begründeten
    Drohwort und nicht von Schelt- und Drohwort gesprochen, weil eben die im Schelt-
    wort übliche direkte Anrede hier fehlt und überdies das Wort mit begründendem
    יען אשר eingeleitet wird.
[60] Siehe die Note cc.

ergibt, daß v. 24-32 in seiner jetzigen Gestalt als Einheit zu betrachten ist, d. h. seine literarische Gestaltung von ein und derselben Hand vorgenommen ist. Das bedeutet jedoch nicht, daß die dahinterstehende Überlieferung auch einheitlich sein müßte. Vielmehr weisen die ähnlich 28 15-17 merkwürdig allgemein und unkonkret gehaltenen Formulierungen des Drohwortes gegen Schemaja einerseits und die demgegenüber auffällig ins Einzelne gehende Darstellung der Erzählung andererseits darauf hin, daß verschiedenes Material v. 24-32 zugrunde liegen könnte. Und es sieht so aus, als ob der Verfasser von v. 24-32 eine ihm vorliegende Überlieferung von einer Auseinandersetzung zwischen Jeremia und Schemaja benutzte, um das Drohwort erweiterte und beides zusammen sprachlich gestaltete. Ob eine mündliche oder schriftliche Überlieferung vorlag, kann nicht mehr gesagt werden, da durch die Umformulierung durch den Verfasser von v. 24-32 jeglicher Anhaltspunkt für eine Beurteilung dessen verloren ging. Hier liegt ein ähnlicher Vorgang vor wie in 19 1—20 6, wo der Versuch auf literarkritischem Wege einzelne Überlieferungseinheiten voneinander abzuheben (dort 19 1-2a*. 10-11a von 19 14—20 3) an der einheitlichen Überarbeitung beider Texte scheitert, während in Kap. 28 und 36 aufgrund anderer überlieferungsgeschichtlicher Zusammenhänge ein solcher Versuch zum Ziel führt.

Der Versuch, alle Einzelbeobachtungen der Analyse zusammenzufassen, ergibt folgendes Bild der literarischen Entstehung von Kap. 29: Ursprüngliche Überlieferungseinheit ist der mit einer referierenden Einleitung versehene Brief Jeremias v. 1. 3-7, der in einem späteren Stadium um die Erzählung über die briefliche Auseinandersetzung zwischen Jeremia und Schemaja v. 24-32 erweitert wurde. Daß es sich dabei tatsächlich um das zweite Überlieferungsstadium handelt, ergibt sich aus der Feststellung, daß der Schemajabrief sich offenbar nicht auf einen erweiterten Jeremiabrief bezieht, sondern nur auf die v. 5-7, also keiner der andern Abschnitte dieses Kapitels vor der Zusammenfügung von Brief und Erzählung mit dem Brief verbunden gewesen sein wird. Außerdem ist festzustellen, daß der Jeremiabrief, wie die Analyse von v. 1-3 ergab, nicht mehr vollständig vorlag, da die referierende Einleitung wenigstens die ursprünglichen Angaben von Absender und Adressaten verdrängt hat. Daß dies wiederum nicht auf die Kosten dessen ging, der Brief und Erzählung miteinander verknüpfte, ergaben die unterschiedlichen Stilformen beider Einleitungen v. 1. 3 bzw. v. 24f.

Die so entstandene Erzählung von der Auseinandersetzung zwischen Jeremia und Schemaja v. 1. 3-7. 24-32 weist nun wiederum den schon in 19 1—20 6 und 27—28 beobachteten dreiteiligen Aufbau auf:

1. Aktion Jeremias v. 1. 3-7
2. Gegenaktion Schemajas v. 24-29
3. Verurteilung von und Drohwort gegen Schemaja v. 30-32.

Dieser Aufbau ist durch die späteren Erweiterungen des Textes nicht mehr wesentlich beeinflußt worden[61], zumal wie in Kap. 19 1—20 6 und 27—28 die Erweiterungen innerhalb der Redeabschnitte bzw. als Redeabschnitte, anknüpfend an schon vorliegendes Material, angebracht wurden. Eine erste Erweiterung stellt wahrscheinlich das Drohwort gegen Ahab und Zedekia dar (v. 15. 21-23), da sein Anschluß an v. 7 immer noch besser scheint, als der Anschluß von v. 10 an v. 7. In einem weiteren Schritt wurde v. 10-14 als ein interpretierender Zusatz in den Textzusammenhang eingefügt. Dieser Zusatz ist von Jer 24 und Jes 55 sowie von Dtn 4 29 und 30 1-5 her gebildet und soll sowohl die Dauer des Exils nach Jer 25 als auch die Möglichkeit des Gebets für Babel bzw. des Gebets zu Jahwe im fremden Land überhaupt, wie sie v. 5-7 voraussetzen, näher erklären. Der beste Platz hierfür ist ohne Zweifel der unmittelbare Anschluß an v. 7, wodurch v. 15. 21-23 von v. 7 weggedrängt wurden und jetzt hinter v. 14 zu stehen kommen, jedoch auch dort noch an günstiger Stelle stehen.

Als vorletzten Schritt zur Endgestalt von Kap. 29 wird man die redaktionelle Bearbeitung von Kap. 27—29[62] ansehen müssen, die sich in Kap. 29 in v. 8f. (vielleicht auch in v. 21aβ) niedergeschlagen hat. Diese Bearbeitung, der Kap. 27 im wesentlichen die letzte große Erweiterung (v. 9-22) verdankt, fügte die beiden Erzählungen über

---

[61] Eine Beeinflussung ist jedoch insofern noch festzustellen, als die späteren Erweiterungen die Änderung des Wortlauts von v. 24f. dergestalt bedingten, daß im Endstadium der Überlieferung auch die Erzählung v. 24-32 zu einem Bestandteil des Jeremiabriefs geworden ist.

[62] Aufgrund sprachlicher Eigentümlichkeiten ist längst erkannt worden, daß Kap. 27—29 innerhalb des Jeremiabuchs eine isolierte Stellung einnehmen, aus der nur geschlossen werden kann, daß diese Kapitel eine Zeitlang als selbständige Schrift überliefert worden sind und erst später Aufnahme in das Jeremiabuch fanden. Vgl. hierzu zuletzt Rietzschel 97, gegen den Rudolph nicht ganz einleuchtend in folgender Weise argumentiert (197 Anm. 1): »Man wird sich also die Sache so vorzustellen haben, daß die drei Kapitel aus dem fertigen Jeremiabuch abgeschrieben wurden, wobei diese Schreiber ihre stilistischen Eigentümlichkeiten anbrachten. Da der Zweck der Abschriften (...) möglichst viele Exemplare verlangte, überwogen bald die neuen Texte die alten an Zahl und verdrängten sie schließlich aus der Verlesung in der Synagoge (gegen Rietzschel 97).« (Fortsetzung im Text:) »Ihre Stellung im Jer-Buch verdanken die Kapitel dem Umstand, daß man sie nicht mehr auseinanderreißen wollte und sie bei den Heilsweissagungen einreihte, weil Kap. 27 und 29 je auf eine solche hinausliefen ...«. Wurden also die zuerst exzerpierten und im Laufe der Sonderüberlieferung veränderten Kapitel später gegen den ursprünglichen Text ausgetauscht?

Jeremia und Chananja sowie Jeremia und Schemaja zu einer program-
matischen Schrift wider die falschen Propheten zusammen, indem sie
diese beiden Berichte zusätzlich mit ihren eigenen theologischen Bemerkungen versah, die man in dem Spitzensatz »Lüge prophezeien sie
euch« zusammenfassen kann. Die jetzige Stellung der entsprechenden
Bemerkung in Kap. 29, nämlich v. 8f., erklärt sich daraus, daß die
allgemeiner gehaltene Verurteilung der »falschen Propheten« überhaupt besser vor die Verurteilung einzelner Propheten zu stehen
kommt, und daß die stillschweigend als bekannt vorausgesetzte Verkündigung einer kurzen Exilsdauer durch diese Propheten in den
exakten Voraussagen »Jeremias« v. 10-14 eine geglückte Entgegnung
findet. Daraus ergibt sich für die bislang festgestellten Erweiterungen,
daß sie sich alle an den ursprünglichen Text des Jeremiabriefes an-
schlossen und auf diese Weise die älteste Erweiterung an letzter, die
jüngste an erster Stelle zu stehen kommt. Der trotz dieser verschiedenen Erweiterungen immer noch einigermaßen gute Textzusammenhang ist allerdings durch eine verhältnismäßig junge und offenbar der
Septuaginta noch nicht bekannte Erweiterung empfindlich gestört
worden, wozu das Wort הטוב aus v. 10 und v. 16-20 zu rechnen ist[63],
und wobei der Versuch, durch v. 20 einen Übergang zu v. 21 zu schaffen, den störenden Charakter dieses Einschubs nicht beseitigen
konnte[64].

4. Jeremia 36

Text

36 1 Und es geschah im 4. Jahre Jojakims, des Sohnes Josias, des
Königs von Juda, da erging dieses Wort an Jeremia von Jahwe: 2 »Nimm
dir eine Buchrolle und schreibe in sie alle Worte, die ich zu dir geredet habe
über Jerusalem[a], über Juda und über alle Völker[b] von dem Tag an, da ich
zu dir geredet habe, von den Tagen Josias an bis zu diesem Tag. 3 Vielleicht
hören die vom Hause Juda auf all das Unheil, das ich ihnen anzutun gedenke, daß sie umkehren, ein jeder von seinem bösen Weg, und ich ihnen
ihre Schuld und Sünde vergebe.« 4 Da rief Jeremia den[c] Baruch, den Sohn
Nerias, und Baruch schrieb nach dem Diktat Jeremias alle Worte Jahwes,
die er zu ihm geredet hatte, in eine Buchrolle. 5 Und Jeremia gebot Baruch:
»Ich bin gehindert, ich kann nicht in den Tempel gehen; 6 so geh du hin
und lies aus der Rolle, die du nach meinem Diktat geschrieben hast, die
Worte Jahwes[d] dem Volk im Tempel an einem Fasttage[e] vor; auch allen
Judäern, die aus ihren Städten hereinkommen, sollst du sie vorlesen. 7 Vielleicht fällt ihr Gebet vor Jahwe und kehren sie um, ein jeder von seinem
bösen Weg, denn groß ist der Zorn und der Grimm, den Jahwe diesem Volk
angedroht hat.« 8 Und Baruch, der Sohn Nerias, tat ganz, wie ihm der Prophet Jeremia geboten hatte, indem er aus dem Buch die Worte Jahwes im
Tempel vorlas.

---

[63] Siehe die Analyse zu v. 10 und v. 16-20.

[64] Ob man v. 14aβ. b derselben Hand zuzuweisen hat, läßt sich nicht mehr entscheiden.

9 Und es geschah im 5.[f] Jahre Jojakims, des Sohnes Josias, des Königs von Juda, im 9. Monat, da rief man zu einem Fasten vor Jahwe das ganze Volk in Jerusalem und alles Volk, das aus den Städten Judas nach Jerusalem kommen sollte[g]. 10 Und Baruch las im Tempel, in der Halle Gemarjas, des Sohnes des (Staats)schreibers Schaphan, im obern Vorhof am Eingang des neuen Tempeltores aus dem Buch die Worte Jeremias dem ganzen Volk vor. 11 Als Micha, der Sohn Gemarjas, des Sohnes Schaphans, alle Worte Jahwes aus dem Buch hörte, 12 da ging er zum Palast des Königs hinab in die Halle des (Staats)schreibers, wo gerade alle Oberen versammelt waren, Elischama, der (Staats)schreiber, Delaja, der Sohn Schemajas, Elnatan, der Sohn Achbors, Gemarja, der Sohn Schaphans, Zedekia, der Sohn Chananjas, und alle (andern) Oberen. 13 Und Micha teilte ihnen alle Worte mit, die er gehört hatte, als Baruch aus dem Buch dem Volk vorlas. 14 Da sandten alle Oberen Jehudi, den Sohn Natanjas, und[h] Schelemja, den Sohn Kuschis, zu Baruch mit folgendem Auftrag: 'Die Rolle, aus der du dem Volk vorgelesen hast, nimm in deine Hand und komm.'[i]; und Baruch, der Sohn Nerias, nahm die Rolle in seine Hand und kam zu ihnen.

15 Und sie sprachen zu ihm: »Setz' dich doch[j] und lies sie uns vor.« Und Baruch las sie ihnen vor. 16 Als sie aber alle Worte gehört hatten, erschraken sie und sprachen einer zum andern[k] [zu Baruch][l]: »Wir müssen diese ganze Angelegenheit dem König unbedingt mitteilen.« 17 Und Baruch fragten sie: »Sag uns doch, wie du alle diese Worte geschrieben hast?« [nach seinem Diktat][m]; 18 und Baruch sprach zu ihnen: »Aus seinem Mund diktierte mir Jeremia[n] alle diese Worte und ich schrieb sie mit Tinte[o] in das Buch.« 19 Da sprachen die Oberen zu Baruch: »Geh', verbirg dich, du und Jeremia, und keiner soll wissen, wo ihr seid.« 20 Sie aber gingen zum König in den (Palast)hof[p] hinein, nachdem sie die Rolle in der Halle des (Staats)-schreibers Elischama verwahrt hatten, und teilten dem König die ganze Angelegenheit mit. 21 Da schickte der König Jehudi, die Rolle zu holen, und er holte sie aus der Halle des (Staats)schreibers Elischama.

Und Jehudi las sie dem König und allen Oberen, die um[q] den König herum standen, vor. 22 Der König aber saß im Winterhaus — es war gerade im 9. Monat — und das Feuer[r] des Kohlenbeckens brannte vor ihm. 23 So oft nun Jehudi drei oder vier Spalten gelesen hatte, schnitt er [sc. der König] sie[s] mit dem Schreibermesser ab und warf sie in das Feuer auf dem Kohlenbecken, bis die ganze Rolle vollständig im Feuer auf dem Kohlenbecken (vernichtet) war. 24 Sie erschraken aber nicht und zerrissen ihre Kleider nicht, der König und alle seine Diener, die alle diese Worte hörten. 25 Und obwohl Elnatan, Delaja und Gemarja in den König drangen, die Rolle nicht[t] zu verbrennen, hörte er nicht auf sie. 26 Und der König befahl dem Prinzen Jerachmeel, dem Seraja, dem Sohn Asriels, und dem Schelemja, dem Sohn Abdeels, den Schreiber Baruch und den Propheten Jeremia festzunehmen. Sie aber hielten sich verborgen[u].

27 Und es erging das Wort Jahwes an Jeremia, nachdem der König die Rolle samt den Worten, die Baruch nach dem Diktat Jeremias geschrieben hatte, verbrannt hatte: 28 »Nimm dir wieder eine andere Rolle und schreibe in sie alle früheren Worte, die in der ersten Rolle waren, die Jojakim, der König von Juda, verbrannt hat. 29 Und über Jojakim, den König

von Juda, sollst du sagen: So hat Jahwe gesprochen: du hast diese Rolle
verbrannt mit den Worten: 'Warum hast du in sie geschrieben: der König
von Babel wird gewiß kommen und dieses Land verheeren und Mensch und
Vieh aus ihm vertilgen'. 30 Darum, so hat Jahwe über Jojakim, den König
von Juda, gesprochen, soll er keinen (Nachfolger) haben, der auf dem Throne
Davids sitzen wird; und sein Leichnam soll preisgegeben sein der Hitze bei
Tag und der Kälte bei Nacht. 31 Und ich ahnde an ihm und seinen Nachkommen und an seinen Knechten ihre Schuld und bringe über sie und alle
Bewohner Jerusalems und über die Leute von Juda all das Unheil, das ich
ihnen angedroht habe, ohne daß sie hörten.« 32ᵛ Und Jeremia nahm eine
andere Rolle, gab sie dem Schreiber Baruch, dem Sohn Nerias, und der
schrieb nach dem Diktat Jeremias alle Worte des Buches, das Jojakim, der
König von Juda, mit Feuer verbrannt hatte, in sie; und außerdem wurden
viele Worte gleicher Art hinzugefügt.

a ⑮ᴮᴬ hat ירושלם für masoretisches ישראל. Welches von beiden ursprünglich ist, ist nur noch schwer zu entscheiden, da man hierfür fast nur mehr aus der Interpretation des Kapitels gewonnene Kriterien zur Verfügung hat, die im höchsten Grad
hypothetisch sind. Gegen »Israel« spricht, daß es in den erzählenden Teilen des Jeremiabuchs nur noch an einer Stelle begegnet (29 23) und dort offenbar innerhalb einer fest-
stehenden Formel. Gegen »Jerusalem« spricht die etwas ungünstigere Textbezeugung
und die in exilisch-nachexilischer Zeit übliche Wortstellung »Juda—Jerusalem«[1], doch
ist diese auch in v. 31 nicht eingehalten. Vielleicht ist der stilistische Grund — Steigerung vom Engeren zum Weiteren: Jerusalem, Juda, Völker — maßgebend für die
jetzige Anordnung der Worte (Rudolph). — b Sowohl die Streichung von על־כל־הגוים[2]
als auch die betonte Übersetzung von על mit »wider«[3] sind Ergebnisse eines bestimmten
Verständnisses vom Inhalt der Urrolle. — c Einige Handschriften lesen אל statt את
ähnlich v. 18. Dem folgen Ehrlich und Volz BWAT. — d Die etwas umständliche Konstruktion von 𝔐 ist von ⑮ offenbar mißverstanden worden, da sie den Relativsatz und
die nicht zu ihm gehörenden Worte את דברי יהוה vereinfachend mit dem Demonstra-
tivpronomen wiedergibt (Giesebrecht). — e ביום צום ist, nach v. 9 zu schließen, nicht
determiniert. — f ⑮ᴮᴬ lesen statt des fünften das achte Jahr. Duhm, Cornill, Volz
BWAT vermuten dahinter eine Verschreibung des Zahlzeichens ה in ח, doch dürfte es
sich eher um eine Verschreibung des Zahlwortes handeln (Rudolph). — g ⑮ᴮᴬ lesen
v. ᵇ kürzer. Die Kürzung von 𝔐 ist leichter zu erklären, als seine Glossierung, so daß
𝔐 wohl ursprünglich sein wird. — הבאים ist futurisch zu übersetzen, da das Kommen
der Judäer wohl als Folge des Fastenaufrufs zu verstehen ist (Rudolph). — h Auffällig
ist die lange Ahnenreihe des יהודי. Die uneinheitliche Textüberlieferung von ⑮ läßt
auf eine nicht mehr einwandfreie Textvorlage schließen. Am einfachsten sind zwei Boten
anzunehmen; statt des zweiten בן ist ואת zu lesen (Cornill)[4]. — i Eine Änderung von
ולך in ורד legt sich nahe, zumal ⑮ in v. ᵇ ebenfalls ירד zu lesen scheint (Giesebrecht,
Rothstein). Da der Auftrag an Baruch aber bereits in direkter Rede an ihn formuliert

---

[1] Hitzig, Bright u. a. Vgl. G. Fohrer, Entstehung, Komposition und Überlieferung von
   Jesaja 1—39, in: Studien zur alttestamentlichen Prophetie (1949—1965), 1967, 113 ff.
   bes. 161.   [2] Duhm.   [3] Erbt, Rudolph.
[4] Neben den Einwendungen Rudolphs gegen Volz' Lösung, der ⑮ᴮᴬ folgt, ist noch zu
   bemerken, daß eine Tilgung des Namens יהודי in v. 14 seine Nennung ohne den
   Vaternamen in v. 21 sehr verdächtig machte.

ist, ist וְלֵךְ »und geh!« durchaus passend (Rudolph)[5]. — j ⅁ liest שֵׁ, doch gibt auch שֵׁב 𝔐 einen guten Sinn. — k אִישׁ אֶל־רֵעֵהוּ paßt nicht zu פחד; es gehört wahrscheinlich hinter וַיֹּאמְרוּ (Volz BWAT). — l אֶל־בָּרוּךְ fehlt wegen des betont vorangestellten אֶת־בָּרוּךְ v. 17 in ⅁ zu Recht (Hitzig). — m מִפִּיו nimmt die Antwort von v. 18 vorweg; es ist mit ⅁ zu streichen. Anders: Hitzig, Ehrlich. — n יִרְמְיָהוּ darf an dieser Stelle nicht fehlen. Es ist mit ⅁𝕾 hinter אֵלַי einzufügen. — An dem impf. iterativum יִקְרָא nehmen Volz und Erbt Anstoß, sie lesen Perfekt; doch erklärt dieses Imperfekt das folgende Partizip כֹּתֵב besser. — o Die Erwähnung der Tinte ist an dieser Stelle sehr auffällig[6]. Es ist zu erwägen, ob nicht trotz Duhms Argument — die Fürsten wußten wohl, daß Baruch nicht mit dem Fuß schrieb — בְּדִיו in בְּיָדִי 'eigenhändig' zu ändern ist; die Verschreibung wäre leicht zu erklären (Giesebrecht, Ehrlich). Das Fehlen des Wortes in ⅁ weist allerdings darauf hin, daß sie es entweder für überflüssig hielt oder nicht verstand, was beides bei בְּיָדִי nicht zu erwarten ist. — p Eine Änderung von חֲצֵרָה in חֲדָרָה (Rothstein, Giesebrecht u. a.) ist nicht nötig (Volz, Rudolph). — q Das מ in מֵעַל ist wahrscheinlich Dittographie (Ehrlich, Giesebrecht). — r Das feminine Partizip am Ende des Verses macht das zugehörige Nomen הָאֵת verdächtig; liest man jedoch אֵשׁ statt אֵת, dann ist diese Schwierigkeit behoben, vgl. v. 23[7]. — s Zur Verwendung des singularischen Femininsuffixes bei יִקְרָעֶהָ vgl. GK § 135 p. — t Durch ein offenbar mißverstandenes גַם kehrte ⅁ den Satz ins Gegenteil. — u Der ⅁ läge v. b וַיִּסְתָּרוּ zugrunde. Dies entspräche auch eher dem v. 19. Ihr folgen Ehrlich, Duhm, Schmidt, Volz und Rudolph. Die erbaulichere Form von 𝔐 ist entweder Dittographie (Volz BWAT) oder späterer Überarbeitung zuzuschreiben. — v ⅁ gestaltet den Vers so, daß Baruch als selbständig Handelnder auftritt.

Analyse

V. 1-3: V. 1 enthält, verbunden mit einer Zeitangabe, die Einführung eines Jahwewortes an Jeremia. Das abschließende לֵאמֹר verbindet diese Einführung eng mit dem in v. 2f. zitierten Inhalt dieses Jahwewortes, um so mehr als die sonst übliche unmittelbare Einleitung eines Jahwewortes mit der Botenformel hier fehlt. Das Jahwewort selbst zerfällt in zwei Teile: 1. Auftrag Jahwes an Jeremia, alle bisher an ihn ergangenen Jahweworte in eine Buchrolle zu schreiben (v. 2); 2. Begründung dieses Auftrags, indem Zweck und Absicht desselben angegeben werden: Buße und damit verbundene Rettung des Hauses Juda (v. 3). Wie allerdings das Niederschreiben der Worte Jahwes und die damit verbundene Absicht zum Ziel kommen sollen, wird hier noch nicht gesagt, wodurch eine Spannung im Erzählungsablauf geschaffen wird. Es ist ferner eine weitgehende Übereinstimmung in Aufbau und Inhalt zwischen diesen Versen und den einleitenden Versen von Kap. 26 zu beobachten:

---

[5] G. R. Driver, Linguistic and Textual Problems: Jeremiah, JQR 28 (1937/38), 97—129 (122), verweist für die Bedeutung »und komm!« des Imperativs לְכָ(ה) auf I Sam 23 27 und kommt ebenfalls ohne Änderung aus. — Wieder anders: Volz BWAT.

[6] Cornill nimmt an, daß durch diese Zufügung hervorgehoben werden sollte, daß Baruch nur das mechanische Schreibergeschäft verrichtete und nichts Eigenes zu den diktierten Worten hinzugab.　　　[7] Hierzu siehe vor allem Volz BWAT.

26 1a	36 1a	Zeitangabe
26 1b	36 1b	היה הדבר הזה (אל־ירמיהו) מאת יהוה לאמר
		Einführung des Jahwewortes
26 2	36 2	Jahwewort: Beauftragung Jeremias (Imperativ + 2.m.sg.pf.; Objekt
		von Jeremias Handeln: [אשר] כל־הדברים)
26 3	36 3	Begründung des Auftrags (wörtliche Übereinstimmungen:
		אולי ישמעו; הרעה אשר אנכי חשב לעשות להם; יש[ו]בו
		(איש מדרכו הרעה.

V. 4: Mit v. 3 ist das Zitat des Jahwewortes abgeschlossen, und
v. 4 fährt im erzählenden Stil, in dem auch schon die Einführung des
Jahwewortes gehalten war (ויהי, היה), fort, indem die Ausführung des an
Jeremia ergangenen Auftrags durch diesen und Baruch mitgeteilt wird.

V. 5-8: V. 5f. berichtet von einem zweiten Auftrag, der nun von
Jeremia an Baruch ergeht. V. 5a enthält die Einführung der Prophetenrede v. 5b-7. V. 5b gibt das Motiv dafür an, daß Jeremia nicht selbst
den an ihn ergangenen Auftrag ausführt. Der Auftrag an Baruch, die
von ihm geschriebene Rolle vorzulesen, folgt in v. 6, wobei unter genauer Angabe von Vorgang, Ort, Zeit und Adressaten im nachholenden Stil das berichtet wird, was v. 2f. nur zwischen den Zeilen zu lesen
war. Mit v. 7 begründet der Prophet nun seinerseits Baruch gegenüber
das in Aussicht genommene Vorgehen und nimmt dabei, zum Teil
wörtlich[8], die Begründung des Jahweauftrags von v. 3 auf[9]. Mit v. 8,
einer kurzen, vorwegnehmenden[10] Bemerkung über die Ausführung
des Auftrags, schließt der erste Abschnitt.

V. 1-8 stellt eine Erzählungseinheit dar, die sehr konsequent aufgebaut ist, was an der strengen Parallelgliederung der beiden Erzäh-
lungsschritte, Jahwe — Jeremia (v. 1-4) und Jeremia — Baruch (v. 5-8)
deutlich wird:

v. 1	Einführung des Jahweauftrags	—	v. 5a	Einführung des Prophetenauftrags
	Jahwewort:			Prophetenwort:
v. 2	Auftrag	—	v. 5b. 6	Auftrag
v. 3	Begründung (אולי)	—	v. 7	Begründung (אולי)
v. 4	Ausführung des Auftrags	—	v. 8	Ausführung des Auftrags.

V. 9 rückt mit einer neuen Einführung das Folgende vom Vorhergehenden etwas ab. Mit v. 9 beginnt der Erzähler einen neuen Abschnitt seines Berichtes, der nun die Einzelheiten der mit der Aus-

---

[8] Einführung: אולי; »und kehren sie um ein jeder von seinem bösen Weg«.

[9] Erbt hält 36 3 aufgrund der Doppelheit der Begründung (v. 3. 7) und wegen 26 3 für
einen Zusatz nach v. 7. — Hinzuweisen ist auf die Wendung נפל תהנה לפני (יהוה),
die für die Erzählungen Kap. 37—43 typisch zu sein scheint (37 20 38 26 42 2. 9;
außerhalb des Jeremiabuchs nur noch Dan 9 18. 20). Sie gehört zu den ganz wenigen
Gemeinsamkeiten, die zwischen Kap. 37—43 und den übrigen Fremdberichten des
Jeremiabuchs überhaupt festzustellen sind.

[10] Hitzig, Giesebrecht, Duhm; E. Nielsen, Oral Tradition, 1955, 67. 72, u. a.

führung des Auftrags durch Baruch sich entwickelnden Ereignisse darstellen soll. Er verwendet dabei den nachholenden Stil, indem er jetzt erst Zeitpunkt und nähere Umstände der Ausrufung des schon v. 6 erwähnten Fasttags mitteilt. Diese chronologische Inkonsequenz veranlaßte Volz und Rothstein, v. 9 vor v. 5 umzustellen[11]. »So verlockend diese Umstellung ist, so spricht doch gegen sie, daß sich dann die Entstehung des jetzigen Wortlauts nicht erklären ließe.«[12] Daneben würde die erzählerische Wirkung außerordentlich leiden. Mit der vorliegenden Form der Darstellung erreicht der Erzähler wesentlich mehr als mit der bloßen Aneinanderreihung chronologisch wohlgeordneter Fakten. Mit der doppelten Vorordnung von Auftrag—Begründung—Ausführung wird eine theologische Thematik eingebracht und hervorgehoben, die den folgenden Ablauf der Ereignisse mit interpretiert. Die Dringlichkeit und Unabweislichkeit des Gotteswortes, die unüberhörbare Absicht, zur Buße und damit zur Rettung zu rufen, sowie der Gehorsam derer, die sich diesem Wort aussetzen, stehen als Thema voran. Gleichzeitig wird durch die kurze Vorwegnahme einiger im folgenden wieder aufgenommener Ereignisse die Spannung im Erzählungsablauf gesteigert. Von dieser thematischen Einführung abgehoben, beginnt mit v. 9 der eigentliche Bericht vom Ablauf der Ereignisse, wie sie in dem vorangestellten Erzählungsblock bereits angedeutet wurden, und zwar unter möglichst genauer Angabe von Ort, Zeit und handelnden Personen, die den Eindruck ausgezeichneter Kenntnis des Geschehenen entstehen lassen.

V. 10: Liegt in v. 8 der Ton auf dem *daß* der Ausführung des Auftrags durch Baruch, so in v. 10 auf dem *wie*, so daß die Wiederholung von v. 8b gerechtfertigt ist. Ins Auge fällt die detaillierte Beschreibung der Ortsangabe[13] in diesem Vers. Baruch verliest die Buchrolle in der Halle des Gemarja angesichts des ganzen Volkes. Nach den Angaben von v. 10 handelt es sich bei dieser Halle um einen Raum, der eine größere Eingangsöffnung zum Tempelvorhof haben mußte, da sich sonst die Verlesung vor dem Volk nicht erklären ließe[14].

---

[11] Volz verweist neben der besseren chronologischen Abfolge in der Erzählung auf die in v. 6 stehenden störenden Worte בית יהוה יום צום, welche nach Umstellung von v. 9 an seine jetzige Stelle dort eingeschrieben worden seien; Rothstein macht auf die nach Umstellung von v. 9 entstehende unschöne Kollision zwischen v. 8b und v. 10a aufmerksam und streicht v. 8a; ebenso Nötscher.

[12] Rudolph gegen seine Auffassung in der 1. Auflage seines Kommentars. Die Umstellung wird noch verlockender, wenn man beachtet, daß dann, dem Aufbau von v. 1-8 entsprechend, v. 5a eine v. 1 parallele Zeitangabe aufwiese.

[13] Vgl. H.-J. Kraus, Archäologische und topographische Probleme Jerusalems im Lichte der Psalmenexegese, ZDPV 75 (1959), 125—140 (128f. 136f.).

[14] Der Raum ist außerdem genau von dem v. 12 und v. 20 genannten unterschieden. Es handelt sich v. 10 um einen Raum innerhalb des Tempelbezirks, v. 12. 20 um einen

V. 11-13 schließen sich als Bericht über die unmittelbaren Folgen der Verlesung der Rolle gut an v. 10 an. Die Reaktion des Volkes auf die Verlesung wird auffallenderweise übergangen, vielmehr die Reaktion eines einzelnen, Michas, des Sohnes Gemarjas, geschildert. Damit lenkt die Erzählung die Aufmerksamkeit des Lesers sofort auf die noch zu erwartenden Ereignisse und steuert, ohne zu verweilen, auf das Ziel dieses Abschnittes zu. Auch hier zeigt sich, wie schon in dem strengen Aufbau von v. 1-8, die hohe erzählerische Kunst, der Jer 36 seine Gestalt verdankt. Als Reaktion dieses einzelnen erscheint in dem Bericht nur eines: Weitersagen der Vorfälle. Dies wird wiederum mit genauen Ortsangaben und der Nennung der beteiligten Personen verbunden. Micha eilt vom Tempel in den Palastbezirk (ירד), wo in der Halle des Staatsschreibers dieser selbst, der Vater Michas, und eine Reihe anderer namentlich aufgeführter, einflußreicher Persönlichkeiten versammelt sind, und berichtet von der Verlesung der Buchrolle. Mit dieser Mitteilung der Vorfälle an die Oberen wird der Ablauf der Ereignisse auf eine andere Ebene verlegt und die Spannung innerhalb der Erzählung weiter gesteigert.

V. 14 schließt ebenfalls gut an das Vorhergehende an, indem nun die Reaktion der Oberen auf den Bericht Michas geschildert wird. Sie besteht in dem Entschluß, die Rolle und den, der sie verlesen hat, herbeizuschaffen. Auch in v. 14 ist die Darstellung sehr knapp gehalten: Entsendung (שלח) von zwei Boten — wieder mit genauer Nennung der Namen —, Auftrag an Baruch, die Rolle zu bringen (zwei Imperative, einer davon קח), Ausführung des Auftrags (zwei impf.cons., eines davon ויקח). Mit v. 14 ist die Szene für die zweite Verlesung vorbereitet.

Von ihr berichtet *v. 15,* der ähnlich wie v. 14 als Doppelschritt »Auftrag—Ausführung« gestaltet ist. Unmittelbar auf die Verlesung der Rolle folgt, parallel v. 11-13, in *v. 16-29* die Schilderung der Folgen der Verlesung. Die gleichen Elemente der Erzählung von v. 11-13 begegnen auch hier: Anknüpfung an das Vorhergehende mit ויהי כשמעם את־כל־הדברים v. 16aα (parallel v. 11); Reaktion der Oberen: Weitersagen der Vorfälle הגיד v. 16aβ. b. 20b (parallel v. 13) und damit verbundener Ortswechsel v. 20aα. Mit der Verlagerung der Ereignisse auf die letztmögliche Ebene, drängt die Erzählung auf die Entscheidung zu. Dies bedingt eine im Vergleich zu v. 11-13 etwas breitere Darstellung der Vorgänge. Mögliche Konsequenzen werden ins Auge gefaßt. Die Gefährdung Baruchs und Jeremias läßt ihre weitere Anwesenheit nicht ratsam erscheinen; sie sollen sich verbergen. Dies

---

des Palastbezirks. K. Galling, Die Halle des Schreibers, PJB 27 (1931), 51—57, identifiziert beide, Volz streicht in v. 10 die Angabe des Raums, wegen der auch v. 12. 20 auftretenden Bezeichnung ל' הספר, doch bezieht sich הספר v. 10 auf Schaphan und nicht auf Gemarja.

wiederum macht es nötig, daß sich die Oberen noch einmal bei Baruch genau über die näheren Umstände des Zustandekommens der Rolle informieren. Diese Überlegungen werden, als Gespräch gestaltet, geschickt in die Grundelemente des Erzählungsablaufs eingebaut: v. 17-19 zwischen v. 16 und v. 20. Zu erwähnen ist auch das v. 24 geschickt vorbereitende פחד. Die in v. 20 eingefügte Parenthese über die Verwahrung und Zurücklassung der Buchrolle in der Halle des Staatsschreibers erweist sich angesichts des auch im folgenden beibehaltenen strengen Aufbaus des Ganzen als ein geschickter Kunstgriff des Erzählers, der die Gleichartigkeit des Ablaufs der Ereignisse auch in ihrem dritten Stadium garantiert[15].

V. 21a berichtet parallel v. 14 von der Reaktion nun des Königs auf die Mitteilung der Oberen. Auch sie besteht in dem Entschluß, die Rolle herbeizuschaffen. Der Aufbau des Verses entspricht dem von v. 14: Entsendung eines Boten (שלח), Auftrag, die Rolle zu holen (לקח), Ausführung des Auftrags (לקח). Damit ist die letzte Ebene des Ereignisablaufs erreicht und die Szene für die dritte Verlesung vorbereitet.

V. 21b: Die gleiche Formel wie in der ersten und zweiten Verlesung leitet nun auch die dritte Verlesung vor dem König ein: קרא באזן v. 10. 15 und v. 21b.

V. 22: Ähnlich wie in v. 10 findet sich auch hier eine genauere Beschreibung der äußeren Umstände der Verlesung, die des weiteren dazu dient, die auf die Verlesung folgende Reaktion des Königs vorzubereiten.

V. 23-26a schließen den Bericht über die Reaktion des Königs auf die Verlesung an. Mit ihm erreicht die Erzählung ihren vorläufigen Höhepunkt: die Verbrennung der Buchrolle. Der Aufbau des Stückes entspricht im großen und ganzen dem Aufbau der Berichte über die Folgen aus der ersten und zweiten Verlesung, natürlich mit den entsprechenden inhaltlichen Abwandlungen. Auch hier werden die Konsequenzen aus der Verlesung in zwei Schritten dargestellt: 1. Der Bericht über die erste unmittelbare Reaktion, die stückweise Ver-

---

[15] Das Vorhandensein dieser Parenthese und die sich an sie notwendig knüpfende Frage, warum die Oberen die Rolle nicht gleich zum König mitnahm, führten zu den mannigfachsten psychologischen Überlegungen, von denen einige angeführt sein mögen: Duhm: »sie fürchten, Jojakim könne sie im Zorn in Stücke zerreißen«; Hitzig: »Confiscieren mußten sie wohl das *corpus delicti*; dgg. scheint es Schonung, daß sie es ... nicht sofort mit zum Könige nehmen«; Schmidt: »Niemand will das Odium auf sich laden, sie dem König überreicht zu haben«; Rudolph: »da sie aber ihren König kennen (26 23), ... lassen sie zunächst das ominöse Buch im Beratungszimmer zurück«; A. Baumann, Urrolle und Fasttag, ZAW 80 (1968), 350—373 (371): »Als Vorsichtsmaßregel gegen unvorhergesehene Handlungen des Königs ...«; Bright: »Presumably they had a shrewd idea of what the king's reaction would be ...«.

brennung der Rolle, wird ähnlich an das Vorhergehende angeschlossen
wie v. 11 an v. 10 und v. 16 an v. 15: ויהי כקרוא (v. 23) entspricht vor
allem יהי כשמעם (v. 16)[16]. 2. Dem Auftrag, die Rolle zu holen, und
der Herbeischaffung derselben als der jeweils zweiten Konsequenz
ihrer Verlesung entspricht in diesem Abschnitt der Befehl des Königs,
Jeremia und Baruch herbeizuschaffen (לקח!). In dieses Schema ein-
gepaßt[17] ist die durch das פחד von v. 16 vorbereitete Anspielung auf
die Reaktion Josias bei Verlesung des aufgefundenen Gesetzbuches
II Reg 22 11, die das verwerfliche Verhalten Jojakims noch unter-
streichen soll (v. 24), sowie der vergebliche Versuch einiger Oberer,
den König von seinem Tun abzuhalten (v. 25).

Daß es sich in v. 24 um die bewußte Hervorhebung der gegensätzlichen Verhal-
tensweisen der Könige Josia und Jojakim und damit um eine bewußte Anspielung
auf die josianische Reform[18] handelt, wird noch dadurch unterstrichen, daß zwei von
den drei in v. 25 genannten Oberen, die sich gegen die Vernichtung der Rolle stemmen,
Nachkommen der in II Reg 22 11f. genannten Oberen Achbor und Schaphan waren
(vgl. v. 12 und v. 16)[19]. Des weiteren fällt auf, daß die in II Reg 22 13 für Josias Vorgehen gegebene Begründung sich zum Teil wörtlich mit der v. 7 für Jeremias Handeln
angeführten Begründung deckt: »denn groß ist (der Zorn) und der Grimm (Jahwes)«;
in beiden Fällen geht es auch um das Hören auf den in ein Buch geschriebenen Jahwewillen (II Reg 22 13 Jer 36 2f.). Nimmt man zu diesen Beobachtungen hinzu, daß es
sich bei v. 24 um eine die Schilderung der Ereignisse unterbrechende, deutende Bemerkung handelt und daß die Verwirrung des Textes in v. 16[20] unter Umständen auf
eine Einfügung des Wortes פחד zurückgeführt werden könnte, dann drängt sich die
Annahme einer interpretierenden Bearbeitung der Erzählung auf.

V. 26 b: Mit dem kurzen Hinweis auf die Erfolglosigkeit des könig-
lichen Bemühens findet der zweite Teil der Erzählung seinen Abschluß.
Daß es sich bei diesem Abschluß nur um etwas Vorläufiges handeln
kann, wird nicht nur an der Kürze der Bemerkung deutlich, sondern
vor allem daran, daß weder die Aktion Jeremias noch die Gegenaktion
des Königs zu ihrem Ziel gekommen ist. Die Buchrolle ist zwar verbrannt, und auf die Worte des Propheten wurde nicht gehört, doch
konnte der König seinerseits des Propheten und seines Schreibers
Baruch nicht habhaft werden. Die Erzählung drängt auf eine Entscheidung hin. Daß an dieser Stelle ein retardierendes Moment eingefügt ist, zeigt wiederum die hohe Kunst des Erzählers.

---

[16] Siehe auch das zu v. 16-20 Gesagte.

[17] Vgl. zu v. 17-19!

[18] Darauf wies vor allem E. Nielsen, Oral Tradition, 1955, 69, hin; vgl. auch Rietzschel 106 ff.

[19] Bright verweist auf das merkwürdig zwiespältige Verhalten Elnatans, des Sohnes
Achbors, der hier auf der Seite des Propheten steht, während er nach 26 20-23 die
Verhaftung des Propheten Uria besorgte. Zum Fehlen des Namens Elnatans in 26 22
vgl. vor allem die gegensätzlichen Meinungen Rudolphs und Rietzschels 99 Anm. 16.

[20] Siehe die Note k.

V. 27-32: V. 27 eröffnet mit einer neuen Einführung den letzten
Abschnitt der Erzählung, der dadurch vom Vorhergehenden etwas
stärker abgehoben ist. Eine im Jeremiabuch häufig begegnende Einführungsformel für Jahweworte ist hier mit einer Zeitbestimmung
verbunden, die durch die Wiederaufnahme der entscheidenden Er-
zählungselemente das Folgende mit dem Vorhergehenden wieder verknüpft[21]. V. 28 gibt den Inhalt des angekündigten Jahweworts wieder.
Es ist ein v. 2 entsprechender Auftrag an Jeremia, eine der ersten
Buchrolle gleichgeartete zweite Rolle herzustellen. Eine v. 3 entsprechende Begründung für diesen Auftrag fehlt. Sie ergibt sich jedoch
aus dem Erzählungshergang von selbst. Gleichfalls fehlt in diesem
Abschnitt der sonst in Kap. 36 zu beobachtende unmittelbare Anschluß des Berichts über die Ausführung des Auftrags (vgl. v. 2-4.5-8.
14f. 21). Er folgt erst einige Verse später in v. 32.

Zwischeneingeschoben ist mit *v. 29-31* ein Schelt- und Drohwort
gegen Jojakim. Es beginnt mit den gleichen Worten, mit denen v. 28
schließt: »Jojakim, König von Juda«. Dies deutet auf Stichwortanordnung hin. Die Nennung des Königs in dem v. 28 abschließenden
Relativsatz bot eine günstige Gelegenheit, ein sein Handeln verurtei-
lendes Schelt- und Drohwort hier einzufügen.

V. 29a enthält die als Auftrag formulierte Einführung des Schelt-
wortes mit daran angeschlossener Botenformel. Das Scheltwort selbst
v. 29b ist wie 28 15 in der 2. Person gehalten und schilt die Verbrennung
der Rolle durch Jojakim. Daneben bietet es eine wie 32 3 formulierte
Motivierung von Jojakims Handeln, die gleichzeitig wie ein Versuch
anmutet, den in v. 1-8 nur grob umrissenen Inhalt der Buchrolle zu
deuten. V. 29 verwendet das Wort אמר viermal und erwähnt die schon
v. 28 zweimal angeführte Verbrennung der Buchrolle ein drittes Mal.
Neben anderem veranlaßten diese stilistischen Mängel Duhm, Erbt
und Cornill, diesen und die folgenden v. 30-31 einer späteren Bearbeitung zuzuschreiben[22]. In der Tat weisen diese Mängel, die Stichwortanordnung[23], der Versuch, Jojakims Handeln zu interpretieren, und
die Angabe über den Inhalt der Buchrolle auf eine spätere Bearbeitung der Erzählung hin. Mit לכן und erweiterter Botenformel an das
Scheltwort angeschlossen, folgt in v. 30f. das Drohwort gegen Jojakim.
Auffallend ist hier vor allem der Wechsel von der zweiten Person v. 29
in die dritte Person v. 30. Ein solcher Wechsel ist auch in 22 13-19 zu
beobachten, einem Schelt- und Drohwort gegen Jojakim, dessen letzter

---

[21] Zu den Übereinstimmungen dieses Abschnitts mit dem Schlußabschnitt von Kap. 28
vgl. die Analyse dort.

[22] Rothstein hält wegen des Wechsels der Person von v. 29 nach v. 30 und der fehlenden
Fortsetzung von v. 29 diesen und v. 30aα für Zusätze.

[23] Daß in 𝔊 das einführende »und über Jojakim, den König von Juda« fehlt, ist auf
Haplographie oder bewußte Glättung des Textes zurückzuführen.

drohender Teil — wenn auch nicht in allen Einzelheiten — dem vorliegenden Drohwort entspricht[24]. Auch für die übrigen stilistischen
Unebenheiten dieses Schelt- und Drohworts lassen sich Parallelen
finden. Die doppelte Nennung des betroffenen Königs von Juda, sowohl in der Einleitung zum Scheltwort als auch in der Einleitung zum
Drohwort hat ihr Gegenstück in dem Schelt- und Drohwort gegen
Schemaja (29 31f.), das darüber hinaus weitere Übereinstimmungen
mit 36 30f. aufweist[25]. Die Ausdehnung der Drohung[26] vom einzelnen
auf Juda und Jerusalem findet sich in ähnlicher Weise in dem Drohwort gegen Paschchur (20 3-6); ist diese Ausdehnung dort nicht ohne
weiteres zu erklären, so scheint sich hier in Kap. 36 doch eine bestimmte,
mit dem Erzählungsablauf zu verbindende Absicht abzuzeichnen. Mit
den Hinweisen auf das Juda und Jerusalem angedrohte Unheil und
auf das Nichthörenwollen seiner Bewohner verweist v. 31 ganz eindeutig auf die einleitenden thematischen Ausführungen des Kapitels
(vor allem auf v. 2f.). V. 31 gibt damit gleichzeitig Antwort auf Fragen,
die v. 2-8 angeschnitten, im weiteren Verlauf der Erzählung aber noch
nicht beantwortet wurden. Ist v. 2-8 ausschließlich an der Ausrichtung
der Unheilsdrohung an Juda und Jerusalem interessiert und an seiner
Umkehr und Rettung, so steuert der zweite Teil der Erzählung unter
Übergehung der Reaktion des Volkes direkt auf die Darstellung des
Verhaltens Jojakims zu (v. 9-26), woraus leicht der Eindruck der Un-
vollständigkeit der Erzählung entstehen konnte, der nun mit v. 31b
korrigiert wird.

Schließlich ist neben der allgemein anerkannten Beziehung zwischen 22 19 und 36 30 (Androhung einer schändlichen Behandlung
selbst seines Leichnams) noch auf eine bemerkenswerte Beziehung
dieses Abschnitts zu II Reg 22 11ff. hinzuweisen. Zu den schon bei
v. 24f. genannten Beziehungen zwischen Jer 36 und II Reg 22 11ff.
tritt noch eine weitere hinzu: demjenigen König, der sich angesichts
der Größe des Zornes Jahwes (II Reg 22 13) bußfertig unter den ihm
aus einem Buch entgegentretenden Jahwewillen beugt (22 11), wird
durch Prophetenspruch ein ehrenvolles Begräbnis verheißen (22 20);
der Leichnam desjenigen aber, der sich dem Zorn Jahwes (Jer 36 7)
nicht beugt und unbußfertig den schriftlich niedergelegten Jahwewillen übergeht (v. 23-25), soll nicht einmal verscharrt werden (v. 30b).

---

[24] D. Winton Thomas, The Age of Jeremiah in the Light of Recent Archaeological Dis-
covery, PEQ 1950, 1—15 (4), weist darauf hin, daß die sprachlichen Eigentümlichkeiten der Lakisch-Ostraka (unter anderem »the frequent change of person«) wertvolle Aufschlüsse für die Textkritik der hebräischen Bibel liefern.

[25] Siehe die Analyse zu Kap. 29.

[26] Zur Form vgl. 26 3.13.19 18 8 42 10.17 u. ö. Duhm: v. 31 »eine Wiederholung der
ewigen Phrasen«.

Zwei Dinge werden aus all diesen Einzelbeobachtungen deutlich: Das Schelt- und Drohwort v. 29-31 weist sich einerseits durch seine zahlreichen Beziehungen zu andern Stücken des Jeremiabuchs, vor allem den späteren Überlieferungsstufen von 19 1—20 6 und Kap. 29, durch die Schwerfälligkeit des Stils im Gegensatz zu v. 9-26 und schließlich durch seine parenthetische Einordnung in den Zusammenhang von Kap. 36 als nicht gerade originales und darum wohl einem späteren Überlieferungsstadium zuzuweisendes Stück aus, ist aber andererseits doch sehr geschickt in den Zusammenhang des Ganzen eingebaut worden, indem es sowohl die Thematik des ersten Teils als auch die entscheidende Phase des zweiten Teils der Erzählung wieder aufgreift und auf seine Weise zum Ziel führt. Daß die Erzählung selbst auf andere Weise zu ihrem Ziel gelangt, wird nach v. 27f. vollends durch v. 32 deutlich, der die Ausführung des in v. 28 an Jeremia ergangenen Auftrags berichtet. Die durch Jojakim verbrannte Rolle (dritte Erwähnung der Verbrennung innerhalb des Schlußabschnittes!) wird durch eine zweite Rolle ersetzt, deren Herstellung in der gleichen Weise vorgenommen wird wie die der ersten (v. 4). Der durch Jojakim in Frage gestellte Jahwewille findet auf diese Weise seine Bestätigung, der teilweise Erfolg seines Vorgehens gegen Boten und Botschaft Jahwes erweist sich als endgültig wirkungslos und sinnlos. Es gelingt der Erzählung, dies alles mit den einfachsten Mitteln auszudrücken: sie greift in den Schlußversen die Anfangsverse wieder auf und bindet damit alles zu einem in sich geschlossenen Ganzen zusammen.

Die folgende schematische Übersicht über den Aufbau der ganzen Erzählung Jer 36 bestätigt jedes einzelne Wort von Nielsens Urteil über diesen Text: »The chapter is clearly divided into three sections: 1—8, 9—26, 27—32. All three sections have in common that each is a complete entity in itself, but at the same time they are mutually interdependant like three links in a chain. The account is characterized by excellent Israelite narrative art.«[27]

Die für den Mittelteil angenommene Gliederung weicht in allen Teilen von der sonst üblichen Einteilung dieses Abschnittes[28] in 9-13. 14-20. 21-26 oder 5-10. 11-19. 20-26 ab, drängt sich jedoch angesichts der formalen und inhaltlichen Parallelen zwischen den einzelnen Unterabschnitten förmlich auf.

Aus diesem kunstvollen und strengen Aufbau der Erzählung fallen die beiden Stücke v. 24 (f.) und v. 29ff. nun noch deutlicher heraus. Daß sie beide Beziehungen zu II Reg 22 11-20 aufweisen, kann daher auch nicht mehr als Zufall angesehen werden. Sie interpretieren beide die ihnen vorliegende Erzählung, indem sie aus andern Zusam-

---

[27] E. Nielsen, Oral Tradition, 1955, 65; vgl. Rietzschel 107.
[28] Vgl. die Kommentare und übrige Literatur.

I. Exposition

1a Zeitangabe

Jahwe—Jeremia

1b Einführung des Jahweauftrags
2 Auftrag an Jeremia
3 Begründung (אֵלֶיךָ) des Auftrags
4 Ausführung des Auftrags

Jeremia—Baruch

5a Einführung des Prophetenauftrags
5b. 6 Auftrag an Baruch
7 Begründung (אוּלַי) des Auftrags
8 Ausführung des Auftrags

II. Bericht über Verlesung der Rolle

9 Zeitangabe

1. Verlesung

10 Verlesung
11-13 Reaktion auf Verlesung (וַיִּשְׁמְעוּ):
  weiterberichten (הִגִּיד)
14 Reaktion auf Bericht:
  Holenlassen der Rolle (שָׁלַח, לָקַח)

2. Verlesung

15 Verlesung
16-18. 20 Reaktion auf Verlesung (כְּשָׁמְעָם):
  weiterberichten (הִגִּיד)
21a Reaktion auf Bericht:
  Holenlassen der Rolle (שָׁלַח, לָקַח)
[19] Warnung an Jer und Baruch

3. Verlesung

21b. 22 Verlesung
23 1. Reaktion auf Verlesung
  (כִּקְרֹא קָרָא):
  Vernichtung der Rolle
26a 2. Reaktion auf Verlesung:
  Holenlassen Jer und Bar.s
  (שָׁלַח, לָקַח)
26b Folgen der Warnung]

III. Schluß

27 Zeitangabe und Einführung eines Jahwewortes   v. 1
28 Auftrag an Jeremia   v. 2
32 Ausführung des Auftrags   v. 4

menhängen bekannte Motive verwerten: das deuteronomistische Bild Josias und seiner Berater und ein Drohwort Jeremias gegen Jojakim.

Wenigstens zwei Überlieferungsstadien lassen sich also in Jer 36 voneinander unterscheiden: 1. eine Erzählung über das Geschick der Buchrolle Jeremias wurde 2. durch die Verurteilung des Gegners Jeremias erweitert, wie sie vor allem in dem Schelt- und Drohwort (36 29ff.) Gestalt gewonnen hat. Dieses zweite faßbare Überlieferungsstadium — im wesentlichen mit der jetzigen Textgestalt von Jer 36 identisch — weist nun aber wieder den für bestimmte Überlieferungsstadien der Kap. 19 1—20 6 27—28 und 29 typischen dreigliedrigen Aufbau auf:

1. Aktion Jeremias 36 1-20
2. Gegenaktion Jojakims 36 21-26
3. Bestätigung Jeremias mit Verurteilung und Drohwort gegen Jojakim 36 27-32.

Blickt man von diesem Ergebnis der Analyse noch einmal zurück auf die bei Kap. 28 verhandelten auffallenden Übereinstimmungen zwischen den Schlußstücken von Jer 36 und Jer 28, so zeichnen sich die Zusammenhänge nun etwas deutlicher ab. Zwei Lösungsmöglichkeiten wurden dort ins Auge gefaßt: a) das in 27 2f. 12b 28 10f. 12-14 bzw. 36 1-23. 26-28. 32 vorliegende Überlieferungsgut erhielt seine sprachliche Formung durch den Bearbeiter, von dessen Hand 28 1-9. 15-17 bzw. 36 24(f.). 29-31 stammen; b) das genannte Überlieferungsgut lag dem Bearbeiter schon so stark geprägt vor, daß er seinen Anteil nur mehr an günstiger Stelle des ihm vorliegenden Textes einbauen konnte.

Für die erste Lösung spricht die formale Übereinstimmung der beiden Schlußstücke; für die zweite Lösung, daß die Drohworte entgegen dem sonstigen parallelen Aufbau an verschiedenen Stellen zu finden sind, einmal in das Schlußstück eingebaut, das andere Mal an das Schlußstück angehängt, und daß vor allem in Kap. 36 die fraglichen Stücke den sonst konsequenten Aufbau der Erzählung stören, also offenbar die Bearbeitung einen festgefügten Textzusammenhang vorfand, der selbst nicht mehr wesentlich umgestaltet wurde. Legte sich schon für Kap. 27f.* die zweite Lösung nahe, so wird man im Blick auf Kap. 36 und seine noch ausgeprägtere formale Struktur die erste Lösung endgültig als nicht angemessen verwerfen müssen. Dies führt weiter zu dem Ergebnis, daß man mit einem gemeinsamen Verfasser der beiden Schlußstücke und damit der beiden Kapitel in ihrer vorliegenden Form nicht wird rechnen können, obwohl sich weitgehende Übereinstimmungen beobachten ließen.

Scheidet man aber nun die dem eben behandelten jüngeren Überlieferungsstadium zugewiesenen Stücke aus, dann ergibt sich für beide

Kapitel immer noch eine Textform, die auf ein gemeinsames älteres
Überlieferungsstadium schließen läßt:

27 2f. 12b + 28 10. 11a // 36 1-23. 26a Bericht über Auseinandersetzung Jeremias mit
                                     einem Gegner
28 11b   // 36 26b   vorläufige Schlußbemerkung
28 12-14   // 36 27f. 32   Lösung des Konflikts durch Bestätigung Jeremias
                                       (vgl. 28 12 36 27 !).

Es lassen sich die hier zu beobachtenden Übereinstimmungen
kaum anders erklären, will man nicht annehmen, daß der Zufall bei
ihrem Zustandekommen die entscheidende Rolle spielte. Um die Annahme eines gemeinsamen Verfassers beider Stücke kommt man in
diesem Überlieferungsstadium nicht mehr herum, gleichgültig welches Überlieferungsmaterial er auch benützt haben mag.

An dieser Stelle ist noch eine Merkwürdigkeit des überlieferten Textes beider Kapitel hervorzuheben, für die sich nur sehr schwer eine befriedigende Erklärung finden
läßt. Es handelt sich um die beiden Kapiteln voranstehenden Zeitangaben bzw. Einführungen von Jahweworten: 27 1. 2aα bzw. 36 1. In Kap. 36 scheinen die Zeitangabe
und die mit ihr verbundene Einführung des Jahwewortes ursprünglich zu der folgenden
Erzählung hinzuzugehören. Man könnte aufgrund der sonst zu beobachtenden Übereinstimmungen ähnliches also auch für Kap. 27f.* annehmen, so daß entgegen der in
der Analyse von 27 1f. mit allem Vorbehalt angenommenen zwei Überlieferungsstadien
für Überschrift und folgenden Bericht doch nur eine Überlieferungsstufe anzusetzen
wäre. Stellte sich bei 27 1f. dieses Problem angesichts der Textüberlieferung (𝔐 1. Pers.—
𝔊 3. Pers.), so erhebt sich die Frage überraschenderweise in 36 1 aufs neue, nur bietet
hier die Textüberlieferung den umgekehrten Tatbestand: 𝔐 formuliert in der dritten
Person, 𝔊 in der ersten Person, was die Lösung des Problems sehr erschwert. So kann
auch hier die einfachste und für 28 1 schon angenommene Lösung, es handle sich bei
der Verwendung der ersten Person um eine Angleichung an den engeren oder weiteren
Kontext[29], nicht ganz befriedigen, da sie weitere Fragen aufgibt, deren Beantwortung
über Vermutungen nicht hinausführt: Wie erklärt es sich, daß 𝔊 und 𝔐 in augenscheinlich gleich gelagerten Fällen unterschiedlich verfahren ? Wie ist wiederum der Wechsel
im Gebrauch der Person in Kap. 35 zu verstehen ? — Dies alles mag aussehen wie
müßiges und sinnloses Hin- und Herwenden von Kleinigkeiten; doch ist es nicht unwesentlich für die Beurteilung der Überlieferungsstücke, der damit verbundenen historischen Fragestellungen und nicht zuletzt für die Entstehung des gesamten Jeremiabuchs, welchen Ort man auch den Überschriften im Gesamtzusammenhang der Überlieferungsgeschichte zuweisen will[30]. Für Kap. 27f.* und 36 ist jedoch — vor allem
wegen des Umfangs des bisher untersuchten Textmaterials — eine Grenze erreicht,
über die hinauszufragen nur sinnvoll ist, wenn der gesamte Text des Jeremiabuchs in
gleicher Weise analysiert würde.

Kehren wir noch einmal zu Kap. 36 in der Form des ältesten,
auf literarischem Weg erreichbaren Überlieferungsstadiums zurück.

---

[29] 27 1f. und 28 1 an 27 9-22 bzw. 36 1 an Kap. 35.

[30] Es genügt, darauf hinzuweisen, zu welch unterschiedlichen Ergebnissen die Beurteilung der Überschriften bei Mowinckel 31f. und Rietzschel 113 führte.

Sein kunstvoller Aufbau wurde schon mehrfach hervorgehoben. Und gerade er ist es, der schon Nielsen und in seinem Gefolge Rietzschel an der überragenden Bedeutung zweifeln ließ, die Kap. 36 für die überlieferungsgeschichtlichen Fragen des Jeremiabuchs beigemessen wird[31]. Die Zweifel verstärken sich, wenn man das oben vorgeführte Schema des Aufbaus vor Augen hat, eines Aufbaus, wie ihn Nielsen und Rietzschel so noch nicht vorgelegt haben. Man wird angesichts dieses literarischen Meisterwerks aufs neue nach dem Quellwert desselben fragen müssen, bevor man an die Rekonstruktion der »Urrolle« geht. Es genügt nicht, diesen Tatbestand mit einigen Bemerkungen abzutun wie »Die Meinung, daß das Kap. nicht von Baruch stamme und deshalb nicht in allen Stücken als historisch angesehen werden dürfe, kann ich nicht teilen, auch nicht nach der Lektüre von Rietzschel ...«[32] oder »Der Aufweis eines kunstvollen, dramatischen Aufbaus ist kein Argument gegen die Glaubwürdigkeit«[33]. Es muß wenigstens angegeben werden, wo die Grenze zwischen historisch glaubwürdigem Überlieferungsgut und bewußter literarischer Gestaltung und deren theologischer Thematik zu ziehen ist. Gerade weil der Inhalt von Jer 36 von so entscheidender Bedeutung für die Erforschung des Jeremiabuchs und darüber hinaus der prophetischen Literatur ist, sollte seiner Auslegung besondere Aufmerksamkeit geschenkt werden.

5. Die Überlieferung von Jer 19 1—20 6 27—29 und 36

Die vorliegenden Analysen, die in ihnen aufgewiesenen zahlreichen Übereinstimmungen und Querverbindungen in Form und Inhalt sowie die auffallenden Parallelen im Überlieferungsvorgang der zur Diskussion stehenden Kapitel ermöglichen es nun, einen zusammenfassenden Überblick über die Überlieferungsgeschichte derselben zu versuchen. Es wurde schon während der Untersuchung der einzelnen Kapitel deutlich, daß nicht alle Einzelheiten restlos zu klären sind und man da und dort entweder aufgrund des überlieferten Textes oder aufgrund zu geringen Vergleichsmaterials an Grenzen stößt, deren Überschreitung stets fragwürdig bleibt. Dies gilt vor allem für zwei Bereiche des untersuchten Textmaterials: erstens für die Einordnung des sogenannten jüngeren Materials und zweitens für den durch eine Reihe von Beobachtungen gerechtfertigten Versuch, hinter das älteste, eindeutig faßbare Überlieferungsstadium zurückzufragen. Wird man für solche Stücke aufgrund neuer Gesichtspunkte eine Korrektur der Beurteilung stets in Rechnung stellen müssen, so scheint sich für die

---

[31] Vor allem Rietzschel 107f. stellt an einigen Punkten den historischen Wert der Erzählung in Frage.
[32] Rudolph 229 Anm. 1.
[33] A. Baumann, Urrolle und Fasttag, ZAW 80 (1968), 350 Anm. 1.

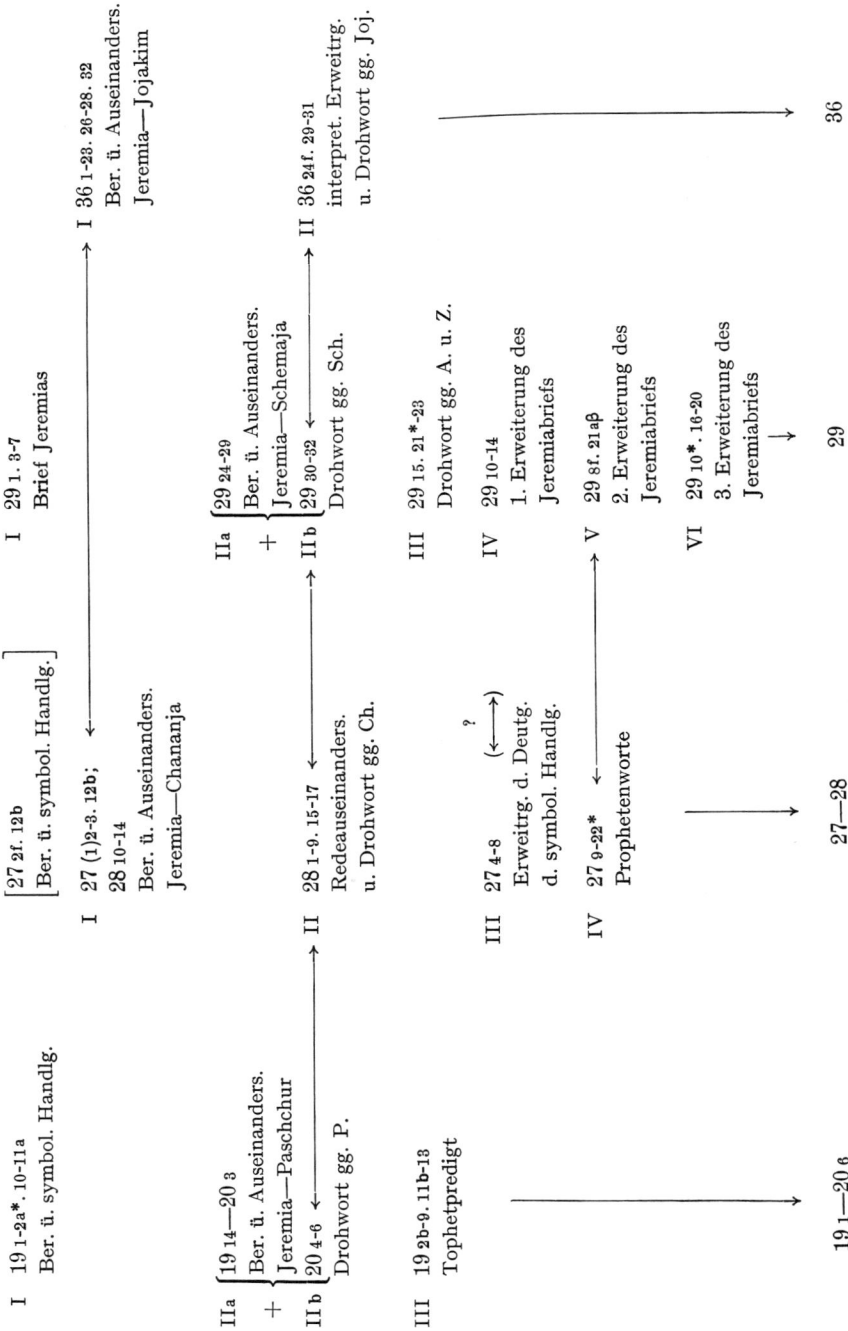

I   19 1-2a*. 10-11a   Ber. ü. symbol. Handlg.

IIa + IIb { 19 14—20 3   Ber. ü. Auseinanders. Jeremia—Paschchur
IIb   20 4-6   Drohwort gg. P.

III   19 2b-9. 11b-13   Tophetpredigt

19 1—20 6

[27 2f. 12b   Ber. ü. symbol. Handlg.]

I   27 (1)2-3. 12b; 28 10-14   Ber. ü. Auseinanders. Jeremia—Chananja

II   28 1-9. 15-17   Redeauseinanders. u. Drohwort gg. Ch.

III   27 4-8   Erweitrg. d. Deutg. d. symbol. Handlg.

IV   27 9-22*   Prophetenworte

27—28

I   29 1. 3-7   Brief Jeremias

IIa + IIb { 29 24-29   Ber. ü. Auseinanders. Jeremia—Schemaja
IIb   29 30-32   Drohwort gg. Sch.

III   29 15. 21*-23   Drohwort gg. A. u. Z.

IV   29 10-14   1. Erweiterung des Jeremiabriefs

V   29 8f. 21aβ   2. Erweiterung des Jeremiabriefs

VI   29 10*. 16-20   3. Erweiterung des Jeremiabriefs

29

I   36 1-23. 26-28. 32   Ber. ü. Auseinanders. Jeremia—Jojakim

II   36 24f. 29-31   interpret. Erweitrg. u. Drohwort gg. Joj.

36

Hauptmasse der betrachteten Texte ein ziemlich klares Bild ihrer Überlieferungsgeschichte abzuzeichnen. Eine kurze schematische Darstellung sei vorweggenommen:

Zunächst ist hervorzuheben, daß sich für die fraglichen vier Kapitel deutlich zwei verschiedene Überlieferungsvorgänge rekonstruieren lassen: 1. in 19 1—20 6 und Kap. 29 sind ursprünglich selbständig überlieferte Jeremiaworte (I) um Berichte über Auseinandersetzungen Jeremias verbunden mit einem Drohwort (II a + b) erweitert worden, wobei sich die Verbindung zwischen Bericht und Drohwort als so eng erwies, daß eine Scheidung beider nur unselbständige Überlieferungsstücke ergab; 2. in Kap. 27f. und 36 hingegen erwies sich bereits der gesamte Bericht über die Auseinandersetzung Jeremias als ältestes Überlieferungsstück (I), das in einem späteren Stadium um ein Drohwort und interpretierende Einfügungen (II) erweitert wurde[1]. Beide Überlieferungsvorgänge führen jedoch zu einem einheitlichen Ergebnis: nach einem bestimmten Plan aufgebauten Erzählungen. Dies wird vor allem an dem dreigliedrigen Aufbau der Kapitel deutlich: 1. Aktion Jeremias, 2. Gegenaktion seiner Widersacher und 3. Bestätigung Jeremias und bzw. durch Drohwort gegen seine Gegner.

Daß hinter all dem die bewußt gestaltende Hand einer Bearbeitung steht, ist wohl kaum mehr zu bestreiten. Die Unterschiedlichkeit der Überlieferungs- bzw. Bearbeitungsvorgänge erklärt sich nun ohne Schwierigkeiten daraus, daß dieser Bearbeitung verschieden gestaltetes Überlieferungsmaterial vorlag. So brauchte sie in die ihr vorliegenden festformulierten Erzählungen Kap. 27f.* und 36* ihren eigenen Beitrag nur noch an günstiger Stelle einzubauen, ohne den überlieferten Text wesentlich antasten zu müssen, was auch hervorragend gelungen ist, während sie in 19 1—20 6* und Kap. 29* — soweit es sich auch hier nicht um bereits festformuliertes Überlieferungsgut handelte (19 1-2a*. 10-11a und 29 1. 3-7) — die Erzählungen weitgehend selbständig gestaltete, was nicht bedeutet, daß die Bearbeitung die geschilderten Ereignisse erfunden hätte[2].

Bewußte Gestaltung begegnete auch im ersten Überlieferungsstadium von Kap. 27f. und 36[3], wo die Gemeinsamkeiten der Schlußstücke nur den einen Schluß zulassen, daß die Erzählungen von ein und derselben Hand stammen. Darf nun aber ein Zusammenhang zwischen Bearbeitung und Überlieferung angenommen werden, dann muß folgerichtig von einer gemeinsamen Bearbeitung auf gemeinsame

---

[1] Ob in Kap. 27f. der Bericht über die symbolische Handlung Jeremias einmal selbständig überliefert worden ist, ist kaum mehr zu erheben, da man über ein einerseits—andererseits nicht hinauskommt; vgl. die Analyse.

[2] Vor allem in 19 1—20 6 und 29 wird man aufgrund dieser Beobachtungen mit mündlicher Überlieferung ernsthaft rechnen müssen.

[3] Siehe die Analyse von Kap. 36.

Überlieferung geschlossen werden, wobei sofort einschränkend hinzugefügt werden muß, daß ein einmal einheitlich bearbeiteter Textkomplex in einem späteren Stadium seiner Überlieferung durchaus
wieder auseinanderfallen kann.

Für die Überlieferungsgeschichte der zur Diskussion stehenden
vier Kapitel ergibt sich aus all dem Gesagten: Ursprünglich selbständig überliefert wurden aller Wahrscheinlichkeit nach der Bericht
über die symbolische Handlung Jeremias in Kap. 19 und der Brief
Jeremias in Kap. 29, während die Erzählungen von Kap. 27f. und 36
gemeinsam überliefert worden sind. Nach ihrer Überarbeitung sind
alle vier Kapitel wohl eine Zeitlang gemeinsam tradiert worden, bis
eine an der Auseinandersetzung mit der »falschen Prophetie« inter-
essierte Bearbeitung die Kap. 27f. und 29 ausklammerte und überarbeitete (IV bzw. V), so daß beide Kapitel als nun selbständiger Komplex unabhängig von 19 1—20 6 und 36 weiterüberliefert wurden. Daß
gerade dieser Überlieferungskomplex eine sehr wechselvolle Geschichte gehabt haben muß, wird an den zahlreichen weiteren, in verschiedenen Stadien hinzugekommenen Zusätzen deutlich, deren re-
lative zeitliche Einordnung nur mit Vorbehalt vorgenommen werden
kann.

6. Jeremia 26

Text

26 1 Im Anfang der Regierung Jojakims, des Sohnes Josias, des Königs
von Juda, erging dies Wort an Jeremia[a] von Jahwe: 2 »So hat Jahwe gesprochen: 'Tritt in den Tempelvorhof und rede zu (den Leuten aus) allen
Städten[b] Judas, die gekommen sind, im Tempel anzubeten, alle Worte, die
ich dir zu ihnen zu reden gebiete; laß kein Wort weg. 3 Vielleicht hören sie
und kehren um, ein jeder von seinem bösen Weg, daß ich mich des Unheils
gereuen lasse, das ich ihnen anzutun gedenke, wegen der Bosheit ihrer
Taten'. 4 Und du sollst zu ihnen sagen: 'So hat Jahwe gesprochen: Wenn
ihr nicht auf mich hört, indem ihr in meinem Gesetz wandelt, das ich euch
vorgelegt habe, 5 indem ihr auf die Worte meiner Knechte, der Propheten,
hört, die ich unermüdlich[c] zu euch sende, ohne daß ihr hörtet, 6 dann mache
ich dieses Haus wie Silo und mache diese[d] Stadt zum Fluchwort für alle
Völker.'« 7 Und (als) die Priester und Propheten und das ganze Volk
Jeremia diese Worte im Tempel reden hörten, 8 und als Jeremia zu Ende
geredet hatte alles, was Jahwe ihm[e] zum ganzen Volk zu reden geboten
hatte, da ergriffen ihn die Priester und Propheten [und das ganze Volk][f],
indem sie sagten: »Du bist des Todes! 9 Warum hast du im Namen Jahwes
prophezeit: 'Wie Silo wird dieses Haus sein, und diese Stadt soll wüst werden,
daß niemand drin wohnt'?«. Und es versammelte sich (rottete sich zusammen)[g] das ganze Volk um Jeremia im Tempel. 10 Und als die Oberen Judas
von diesen Dingen[h] hörten, da gingen sie vom Palast zum Tempel hinauf
und setzten sich am Eingang des neuen Tempeltores[i] nieder. 11 Da sprachen
die Priester und Propheten zu den Oberen und dem ganzen Volk: »Des Todes

schuldig ist dieser Mann, denn er prophezeit wider diese Stadt, wie ihr es mit eigenen Ohren gehört habt.« 12 Und Jeremia sprach zu den[j] Oberen und dem ganzen Volk: »Jahwe hat mich gesandt, gegen dieses Haus und diese Stadt alle Worte, die ihr gehört habt, zu prophezeien. 13 Nun aber, bessert euren Wandel und eure Taten und hört auf die Stimme Jahwes, eures Gottes, daß Jahwe sich des Unheils gereuen lasse, das er über euch angedroht hat. 14 Ich selbst aber, siehe, ich bin in eurer Hand; verfahrt mit mir, wie es euch gut und recht scheint. 15 Doch seid gewiß, daß, wenn ihr mich tötet, ihr unschuldiges Blut über euch, diese Stadt und ihre Bewohner bringt, denn in Wahrheit hat Jahwe mich zu euch gesandt, euch alle diese Worte zu verkündigen.« 16 Da sprachen die Oberen und das ganze Volk zu den Priestern und Propheten: »Dieser Mann ist nicht des Todes schuldig, denn im Namen Jahwes, unseres Gottes, hat er zu uns geredet.« 17 Es waren nämlich einige von den Ältesten des Landes aufgestanden und hatten zu der ganzen Versammlung des Volkes gesprochen:

18 »Micha[k], der Moraschtiter, ist in den Tagen Hiskias, des Königs von Juda, als Prophet aufgetreten und hat zum ganzen Volk von Juda gesagt: 'So hat Jahwe Zebaoth[l] gesprochen: Der Zion wird zum Acker umgepflügt und Jerusalem ein Trümmerhaufen werden und der Tempelberg wird den Tieren[m] des Waldes gehören.' 19 Haben ihn da etwa Hiskia, der König von Juda, und ganz Juda hinrichten lassen? Hat er nicht Jahwe gefürchtet und Jahwes Antlitz besänftigt, so daß Jahwe sich das Unheil gereuen ließ, das er ihnen angedroht hatte? Wir aber sind dabei, großes Unheil über uns zu bringen.«

20 Damals trat auch ein anderer Mann im Namen Jahwes als Prophet auf, Uria, der Sohn Schemajas, aus Kirjat-Jearim. Und er prophezeite wider diese Stadt und wider dieses Land ganz entsprechend den Worten Jeremias. 21 Und als der König Jojakim und alle seine Offiziere[n] und alle Oberen seine Worte hörten, da suchte ihn der König zu töten. Und als Uria es hörte, fürchtete er sich und floh und kam nach Ägypten. 22 Da sandte der König Jojakim [Männer nach Ägypten][o] Elnatan, den Sohn Achbors, und Männer mit ihm nach Ägypten[p]. 23 Und sie holten Uria aus Ägypten und brachten ihn zu König Jojakim. Und er ließ ihn mit dem Schwert erschlagen und seinen Leichnam auf den Begräbnisplatz der gemeinen Leute[q] werfen.

24 Doch Jeremia stand unter dem Schutz Achikams, des Sohnes Schaphans, so daß er nicht in die Hand des Volkes fiel, daß es ihn töte.

a Nach der in 27 1 wiederkehrenden Zeitangabe sowie 𝔏 und 𝔊 ist אֶל־יִרְמְיָהוּ einzufügen. — b עֲרֵי fehlt in 𝔊; vgl. 7 2. — c Die Kopula bei וְהַשְׁכֵּם ist nach mlt MSS 𝔊𝔗𝔖𝔚𝔖 zu streichen. — d הַזֹּאת ist nach Q הַזֹּאת zu lesen[1]. — e 𝔊𝔖𝔚 weisen das Suffix auf, setzen also wahrscheinlich צַוֵּה (צַוֵּהוּ) voraus[2]. — f כָּל־הָעָם ist wahrscheinlich ergänzende Glosse, da nach dem folgenden Bericht das Volk — wenn überhaupt — erst später gegen Jeremia Stellung nimmt (v. 9b), bzw. mit den Oberen

---

[1] G. R. Driver, Hebrew Notes, VT 1 (1951), 241—250 (245), vermutet hinter der Form הַזֹּותה einen Rest alter Umgangssprache oder eines Lokalidioms. Vgl. 40 3.

[2] Horst, ZAW 41, 150, erkennt in der vorliegenden Form צַוֵּה ein Indiz für seine Annahme, daß in v. 8a »Jeremia« und »Jahwe« zu vertauschen seien.

das Gericht bildet, vor das die Anklage der Priester und Propheten getragen wird[3]. —
g קהל ni c. על/אל heißt gewöhnlich »sich bei/um jmd. versammeln« (Ex 32 1 Lev 8 4
I Reg 8 2 Ez 38 7 II Chr 5 3 Jdc 20 1), nur in Num 16 3 17 7 20 2 »sich gegen jmd. zu-
sammenrotten«, welche Bedeutung auch meist für diese Stelle in Anspruch genommen
wird[4]. Eine weitere Übersetzung legte zuletzt Rietzschel vor, der קהל c. אל mit »zur
Gerichtsversammlung zusammengetreten in Sachen ...« wiedergeben möchte[5]. — h
»Auch die Übersetzung ʿdiese Worteʾ ist möglich; dies braucht jedoch nicht direkte
Ohrenzeugenschaft zu bedeuten.« (Weiser). — i Hinter שער ist mit mlt MSS 𝔊Qpc
𝔖𝔗𝔙𝔄 und 36 10 בית einzufügen[6]. B. Stade, ZAW 12, 291, streicht יהוה nach 𝔊BA. —
j כל fehlt in 𝔊 mit Recht; vgl. v. 11. 16. — k מיכיה = K; Q und Mi 1 1 lesen die
Kurzform מיכה. — l Fehlt in 𝔊. — m Der Plural במות c. ל ist schwierig. Nach 𝔊
ἄλσος lesen Duhm, Cornill, Weiser und Eißfeldt, Einleitung, 551, den Singular בָּמַת. —
Volz BWAT läßt den Text unverändert. Mit Rudolph und Fohrer[7] ist nach Mi 5 7 am
besten בהמות zu lesen, da bei ursprünglichem Singular ל wegen des parallelen
Versfußes überflüssig wäre. — n Bei dem in 𝔊 fehlenden וכל־גבוריו wird auf die
merkwürdige Stellung (Stade, ZAW 12, 291) und das singuläre Vorkommen im Jeremiabuch (Ehrlich) hingewiesen. Jedoch ist die Einfügung des Wortes in 𝔐 schwerer zu
erklären als seine Weglassung in 𝔊. — o—p V. 22b fehlt in 𝔊; אנשים מצרים hingegen
wird von 𝔐 und 𝔊 gelesen. Eines von beiden ist jedenfalls als Glosse zu betrachten,
worauf doppeltes אנשים und מצרים deuten. Wenn אנשים מצרים Zusatz ist, dann
muß es sich um eine sehr alte Glosse handeln. Die Nachrichten von v. 22b scheinen un-
erfindlich zu sein[8], es ist daher dieser Vers für ursprünglich zu halten. — q 𝔊 verkehrt
den Sinn der letzten Worte ins Gegenteil. Das Verbum שלך spricht jedoch für 𝔐.

---

[3] Hitzig, Duhm u. a. Siehe auch F. S. North, Textual Variants in the Hebrew Bible
   Significant for Critical Analysis, JQR 47 (1956/57), 77—80 (79 f.).
[4] Orelli, Erbt, Cornill, Rothstein, Schmidt, Bright, Weiser, Rudolph u. a. Die von
   Hitzig, Giesebrecht und Horst, ZAW 41, 150, angenommene Bedeutung »sich um
   jmd. versammeln« wird von G. Quell, Wahre und falsche Propheten, 1952, 75 Anm. 2,
   unter Hinweis auf fehlende sachliche und grammatische Evidenz ausdrücklich abgelehnt.
[5] Rietzschel 97 Anm. 10 unter gleichzeitiger Ablehnung der üblichen Bedeutung »sich
   zusammenrotten gegen«, die in keiner Weise aus dem Kontext zu rechtfertigen sei.
[6] Zur Lage des Tores siehe K. Galling, Die Halle des Schreibers, PJB 27 (1931), 51—57.
[7] G. Fohrer, Über den Kurzvers, ZAW 66 (1954), 233 Anm. 89, jetzt: Studien zur alttestamentlichen Prophetie (1949—1965), 1967, 89 Anm. 80; M. Moreshet, »whr hbjt
   lbmwt jʿr« (Mi 3 12 und Jer 26 18), Bet Miqra 12 Heft 3 (1966/67), 123—126 (s.
   ZAW 80, 1968, 242).
[8] Stade, ZAW 14, 291, und in seinem Gefolge Rietzschel 99 Anm. 16 verstehen v. 22b
   als Auffüllung, da fehlende und vermißte Namen in der Überlieferung eher ergänzt
   als vorhandene getilgt würden. Zu Rietzschel: Gerade wegen 36 12. 25 ist einzusehen,
   warum 𝔊 diesen Namen gestrichen hat. — A. Malamat, The Last Wars of the King-
   dom of Judah, JNES 9 (1950), 218—227 (222 Anm. 18), nimmt an, daß der in den
   Lachischbriefen genannte K(n)jhw ben-Elnatan der Führer der Militärdelegation
   war, dessen Name von einem Redaktor durch den des Elnatan ben Akbor ersetzt
   wurde. Vgl. auch S. Talmon, Double Readings in the Massoretic Text, Textus 1
   (1960), 144—184 (180) (nicht Driver: so Rudolph!), und R. Dussaud, Le prophète
   Jérémie et les lettres de Lakish, Syria 19 (1938), 256—271 (266).

Analyse

Die Untersuchung von Jer 26 ist nicht zufällig an das Ende dieses
ersten Abschnittes gestellt worden. Es zeigt sich nämlich bei näherem
Zusehen, daß dieses Kapitel aufgrund einer Reihe von Beobachtungen
zwar einerseits eindeutig den oben behandelten Stücken zuzuordnen
ist, jedoch andererseits dem Versuch der Erhellung seiner Entstehung
und Überarbeitung derart große Schwierigkeiten entgegenstehen, daß
man größtenteils über Vermutungen und das Aufzeigen von Aporien
nicht hinauskommt. Doch sollen zunächst die Gründe für den ersten
Teil dieser Behauptung beigebracht werden.

Es sind zwei Beobachtungen Duhms, die bis heute in der Jeremiaforschung völlig unbeachtet geblieben sind, obwohl sie für die Über-
lieferungs- und Redaktionsgeschichte von einiger Bedeutung sind. So
weist Duhm erstens in seinem Kommentar darauf hin, daß die Septuaginta »in Cap. 26—29 für Propheten gewöhnlich 'Pseudopropheten'
sagt, was sonst im ganzen Buch nur noch 6,13 vorkommt«[9] und verbindet damit die Frage: »sind Cap. 26—29, die ja besser hinter Cap. 31
stehen würden, erst nachträglich zu dem B. Jeremia hinzugekommen?«.
Nimmt man zu dieser Beobachtung Duhms hinzu, daß die die Sonderüberlieferung Kap. 27—29 auszeichnenden Eigentümlichkeiten in
Kap. 26 noch nicht auftreten, so kann daraus kaum anderes erschlos-
sen werden, als daß den Kap. 27—29 vor ihrer Einordnung in das Jeremiabuch Kap. 26 zugewachsen ist und dieser Komplex dann erst spät
ins Jeremiabuch eingearbeitet wurde[10]; den Indizien nach wahrscheinlich zu einem Zeitpunkt, da eine griechische Textform der Jeremiaüberlieferung bereits vorlag, die Kap. 26—29 noch nicht kannte, so
daß eine eigene Übersetzung nötig wurde. Darauf weisen auch die im
Vergleich zu den übrigen Kapiteln des Jeremiabuchs besonders häufi-
gen und umfangreichen Abweichungen des griechischen vom hebräischen Text. Die Verbindung von Kap. 27—29 mit Kap. 26 verfolgte
offenbar die Absicht, der Schrift gegen die falschen Propheten eine
Rechtfertigung und Bestätigung der Wahrheit der Verkündigung
Jeremias voranzustellen, die unter anderem nach Kap. 26 auch von
Propheten in Frage gestellt wurde, so daß auch der Aspekt der Aus-
einandersetzung zwischen Jeremia und seinen Gegnern eine solche
Verbindung der Kapitel nahelegen mußte.

Der zweite Hinweis Duhms — »wer diesen und den folgenden
Vers [sc. 26 2f.] für sich liest und 36 1-3 vergleicht, der muss annehmen,
dass die Weissagungen gemeint sind, die Jer überhaupt bisher erhalten
und in seinen prophetischen Dichtungen niedergelegt hat« — lenkt,
auch wenn man den von Duhm daraus gezogenen Konsequenzen

---

[9] Vgl. hierzu als auffallendstes Gegenstück Jer 23 und seine griechische Übersetzung.
[10] So nur noch Kremers, Diss, 13.

schwerlich folgen kann[11], die Aufmerksamkeit auf die überraschende
Übereinstimmung der Einleitungen von Kap. 26 und 36. Wie schon
die Analyse von Kap. 36 zeigte[12], handelt es sich dabei um weitgehende
Parallelen formaler, sprachlicher und inhaltlicher Natur zwischen
36 1-3 und 26 1-3, die man schwerlich dem Zufall oder späteren Ab-
schreibern zuweisen kann. Schon eher ist damit zu rechnen, daß beide
Einleitungsstücke von derselben Hand stammen. Da 36 1-3 jedoch
integrierender Bestandteil der ältesten erreichbaren Form von Kap. 36
ist, die Einleitung des Kapitels also auch von der Hand stammt, die
das Kapitel als ganzes gestaltete, so wird man auch bei Kap. 26 erwarten dürfen, daß in dem Überlieferungsstadium, dem nun 26 1-3 angehört, etwas von der hohen Kunst sprachlicher Gestaltung, wie sie
Kap. 36 in diesem Stadium auszeichnet, zu erkennen ist. So lassen
sich auch einige sprachliche und formale Übereinstimmungen zwischen
diesen Kapiteln über die einleitenden Verse hinaus angeben. Die Klarheit des Aufbaus von Kap. 36 läßt hingegen — aus welchen Gründen
immer — in Kap. 26 zu wünschen übrig.

Läßt man den Bericht über die Ermordung Urias v. 20-23 und
den daran angeschlossenen v.24 zunächst außer acht, so ergibt sich
für Kap. 26 ein Kap. 36 im wesentlichen entsprechender Aufbau:
1. 26 1-6 par. 36 1-8 bieten als Exposition den Bericht über einen Verkündigungsauftrag Jeremias (26: direkte Verkündigung; 36: indirekte
Verkündigung); 2. 26 7-16 par. 36 9-26 als Mittelstück enthalten den
Bericht über die aus der Ausführung des Auftrags entstehenden Konsequenzen, nämlich die Auseinandersetzung Jeremias mit den Gegnern seiner Verkündigung; 3. 26 17-19 par. 36 27f. 32, die Schlußstücke,
bestätigen den in der Einführung ergangenen und im Mittelstück in
Frage gestellten Verkündigungsauftrag, indem der Schluß direkt und
indirekt die Einleitung wieder aufgreift[13]. Daneben fällt auf, daß der
Übergang von der Verkündigung zum Bericht über die Reaktion ihrer
Hörer in Kap. 26 und 36 sowie in Kap. 19 1—20 6 die gleiche Form
aufweist: »und als N.N. hörte(n) ... alle/diese Worte ..., da ...« (26 7.9f.
36 11 [16. 23] 20 1f.). Mit 19 1—20 6 verbindet Kap. 26 darüber hinaus
die Verwendung des Verbums נבא für das prophetische Auftreten
Jeremias, Michas und Urias (19 14 20 1 26 9. 11f. 18. 20), die sonst nur
noch an sekundären Stellen zu beobachten ist (25 13. 30), während in

---

[11] Vgl. Erbt 10 Anm. 1; Horst, ZAW 41, 145.
[12] Siehe oben S. 62 ff.
[13] Zu Kap. 36 vgl. die Analyse und die dort gebotene schematische Übersicht. Zu
Kap. 26: das Silowort entspricht sachlich dem Zionswort Michas (v. 18), das die
Funktion hat, die Verkündigung Jeremias zu bestätigen; der daran angeschlossene
historische Beispielfall (v. 19) greift die Motivation des Verkündigungsauftrags in
der Einleitung des Kapitels (v. 3) wieder auf.

den meisten übrigen Fällen damit das Auftreten »falscher Propheten«
bezeichnet wird (2 8 5 31 14 14-16 20 6 23 27—29¹⁴).

Angesichts dieser verschiedenen Beobachtungen scheint die eingangs aufgestellte Behauptung, Kap. 26 wäre den bisher untersuchten
Kapiteln zuzuordnen, durchaus gerechtfertigt zu sein, zumal überlieferungsgeschichtliche Zusammenhänge nicht zu leugnen sind und
sprachliche wie inhaltliche Indizien dies stützen.

Versucht man nun aufgrund einer Einzelanalyse von Kap. 26
diesem vorläufigen Ergebnis schärfere Konturen zu verleihen bzw.
zu einer genaueren Entstehungsgeschichte von Kap. 26 zu gelangen,
so wird man sowohl von den bislang vorgelegten Forschungsergebnis-
sen als auch von der eigenen Untersuchung der vorliegenden unklaren
Sachverhalte im Stich gelassen. Es sind im wesentlichen drei Auffassungen, die bezüglich der Beurteilung von Kap. 26 gegenwärtig vorliegen:

1. Die verbreitetste Auffassung, für die Rudolph als Gewährsmann herangezogen
werden darf, ist die, daß Kap. 26 im wesentlichen als eine einheitliche Erzählung zu
betrachten sei, wobei der Erzählung von dem Geschick des Propheten Uria v. 20-23 eine
die Lage Jeremias illustrierende Funktion zugemessen wird und etwaige Unstimmigkeiten vereinzelten Zusätzen (v. 5. 8) oder jener gewissen »Umständlichkeit, die der
Schreibweise Baruchs eignet« angelastet werden. Kap. 26 gilt darüber hinaus als Bericht über die Folgen der in 7 1-15 überlieferten sog. Tempelrede, die in 26 4-6 kurz zusammengefaßt sei.

2. Unter starker Berücksichtigung der Schwierigkeiten von Kap. 26 kommt
Horst¹⁵ zu der Annahme zweier Quellen, die zu dem jetzigen Text zusammengearbeitet
wurden: A: v. 2aα*. 2aβ. b. 3. 8a. 9b. 12a*. 13f. 17-19. 24; B: v. 2aα*. 4-7. 8b. 9a. 10f. 12a*. b.
15f. B als die jüngere Quelle sei von A abhängig, v. 20-23 ein Zusatz; die Beziehungen

---

¹⁴ In 11 21 29 27 32 3 und auch in 26 9. 11 findet sich נבא im Munde solcher, die Jeremias Verkündigung ablehnen oder anzweifeln.

¹⁵ Horst, ZAW 41, 144—153; ähnlich Kremers, Diss, 13f. Zu den von Horst aufgezeigten Schwierigkeiten gehören unter anderem: daß nach Erledigung der Auseinandersetzung (v. 1-19) v. 24 von einer neuerlichen Gefahr für Jeremia berichtet; daß
nach v. 24 das Volk die Beseitigung Jeremias plant, während es nach v. 1-19 die
Priester und Propheten sind, die ihm nach dem Leben trachten, und mit Uria der
König kurzen Prozeß macht, der in v. 1-19 überhaupt keine Rolle spielt; nach v. 2
und v. 8a sind ganz Juda bzw. das ganze Volk Adressat der Rede Jeremias, nach v. 7
und v. 9a die Priester, die Propheten und das ganze Volk; nach v. 11. 12. 16 stehen
den Priestern und Propheten die Oberen und das Volk gegenüber, während v. 9b. 17-19
nur die Volksversammlung das Geschehen bestimmt; auch der Ort, wo sich die Ereignisse zutragen, ist nach Horst nicht ganz einheitlich (vgl. v. 2. 7. 9b. 10a. b); bezüglich des Inhalts der Verkündigung Jeremias fällt auf, daß nach v. 1-3 ähnlich
36 1-3 an die gesamte Verkündigung Jeremias bisher zu denken wäre: »alle Worte,
die Jahwe Jeremia geboten hat zu reden« v. 2 und v. 8a(!), während nach v. 4-6. 9a. 12
es um die Bedrohung des Tempels und der Stadt geht; dazu führt Horst noch eine
Reihe sprachlicher Differenzen an, auf die hier nur verwiesen zu werden braucht.

zu Kap. 7 beschränkten sich auf B, der das Silowort zur Umschreibung der dem Micha analogen Verkündigung Jeremias aus Kap. 7 übernimmt.

3. Der jüngste Interpretationsvorschlag Rietzschels[16] sieht im Gegensatz zur ersten Auffassung in v. 20-23 einen integrierenden Bestandteil der Erzählung. Die Uriaerzählung sei der eigentliche Schluß, auf den hin das ganze Kapitel angelegt sei, und gäbe damit die Antwort auf die in v. 2f. gestellte Frage, ob Juda die ihm von Jahwe gebotene Chance ergreifen wird, in der Weise, daß nach dem gegensätzlichen Votum von Kultbeamten und Vollbürgerschaft die letzte Entscheidung beim König liegt (v.19. 20-23), die schließlich negativ ausfällt. Dementsprechend handle es sich bei Kap. 26 um ein Stück apologetischer Literatur, das in den Kreisen der Vollbürgerschaft entstanden sei, die sich gegen den Vorwurf, den Untergang Judas und Jerusalems mitverschuldet zu haben, zur Wehr setzt. Dieser Sachverhalt sei durch zwei tendenziöse Zusätze (Einschub in v. 9[17] und der Schlußvers 24) verdunkelt worden, die den Eindruck erweckten, als hätte Kap. 26 seinen ursprünglichen Haftpunkt verloren. Als Entstehungszeit gibt Rietzschel die Regierungszeit Zedekias an, für die Zusätze die Zeit nach 587. Über das Verhältnis zu Kap. 7 sagt Rietzschel nichts, vermutet hingegen, daß auch Kap. 36 ähnlich Kap. 26 ein Stück apologetischer Literatur sei.

Zu diesen drei Lösungsvorschlägen ist zunächst folgendes zu sagen: Ganz abgesehen davon, ob man die Methode der Quellenscheidung, wie sie Horst in Kap. 26 anwendet, für dem Textbestand angemessen hält oder nicht, so haben doch die von Horst aufgezeigten Schwierigkeiten derartiges Gewicht, daß man nicht ohne weiteres auf der Einheitlichkeit des Stückes beharren kann, wie das bei 1. und 3. der Fall ist. Die Infragestellung der Methode Horsts durch Rudolph mag berechtigt sein, doch reicht Rudolphs Argument, die Umständlichkeit der Schreibweise Baruchs verbiete die Anwendung der Quellenscheidung, nicht dazu aus, auch den Anlaß, der zur Anwendung dieser Methode führte, als belanglos zu erweisen[18].

Kennzeichnend für die Behandlung der Schwierigkeiten von Kap. 26 ist unter anderm die Art und Weise, wie mit dem unklaren v. 9b verfahren wird. Der Wortlaut des Verses ist mehrdeutig; sowohl das Verbum קהל אל als auch das Substantiv עם lassen mehrere Deutungen zu, so daß dieser Vers je nach Bedarf übersetzt worden ist. Da nach Rudolphs Interpretation der עם im folgenden als Richter auftritt, kann der עם, der sich v. 9b »gegen Jeremia zusammenrottet«, nur der 'Pöbel' sein. Nach Rietzschels Auffassung hingegen kommt dem עם in Kap. 26 eine entscheidende und zwar positive Bedeutung zu; da er sich darüber hinaus Rudolphs Unterscheidung zwischen 'Volk' und 'Pöbel' offenbar nicht zu eigen machen kann, kann קהל אל nicht »gegen jmd. zusammenrotten« bedeuten, sondern muß anders übersetzt werden, nämlich »zur Gerichtsversammlung zusammentreten in Sachen«, wofür Rietzschel קהל העם v. 17 als Beleg anführt[19]. Auch bei Horst wird man den Eindruck nicht ganz los, daß nicht sein kann, was nicht sein darf, da er wie selbstverständlich קהל אל mit »sich bei jmd.

---

[16] Rietzschel 97ff.

[17] Rietzschel meint wohl v. 8: vgl. zu der entsprechenden Stelle auf S. 99 die Anm. 10 auf S. 97.

[18] An dieser Stelle sei darauf verwiesen, daß Horsts Untersuchungen zu Kap. 26 außer bei Rudolph — soweit ich sehe — nirgends Erwähnung finden, geschweige denn widerlegt worden sind.

[19] Es müßte zu denken geben, daß H. J. Boecker, Redeformen des Rechtslebens im Alten Testament, 1964, dort, wo er sich mit Jer 26 auseinandersetzt, v. 9b konsequent übergeht und auch an keiner Stelle sich über die Bedeutung von קהל (v. 17) äußert.

versammeln« übersetzt und die zweite belegte Bedeutung von vornherein auf die
Priesterschrift begrenzt, was nicht unerhebliche Folgerungen in Horsts Argumentation
nach sich zieht. Allein aus diesen Beispielen wird schon deutlich, wie unklar der Zusammenhang in Kap. 26 zu sein scheint. Verhielte es sich umgekehrt, d. h. wäre die
Erzählung folgerichtig aufgebaut, dann wäre die Entscheidung für diese oder jene
Übersetzung schon vom Kontext her einfacher zu fällen, vor allem aber einsichtiger
zu begründen. Ähnliche Unsicherheiten begegnen in der Beurteilung des Schlußverses
dieser Erzählung (v. 24), der dem eigentlichen Ausgang der Auseinandersetzung (v. 16)
widerspricht. Für Horst ist dieser Widerspruch ein Beweis unter anderen für seine
Zweiquellentheorie, während Rietzschel ihn als späteren Zusatz betrachtet. Rudolph,
der sich in diesem Punkte gegen Rietzschel wendet, kann v. 24 nur halten, indem er
eine die Gegensätze überwindende psychologische Interpretation vorlegt[20].

Nach diesen vorläufigen Einzelbemerkungen muß nun noch zu den drei genannten Lösungsvorschlägen einzeln Stellung genommen werden:

Zu 1.: Der äußere Eindruck der Einheitlichkeit von Kap. 26 wird auch in der
Interpretation durchgehalten, gleichzeitig aber das einzige größere Stück, das aus
mehreren Gründen diese Einheitlichkeit zu sprengen scheint, als Seitenstück zur Haupt-
erzählung verstanden (v. 20-23)[21]. Dies scheint im Blick auf die oben aufgezeigten Parallelen zwischen Kap. 36 und 26 1-19 ein Vorzug dieser Auffassung zu sein, wobei gefragt werden muß, ob sich nicht hinter dieser Unterscheidung zwischen Haupt- und
Seitenstück verschiedene Überlieferungsstadien verbergen. Die Nachteile dieses Lö-
sungsvorschlags wurden bereits genannt: die sonst auftretenden Schwierigkeiten werden
zu rasch nivelliert.

Zu 2.: Bestechend an Horsts Analyse von Kap. 26 ist zunächst die klare Herausstellung der mit diesem Kapitel verbundenen Schwierigkeiten und der Versuch, ihnen
weitgehend gerecht zu werden. Überraschend und auf den ersten Blick überzeugend
ist auch das Ergebnis seiner Bemühungen. Die von Horst gewonnenen zwei Erzählungs-
stränge machen einen in sich geschlossenen Eindruck und scheinen einen Großteil der
auftretenden Schwierigkeiten von Kap. 26 zu beseitigen. Dennoch sind einige schwer-
wiegende Bedenken gegen Vorgehen und Ergebnis zu erheben. Es ist fraglich, ob aus
36 1-3 trotz der engen Beziehungen zu 26 1-3 geschlossen werden darf, daß auch in
26 1-3 die Gesamtverkündigung Jeremias gemeint ist. Einen wesentlichen Unterschied
zwischen beiden Stücken hat Horst doch übersehen: in 36 1-3 ist der Inhalt der Verkündigung Jeremias genau umrissen, in Kap. 26 wird er offensichtlich erst in v. 4ff.
angegeben, in v. 1-3 dagegen nur vorläufig angedeutet. Es ist zum andern fraglich, ob
aus einem so unsicheren Vers wie 9b derart folgenschwere Schlüsse gezogen werden
dürfen, wie z. B. die Vertauschung der beiden Subjekte in v. 8a nach der Behauptung,
Jeremia könne vor v. 9b noch nicht zum Volk gesprochen haben[22].

---

[20] Vgl. hierzu noch Duhm: »Allerdings hat nach v. 16 das Volk selber den Jeremia vor
den Priestern und Propheten gerettet, doch ist das kaum ein eigentlicher Widerspruch gegen unsere Stelle, weil das Volk, nach hinlänglicher Bearbeitung durch
seine religiösen Autoritäten, leicht bei der ersten besten Gelegenheit den Jer zum
Tode verurteilt hätte.«

[21] Die Uriaerzählung folgt auf den eigentlichen Schluß der Erzählung, bringt ganz
überraschend den König als Zentralfigur ins Spiel und verschiebt den Skopus des
gesamten Kapitels.

[22] Wieweit die aus Horsts Analyse von Kap. 7 11 25 34 8-22 folgenden Ergebnisse grundsätzlich und hier besonders im Blick auf Kap. 26 sich als tragfähig erweisen, kann

Betrachtet man nun noch jede der beiden von Horst gewonnenen Erzählungen
für sich, so erheben sich weitere Bedenken. Nach A ist Jeremia dem Haß der Masse
ausgesetzt, der durch den Inhalt der jeremianischen Rede erzeugt wird. Diese liegt
aber nach Horsts Erzählung A material in v. 13 vor, einer Aufforderung zu Umkehr
und Gehorsam gegen Jahwes Wort bzw. einem bedingten, indirekten Drohwort, dem
in v. 17f. ein unbedingtes Drohwort gegenübergestellt wird. Schon bei v. 13 taucht die
Frage auf, ob er ausreicht, die erst in v. 19 indirekt und in v. 24 direkt ausgesprochene
Absicht der Tötung Jeremias durch das Volk zu motivieren. Auch die Stellungnahme
der Ältesten kommt etwas plötzlich und scheint nur sinnvoll im Zusammenhang einer
vorher geäußerten Absicht der Tötung Jeremias und nach einer der Verkündigung
Michas entsprechenden Äußerung Jeremias. Der mögliche Einwand, v. 13 gebe nur
einen kurzen Auszug aus der durch v. 1-3 nahegelegten Gesamtverkündigung, an welcher sich in Wirklichkeit der Haß des Volkes entzündet hat, wird durch die Gegenfrage
entkräftet, warum ausgerechnet v. 13 und nicht ein den Ablauf der Ereignisse besser
erhellendes Wort zur Charakterisierung der Verkündigung Jeremias in A verwendet
wird. Bezüglich der Erzählung B bemerkt Horst, daß hier im Gegensatz zu A weniger
der Inhalt der Verkündigung Jeremias Gegner zum Eingreifen veranlaßt, als vielmehr
die Form, die Anmaßung, solch drohenden Inhalt »im Namen Jahwes« zu verkünden.
Es ist dann immerhin auffallend, daß gerade diese Erzählung genauere Angaben über
die Verkündigung Jeremias macht (v. 6. 9a. 12b). Wenn auch in der folgenden Gerichtsverhandlung die Frage nach der Rechtmäßigkeit der Verkündigung Jeremias eine entscheidende Rolle spielt, so verlieren alle Beteiligten doch den Inhalt derselben nie aus
den Augen. Abgesehen davon: nach Horsts Erzählung B wird Jeremia allein aufgrund
seiner Behauptung, ein wahrer Jahweprophet zu sein, vom Gerichtshof freigesprochen.
Eine Begründung des Urteils wird nicht gegeben, obwohl man sie erwartet. An Gewicht gewinnen die gegen Horsts Ergebnisse geltend gemachten Bedenken, wenn man
erkennt, daß die entscheidenden Mängel beider Erzählungen A und B in einem Punkt
zusammenfallen: in der Beurteilung der Stellungnahme der Ältesten v. 17-19. So viele
Fragen v. 17-19 innerhalb von A aufgibt, so gut paßt es in den Zusammenhang von B.
V. 17-19 ist genau das Stück, das man als Begründung für den Freispruch Jeremias in B
vermißt. Die Wahrheit der Verkündigung Jeremias wird gemessen an der seiner Botschaft entsprechenden und anerkannten Botschaft seines Vorgängers Micha. Die unbedingte Unheilsankündigung Michas rechtfertigt die Unheilsankündigung Jeremias[23]. Wenn v. 17-19 aber wesentlicher Bestandteil des Berichts über die Gerichts-

---

an dieser Stelle nicht überprüft werden. Es dürften jedoch die übrigen kritischen
Anmerkungen ausreichen, um ein vertretbares Bild von der Haltbarkeit oder Un-
haltbarkeit seiner Auffassung zu gewinnen.

[23] Nur auf diesem Weg — scheint mir — ist eine Widerlegung von Horsts Thesen
möglich. Bloße Behauptungen und unbegründete Disqualifikationen werden dem
Anliegen Horsts nicht gerecht. Dieser Vorwurf kann Rudolph nicht erspart bleiben,
wenn er sagt: »Jene gewisse Umständlichkeit, die der Schreibweise Baruchs eignet
(...), macht es unmöglich, hier mit Quellenscheidung zu operieren (gegen Horst
ZAW 1923, 151ff.), zumal wenn diese zu dem zweifelhaften Ergebnis führt, daß
von der Geschichtlichkeit des hier Erzählten nur sehr wenig übrigbleibt (es ist für
Horsts Methode bezeichnend, daß er selbst einer so unerfindlichen Erzählung wie
v. 20-23 mit einem achselzuckenden non liquet begegnet).« (Sperrungen von mir).
Hierzu ist unter anderm zu bemerken, daß eine wissenschaftliche Methode nicht

verhandlung ist — und es spricht alles dafür, daß es so ist —, dann kann Horsts These
nicht mehr aufrecht erhalten werden.

Zu 3.: In dem Versuch, die Einheitlichkeit von Kap. 26 zu wahren, geht Rietzschel am weitesten. Für ihn sind nur noch v. 24 und eine Glosse in v. 8 spätere Zusätze.
Obwohl gerade an dieser Auffassung von Horsts Beobachtungen her verstärkt Kritik
zu üben ist[24], dürfen darüber einige wichtige Beobachtungen Rietzschels nicht übersehen werden. Auch wenn die Stilform der Nachholung im Alten Testament sehr gebräuchlich ist[25], ist Rietzschels Frage nach den Gründen der Anwendung dieser Stilform im Zusammenhang mit v. 17-19 berechtigt, weil man davon ausgehen kann, daß
der Benutzung eines Stilmittels auch eine bestimmte Absicht zugrunde liegt, will man
nicht von vornherein den Erzählern gedankenloses Verhaftetsein in traditionellen
Schemata unterschieben. Im Zusammenhang mit dieser Fragestellung weist Rietzschel
darauf hin, daß v. 17-19 das in v. 2f. angeschlagene Thema wieder aufgreifen und sich
von da her die Nachstellung der Verteidigungsrede der Ältesten als geschickter Kunstgriff des Erzählers erweist. Von hier ab hängt die weitere Beurteilung von Kap. 26
allerdings entscheidend daran, wie man die Akzente zu setzen geneigt ist. Betont man
mit Rietzschel sowohl in v. 2f. als auch in v. 17-19 den dort neben anderen Gedanken
vorkommenden Gedanken des Umkehrangebots an Juda und dessen mögliche Konsequenzen, wird man sich kaum der weiteren Argumentation Rietzschels entziehen können. Unter der Voraussetzung seiner Einheitlichkeit kann Rietzschel für die Richtigkeit seiner Ergebnisse dann auch noch Kap. 36 ins Feld führen[26]. Genau diese möglichen Beziehungen zwischen Kap. 26 und Kap. 36, auf die oben schon hingewiesen
wurde, gestatten nun aber noch eine andere Interpretation des Sachverhalts, als sie
Rietzschel vorgenommen hat. Wenn es nämlich richtig ist, daß Kap. 27f. und Kap. 36
in dem ältesten erreichbaren Überlieferungsstadium einem gemeinsamen Verfasser zuzuschreiben sind[27] und in diesem Überlieferungsstadium das Ziel beider Erzählungen
ist, die Wahrheit der in Frage gestellten Verkündigung Jeremias herauszustellen, indem der im Einleitungsstück ergangene Verkündigungsauftrag (27 2f. 12b 36 1-8) im
Schlußstück (28 12-14 36 27f. 32) auf dem Weg der Wiederaufnahme ausdrücklich bestätigt wird, und wenn es weiter richtig ist, daß aufgrund der engen Beziehungen zwischen 26 1-3 und 36 1-3 gleiches auch für Kap. 26 anzunehmen ist, dann ist gegen Rietzschel als Hauptaspekt nicht mehr die Frage nach der möglichen Umkehr als Motto von
Kap. 26 anzusehen, sondern die Frage nach der Gerechtfertigtheit der Verkündigung

---

daran gemessen werden kann, ob ihre Ergebnisse die Historizität eines in ihrer Vorlage gegebenen Sachverhalts erweist oder nicht, gleichgültig welcher Art dieser Sachverhalt auch sein mag.

[24] Zu den kritischen Anmerkungen oben sind noch zwei Einwände Rudolphs hinzuzufügen: 1. Gegen Rietzschel hält Rudolph daran fest, daß nicht schon v. 9b, sondern erst mit v. 10, der Versammlung der Oberen im Tor, der Gerichtsstätte, der
Bericht über die Gerichtsverhandlung beginnt (vgl. oben das zu v. 9b Gesagte);
2. Sollte Rietzschel damit recht haben, daß v. 20-23 als Schluß der Erzählung die
Funktion hat, die Alleinschuld Jojakims ins Licht zu stellen, dann »müßte man sehr
viel zwischen den Zeilen lesen«.

[25] Rudolph gegen Rietzschel.

[26] Vgl. Rietzschel 106.

[27] Siehe oben die Analyse zu Kap. 36 und den folgenden Abschnitt zur Überlieferungsgeschichte von Kap. 19 1—20 6 27—29 und 36.

Jeremias. Dann hat v. 17-19 als Schlußstück von Kap. 26 zu gelten und muß v. 20-23 entweder mit Rudolph als Seitenstück oder mit Horst als späterer Zusatz verstanden werden. Die Interpretation Rietzschels hat damit aber noch nicht an Bedeutung verloren. Sie scheint nur für ein bestimmtes Überlieferungsstadium widerlegt zu sein. Macht man sich nämlich davon frei, in Kap. 26 ein einheitliches Stück zu sehen, und versucht man der Entstehungsgeschichte des Kapitels auf den Grund zu gehen, dann wird deutlich, daß mit jeder neuen Bearbeitung des Textes auch eine neue Absicht und damit eine neue Zielrichtung verbunden ist. Für das Überlieferungsstadium, dem v. 20-23 zuzuschreiben ist, trifft Rietzschels Interpretation aller Wahrscheinlichkeit nach zu[28]. Und daß man zumindest bei v. 1-19 und v. 20-23 mit verschiedenen Überlieferungsstadien zu rechnen hat, ergibt sich schon allein daraus, daß beide Stücke von verschiedenen Personen berichten, v. 20-23 deutlich angehängt ist und v. 1-19 in seinem Hauptbestand auch ohne v. 20-23 gut verständlich ist. Schließlich ist zu Rietzschels Auffassung noch zu vermerken, daß sein Verständnis des Schlußverses (v. 24) und der Glosse in v. 8 (וכל־העם) der einzig mögliche Weg zu sein scheint, mit den Schwierigkeiten, die beide bieten, fertig zu werden, nachdem sich der Weg der Quellenscheidung als ungangbar erwiesen hat. —

Im Verlauf der Auseinandersetzung mit den drei wesentlichsten Auffassungen über Kap. 26 scheint sich ein möglicher Weg zum Verständnis dieser Erzählung abgezeichnet zu haben. Die aufgezeigten Zusammenhänge zwischen Kap. 26 und Kap. 36 geben Kriterien der Beurteilung an die Hand, die über das bislang Vorgelegte hinausgehen. Man wird nach all dem Gesagten mit wenigstens drei Überlieferungsstadien zu rechnen haben: 1. einem Bericht über die Auseinandersetzung Jeremias mit Priestern und Propheten, der wie Kap. 36 aufgebaut ist und zu dem im wesentlichen 26 1-19 zu rechnen ist; 2. der Uriaerzählung v. 20-23 und 3. der Schlußbemerkung v. 24 (+ וכל־העם v. 8).

Auf den ersten Blick scheint dies eine befriedigende Lösung zu sein, wenn nicht noch einige der von Horst aufgezeigten Probleme der Lösung harrten; Schwierigkeiten, die sich innerhalb des der ersten Überlieferungsstufe zugewiesenen Stückes v. 1-19 ergeben, besonders innerhalb des Mittelstücks v. 7-16, das im Anschluß an die Verkündigung Jeremias von der Anklage der Priester und Propheten und der darauf folgenden Gerichtsverhandlung berichtet. Schon der Übergang zu diesem Bericht gibt Rätsel auf, da in v. 7 und v. 8a zwei Überleitungsformeln vorliegen, deren Existenz nicht einfach der Ungeschicklichkeit eines Schreibers zugeschrieben werden kann[29]. Zu eindeutig beziehen sich beide Verse auf verschiedene Abschnitte des Vorhergehenden: v. 7 mit הדברים האלה auf den Verkündigungsinhalt v. 4-6;

---

[28] Auch für Kap. 36 kommt Rietzschel zu dem gleichen Ergebnis, und zwar auch aufgrund der gleichen Voraussetzungen, so daß die hier geäußerte Kritik an Rietzschel bezüglich Kap. 26 in gleicher Weise für Kap. 36 gilt, bei welchem wenigstens zwei verschiedene Überlieferungsstadien festgestellt werden konnten.

[29] Vgl. Duhm und Rudolph.

v. 8a mit dem Relativsatz auf einen Teil des Verkündigungsauftrags
v. 1-3[30]. Und beide Verse finden in v. 8b eine gute gemeinsame Fortsetzung, so daß v. 7 nicht — wie in den Übersetzungen sonst üblich —
mit »und die Priester und Propheten hörten Jeremia reden ...« als
selbständiger Hauptsatz wiedergegeben werden kann, sondern vor
allem wegen 20 1f. 26 10 36 11f. als Vordersatz verstanden werden muß
»und als ..., da ...«, so daß hier Zweitrangigkeit gegeben zu sein
scheint. Kap. 36 verwendet als Übergangsformeln neben »וישמעו
1-cons. ...« (v. 11f.) auch die hier in 26 8 gebrauchte Form» ... inf. + כ ויהי
1-cons.« (36 16. 23), allerdings an verschiedenen Stellen; das Neben-
einander beider Formeln in 26 7. 8a fällt dadurch um so mehr auf.

Die zweite große Schwierigkeit ist mit dem schon oft besprochenen
v. 9b verbunden, dessen Verständnis einzig an der Übersetzung von
קהל אל hängt. Gleichgültig welcher der angebotenen Lösungen man
sich nun auch anschließt, immer taucht die Frage auf, welchen Sinn
v. 9b haben sollte. Übersetzt man »zusammenrotten gegen«, dann paßt
v. 9b nicht zur folgenden Charakterisierung der Stellung des עם.
Nimmt man aber »sich versammeln um« an, ist mit Horst zu Recht
zu fragen, was dieser Vers dann nach v. 7. 8a überhaupt noch soll.
Folgt man schließlich Rietzschels Übersetzung »zur Gerichtsversammlung zusammentreten in Sachen ...«, erhält man im Verein mit v. 10
zwei Bemerkungen über das Zusammentreten einer Gerichtsversammlung. So gestattet keine der angenommenen Lösungen eine befriedigende Antwort auf die Frage nach dem Sinn und Zweck von v. 9b.

Ähnliche, wenn auch nicht so klar zutage tretende Schwierigkeiten begegnen innerhalb der Verteidigungsrede des Jeremia (v. 12-15).
Nach Boecker[31] enthält sie folgende Elemente: v. 12 greift Jeremia
den beklagten Tatbestand, gegen Tempel und Stadt prophezeit zu
haben, auf, interpretiert ihn aber anders; v. 13 geht Jeremia zu einem
Schlichtungsvorschlag über, der die Form der imperativischen Ver-
mahnung hat[32], und anerkennt in v. 14 Rechtmäßigkeit und Verfü-
gungsgewalt des Gerichts; schließlich kehrt Jeremia in v. 15 über den
Hinweis auf die Folgen eines ungerechtfertigten Urteils zum Ausgangspunkt seiner Verteidigung zurück, indem er seine Interpretation des
Tatbestandes noch einmal ausdrücklich unterstreicht: »Jahwe hat
mich in Wahrheit gesandt«. Die auf den ersten Blick einleuchtende
Interpretation Boeckers kann jedoch nicht ohne weiteres übernommen werden. So ist beispielsweise nicht ganz deutlich, wer in der ge-

---

[30] Darüber hinaus verbindet die Nennung von Priestern und Propheten, denjenigen,
die sich in den folgenden Versen in ihren Äußerungen immer auf die Drohung Jeremias gegen Tempel und Stadt (v. 4-6) beziehen, den v. 7 enger mit v. 4-6, während
die ausschließliche Nennung des Volks in v. 8a gut zu v. 1-3 paßt.

[31] H. J. Boecker, Redeformen des Rechtslebens im Alten Testament, 1964, 94f.

[32] H. J. Boecker a. a. O. 117f.

samten Rede jeweils die Angesprochenen sind, Priester und Propheten
auf der einen Seite oder Obere und Volk als Gerichtshof auf der andern
Seite? Vor allem vom Schlichtungsvorschlag v. 13 müßte doch angenommen werden, daß er sich an die Kläger richtet und nicht an den
Gerichtshof. Nun läßt aber der Inhalt von v. 13 keine andere Deutung
als die zuletzt genannte zu. Darüber hinaus nimmt v. 13 ganz deutlich
die in v. 3 vorliegende Motivation des Verkündigungsauftrags auf, der
wiederum an ganz Juda orientiert ist und nicht an einer besonderen
Gruppe des Volkes, während v. 12 und v. 15 der Anklage entsprechend
am Inhalt der Verkündigung Jeremias ausgerichtet sind (v. 4-6), der
ja allein Anlaß der geschilderten Ereignisse gewesen sein kann. Ob es
sich bei dieser Verkündigung Jeremias ursprünglich nur um eine bedingte Unheilsdrohung gehandelt hat, was Rudolph gegen Welch[33]
mit Nachdruck und unter Hinweis auf die Unlauterkeit der Gegner
Jeremias herausstellt, oder ob nicht doch mit einer unbedingten Unheilsdrohung nach v. 6 zu rechnen ist, ist schwer zu entscheiden. Der
zu vermutende tatsächliche Verlauf der Ereignisse legt das letztere
nahe. Nur eine dem Michawort (v. 18) entsprechende Verkündigung
Jeremias macht die Empörung der Priester und Propheten voll verständlich, so daß Welchs Annahme, die Verwässerung der Verkündigung Jeremias wäre einer Bearbeitung zuzuschreiben, nicht ganz von
der Hand zu weisen ist[34]. Doch auch hier kommt man über Vermutungen nicht hinaus, da nicht klar genug erhoben werden kann, was von
dem vorliegenden Verkündigungsinhalt (v. 4-6) der ursprünglichen
Erzählung zuzurechnen ist.

Einige Indizien für Überarbeitung liegen vor, wenn man voraussetzt, daß es sich bei Kap. 26 um eine Schilderung der Ereignisse nach
7 1-15 handelt und 26 4-6 als Zusammenfassung jenes Abschnittes zu
verstehen ist[35]. Dann nämlich kann ernsthaft nur v. 6a mit 7 1-15 in

[33] A. C. Welch, Jeremiah, His Time and His Work, 1955, 138ff., bestreitet als einziger,
soweit ich sehe, die Ursprünglichkeit von v. 13, der wie v. 3-6 einem »editor« zuzuschreiben ist, welcher die ursprünglich unbedingte Unheilsankündigung (noch in
der Reaktion und Argumentation der Priester und Propheten, bzw. der Verteidigung
Jeremias zu erkennen) in eine bedingte Unheilsankündigung umwandelte.

[34] In eine ähnliche Richtung gehen Duhms Bemerkungen zu v. 13: »Es ist wohl ein
wenig zweifelhaft, ob Jer so leichtherzig über die Möglichkeit einer Besserung und
so optimistisch über deren Wirkung gesprochen hat. Nicht als ob der ehrliche Baruch
seine Worte wissentlich entstellt habe, aber er hat sie so wiedergegeben, wie er sie
auffaßte.«

[35] So neben vielen anderen Rudolph; G. Fohrer, Jeremias Tempelwort (Jeremia 7 1-15),
ThZ 5 (1949), 401—417, jetzt: Studien zur alttestamentlichen Prophetie (1949—
1965), 1967, 190—203 (193); L. Rost, Zur Problematik der Jeremiabiographie Ba-
ruchs, in: Viva Vox Evangelii, Meiser-Festschrift 1951, 241—245, und J. Schreiner,
Sicherheit und Umkehr?, Bibel und Leben 7 (1966), 98—111; anders: C. C. Torrey,
The Background of Jeremiah 1—10, JBL 56 (1937), 193—216 (194f.).

Beziehung gesetzt werden. Die restlichen Wendungen entstammen sämtlich anderen Zusammenhängen[36]. Beachtet man demgegenüber, daß auch die Einführung der Erzählung (v. 1-3), deren Einheitlichkeit kaum angezweifelt werden kann, sowohl Anklänge an Kap. 7 (26 2 par. 7 2) als auch an andere Zusammenhänge des Jeremiabuchs aufweist (26 3 par. 36 3), bringt man der Annahme der Überarbeitung wieder größere Zurückhaltung entgegen. Auffallend im Bezug auf v. 13 bleibt allerdings dennoch, daß die in v. 3 angegebene Intention des in v. 4-6 folgenden eigentlichen Verkündigungsinhalts nun in dem sog. Schlichtungsvorschlag zur Verkündigung selbst wird. Sollte ein Schlichtungsvorschlag Jeremias tatsächlich vorgebracht worden sein, dann sollte er konsequenterweise auf v. 4-6 Bezug nehmen, den Teil des Jahwewortes nämlich, der nach der Erzählung seinen Widersachern auch bekannt geworden ist. Und auffallend bleibt weiter, daß ein an ganz Juda gerichtetes Mahnwort als Schlichtungsvorschlag Jeremias an Priester und Propheten (Boecker) bzw. als Klarstellung des von Priestern und Propheten verfälschten Verkündigungsinhalts (Rudolph) dienen soll. Welche Funktion ist — wenn Boeckers und Rudolphs Interpretation nicht zutreffen sollten — diesem Vers dann zuzumessen? Benützte der Erzähler etwa jede Gelegenheit dazu, Worte Jeremias unterzubringen? Oder ging es ihm darum, die Bedeutung Jeremias dadurch gebührend hervorzuheben, daß Jeremia auch angesichts einer drohenden Todesstrafe seinen Verkündigungsauftrag durchhält? Stammt v. 13 etwa von der gleichen Hand wie v. 3 oder aber von einer späteren Hand? Man muß es an dieser Stelle bei den Fragen bewenden lassen, da — wie ein kurzer Blick auf die Einführung v. 1-6 zeigte — ursprünglicher Überlieferungsbestand und spätere Gestaltung kaum mehr auseinanderzuhalten sind.

Dies ist aber nun der Punkt, an dem die Untersuchung zu der eingangs aufgestellten Behauptung, daß man bei Kap. 26 größtenteils über Vermutungen nicht hinauskomme, zurückkehrt. Vor allem v. 1-19 widersetzen sich in einer Reihe von Punkten einer befriedigenden Erklärung. Es liegen ausreichende Indizien für die Annahme einer Überarbeitung vor, deren Vernachlässigung nicht vertretbar ist. Eine nähere Untersuchung der fraglichen Stücke aber gestattet wiederum keine sinnvolle Einordnung, so im Fall von v. 8a und v. 9b, oder es stehen der Zuordnung überlieferungsgeschichtliche bzw. redaktionsgeschichtliche Schwierigkeiten entgegen wie im Fall von v. 13.

---

[36] Zu v. 4 vgl. 32 23 44 10. 23; darüber hinaus die Zusammenstellung bei W. Thiel, Erwägungen zum Alter des Heiligkeitsgesetzes, ZAW 81 (1969), 40—73 (69 f.), die ausreichend deutlich macht, daß diese Wendung in der deuteronomistischen Literatur, im Heiligkeitsgesetz und bei Ezechiel heimisch ist; zu v. 5 vgl. 7 25f. 25 4 29 19 35 15 44 4; vielleicht 7 13.

Genau dieser letzte Fall könnte aber wenigstens einen Hinweis auf die Entstehung der genannten Schwierigkeiten liefern. Wenn nämlich die Beobachtung richtig war, daß eine Diskrepanz zwischen den zu vermutenden tatsächlichen Ereignissen und der Erzählung von diesen vorzuliegen scheint, wenn es weiter richtig ist, daß aufgrund der Übereinstimmungen von 26 1-19 und Kap. 36 für das älteste erreichbare literarische Überlieferungsstadium beider ein gemeinsamer Verfasser anzunehmen ist, dessen Gestaltung des ihm vorliegenden Überlieferungsmaterials so tiefgreifend war, daß ein Zurückfragen auf literarischem Weg nicht mehr möglich ist, dann wird wenigstens ein Teil der in Kap. 26 auftretenden Schwierigkeiten darauf zurückzuführen sein, daß das diesem Verfasser vorliegende Überlieferungsgut seiner Intention nicht so gut entsprach wie im Fall von Kap. 36, daher eine stärkere Uminterpretation nötig wurde, die wieder den Kristallisationskern weiterer Bearbeitungen gebildet haben mag. Welche der fraglichen Stücke (v. 4-6. 8a. 9b. 13; vielleicht auch v. 14[37] und v. 19aβ. b[38]) diesem Verfasser selbst und welche späterer Bearbeitung zuzuweisen sind, ist nicht mehr zu entscheiden.

Es ist nun noch abschließend zur Verdeutlichung Kap. 26 in die schematische Darstellung der Überlieferungsgeschichte von Kap. 19 1—20 6 27—29 und 36[39] einzuordnen, nachdem wenigstens die aufgezeigten überlieferungsgeschichtlichen Zusammenhänge mit einiger Sicherheit behauptet werden dürfen. In seinem ältesten literarischen Überlieferungsstadium ist Kap. 26 den beiden Kapiteln 27f. und 36 zuzuordnen. Danach scheint es eine Zeitlang selbständig überliefert worden zu sein und während dieses Vorgangs wahrscheinlich um v. 20-23 und danach um v. 8b*. 24 erweitert worden zu sein, bis es schließlich mit dem Überlieferungskomplex Kap. 27—29 (Überlieferungsstufe IV bzw. V) verbunden und mit diesem gemeinsam in die übrigen Jeremiaüberlieferungen eingebaut wurde.

B. JEREMIA 37—43 7

Es gibt innerhalb der Jeremiaforschung kaum eine These, die so einhellige Zustimmung fand, wie die, daß Jer 37—45 einen zusammenhängenden Erzählungszyklus bilden, der nur durch einige spätere Zusätze unwesentlich erweitert wurde. Um so erstaunlicher ist es, daß eine Untersuchung dieses Textkomplexes, der es gelang, die formalen Prinzipien aufzuzeigen, nach denen dieser Zyklus aufgebaut ist, bislang kaum Beachtung fand. Es handelt sich um H. Kremers' Göttinger

---

[37] Vgl. Jos 9 25 Jer 38 5a 40 4f. und die Gerichtssituation in 26 14.

[38] Aufnahme der Motivation von v. 3 in die Rede der Ältesten v. 19aβ. Zu v. 19b vgl. 44, 7aα!

[39] Siehe oben S. 74ff.

Dissertation »Der leidende Prophet«, die, 1952 eingereicht, allerdings nur in maschinenschriftlicher Ausfertigung vorliegt[1]. So erwähnt in seinem sehr ausführlichen Literaturverzeichnis Rudolph diese Untersuchung mit keinem Wort und weist nur in zwei Anmerkungen auf die Zusammenfassung dieser Arbeit hin[2], wobei in beiden Kremers Ergebnisse negativ beurteilt werden, ohne daß entscheidende Gegengründe angeführt werden. Erst vierzehn Jahre später hat Rietzschel mit Nachdruck auf Kremers Dissertation hingewiesen und sich ihren Ergebnissen im wesentlichen angeschlossen, wenn ihm auch manches an Kremers Verfahren zu »konstruktiv« — gemeint ist wohl »konstruiert« — anmutet[3].

Meine unabhängig von Kremers durchgeführte Analyse dieses Textabschnittes führte aufs Ganze gesehen zu dem gleichen Ergebnis, das Kremers in seiner Dissertation ausführlich begründete. Da sich also nach der Lektüre von Kremers meine eigenen Ergebnisse und ihre Begründungen als »überholt« erwiesen, genügt es, im folgenden einen Aufriß von Aufbau und Gestalt des Erzählungskomplexes zu geben, der seine wesentlichen Eigenarten heraushebt, und eine ausführlichere Behandlung auf die Texte zu beschränken, deren Ein- und Zuordnung größeren Schwierigkeiten begegnet[4].

Eine zunächst grobe Gliederung des gesamten Textkomplexes von Kap. 37—43 7 ergibt sich zwangsläufig aus einer vor allem in den Kap. 37—40 stereotyp wiederkehrenden Abschlußformel, deren Wortlaut geprägt ist durch das meist vorwegstehende וישב ירמיהו (37 16b. 21b 38 13b. 28a 39 14b 40 6b). Diese Schlußformel gibt jeweils die Lage der von den zuvor geschilderten Ereignissen betroffenen Person an, wie sie sich nach diesen Ereignissen darstellte; in den schon genannten Fällen handelt es sich um die ausdrückliche Feststellung der Lage des Propheten Jeremia nach bestimmten Ereignissen. Daneben scheint jedoch eine weitere Funktion die Verwendung dieser Formel nahegelegt zu haben: Überbrückung der zeitlichen Differenz zwischen den eben berichteten und den im nächsten Abschnitt zu berichtenden Ereignissen. Nur so erklärt sich die manchmal auftretende stilistische

---

[1] Eine vor allem die theologischen Ergebnisse herausstellende Zusammenfassung dieser Dissertation liegt vor in H. Kremers, Leidensgemeinschaft mit Gott im Alten Testament. Eine Untersuchung der »biographischen« Berichte im Jeremiabuch, EvTh 13 (1953), 122—140.

[2] Rudolph XVI Anm. 3 und 237 Anm. 2.

[3] Rietzschel 102. Ähnlich Rudolph XVI: »Aber die Abtrennung vom Vorhergehenden (...) erfolgt aus ganz formalen Gründen und ist deshalb wenig überzeugend.«

[4] Da den folgenden Ausführungen im wesentlichen Kremers' Untersuchung zugrunde gelegt werden kann, reicht es aus, nur dort auf sie zu verweisen, wo eine besondere Hervorhebung oder aber eine Abweichung angemerkt werden soll.

Härte der unnötigen Wiederholung schon berichteten Geschehens in
37 15f. 21. Diese Funktion der Schlußbemerkung tritt dort besonders
deutlich hervor, wo mit ihr Zeitangaben verknüpft sind, wie in 37 16b
38 28a. Ähnliche abschließende Feststellungen finden sich — wenn
auch in anderer Form — in 38 6bβ 41 2aγ. b. 9(a) b. 15b 43 7, wobei der
abschließende Charakter einiger dieser Bemerkungen dadurch hervorgehoben wird, daß sie schon in den Erzählungen Berichtetes bekräfti-
gend wiederholen: vgl. 41 2aβ mit 41 2aγ. b, 41 7 mit 41 9, 41 10bβ mit
41 15b und 41 17 mit 43 7.
    Die diesen Schlußbemerkungen zuzuordnenden Texte ergeben für
Kap. 37—43 7 folgende vorläufige Gliederung: 37 11—16 Jeremias Gefangennahme, 37 17-21 Jeremias Rettung durch Zedekia, 38 1-6 Neuer-
liche Gefährdung Jeremias, 38 7-13 Jeremias Rettung durch Ebedmelech, 38 14-28a Letzte Unterredung zwischen Jeremia und Zedekia,
38 28b—39 14 40 1-6 Jeremia während der Eroberung Jerusalems, 40 13—
41 2(3) Gedaljas Ermordung, 41 4-9 Ermordung der Pilger, 41 10-15
Ismaels Flucht, 41 16—43 7 Flucht nach Ägypten. Für die noch nicht
genannten Abschnitte, 37 1-10 Gesandtschaft Zedekias bei Jeremia,
39 15-18 Heilswort an Ebedmelech und 40 7-12 Gedaljas Statthalterschaft, deutet sich schon durch die fehlende Schlußbemerkung eine
Sonderstellung an; sie sollen unten gesondert behandelt werden.
    Schon Kremers wies darauf hin[5], daß für die zuerst genannten
Texte ein einheitlicher Aufbau zu beobachten ist, der einerseits jede
einzelne Erzählung als in sich geschlossenes Ganzes ausweist, andererseits alle Erzählungseinheiten zu einem größeren Erzählungskomplex
zusammenfügt. Nach Kremers hat dieser Aufbau folgendes Aussehen:
a) eine kurze Einführung berichtet, wie das zu berichtende Ereignis
zustande kam; b) ausführliche Schilderung des Ereignisses; c) Bericht
über die Lage nach dem Ereignis[6]. Über die schon von Kremers herausgestellten Besonderheiten der jeweiligen Schlußbemerkungen hinaus, lassen sich weitere für den Erzählungsstil dieser Texte typische
Eigenarten erkennen. So fällt besonders auf, daß der Hauptteil vor
allem in der Form des Gesprächs gehalten ist[7], was weiter dazu führt,
daß der Bericht über die jeweiligen Ereignisse in zwei Teile zerfällt:
das Gespräch selbst und die Angabe der Konsequenzen, die daraus
entstehen. Auf diese Weise ergibt sich eine zwar sehr einfach aufgebaute, darum aber um nichts weniger dramatische Form der Erzählung. Die einleitenden Bemerkungen zu den einzelnen Erzählungen
geben dann auch jeweils neben manchmal nötigen Situationsschilde-
rungen, damit verbundenen historischen Bemerkungen und Zeitangaben

---

[5] Kremers, Diss, 25, und EvTh 13, 131.
[6] Kremers, Diss, 25. 110.
[7] Ausnahmen sind 41 10-15 und, was die unten folgende Analyse zeigen wird, auch
38 28b—40 6*.

an, durch welche Umstände, Absichten oder Gründe die das Gespräch bestreitenden Personen zusammengeführt werden. Im Handlungsablauf etwa neu auftretende Personen werden darum auch meist schon in der einleitenden Bemerkung genannt. Der dreiteilige Aufbau und die Konsequenz in der Beschränkung der Wahl der stilistischen Mittel sind in allen Erzählungen fast ausnahmslos durchgehalten, so daß sich für den gesamten Erzählungskomplex folgendes Bild ergibt:

37 11-16 : a) Einführung: Zeitangabe, Situation, Person,
　　　　　　　　　　　　　Begründung ihres Auftretens v. 11f.
　　　　　　 b) Hauptteil:　 Gespräch und Konsequenzen v. 13-16a
　　　　　　 c) Schlußbemerkung v. 16b

37 17-21 : a) Einführung: Personen, Situation v. 17aα
　　　　　　 b) Hauptteil:　 Gespräch und Konsequenzen v. 17aβ-21a
　　　　　　 c) Schlußbemerkung v. 21b

38 1-6　　 a) Einführung: Personen und Begründung ihres Auftretens v. 1. 3[8]
　　　　　　 b) Hauptteil:　 Gespräch und Konsequenzen v. 4-6bα
　　　　　　 c) Schlußbemerkung v. 6bβ

38 7-13 : a) Einführung: Person und Begründung ihres Auftretens,
　　　　　　　　　　　　　Situation v. 7
　　　　　　 b) Hauptteil:　 Gespräch und Konsequenzen v. 8-13a
　　　　　　 c) Schlußbemerkung v. 13b

38 14-28a : a) Einführung: Personen, Situation v. 14a
　　　　　　 b) Hauptteil:　 1) Gespräch v. 14b-22[9]
　　　　　　　　　　　　　2) Schlußrede und Konsequenzen v. 24-27
　　　　　　 c) Schlußbemerkung v. 28a

38 28b—40 6[10] a) Einführung: Zeitangabe, Situation 38 28b
　　　　　　 b) Hauptteil:　 39 1—40 6a
　　　　　　 c) Schlußbemerkungen 39 14b und 40 6b

40 13—41 2 : a) Einführung: Personen, Situation 40 13
　　　　　　 b) Hauptteil:　 Gespräch und Konsequenzen 40 14—41 2aβ
　　　　　　 c) Schlußbemerkung 41 2aγ. b[11]

---

[8] 38 2 ist wahrscheinlich aus 21 9 hier eingedrungen: Duhm, Cornill, Rothstein, Hyatt, Rudolph, Kremers; anders: Weiser und Bright.

[9] 38 23 ist wahrscheinlich ergänzende Glosse: Duhm, Cornill, Rothstein, Volz, Rudolph.

[10] Dieser Abschnitt bedarf wegen seiner außerordentlichen Schwierigkeit einer eigenen Analyse.

[11] 41 3 wirkt durch den umständlichen Anschluß, die Überladenheit des Satzes wie ein Anhängsel an das Erzählte. Eine einfachere Form dieser Notiz findet sich in II Reg 25 25, wo sie auch besser in den Zusammenhang eingeordnet ist. Wahrscheinlich ist v. 3 hier sekundär und aus II Reg 25 25 hier eingedrungen, zumal man die in v. 1 völlig in der Luft hängende Zeitangabe »und es geschah im siebten Monat« auch nicht anders erklären kann und in 41 18 für die Begründung der Flucht nach Ägypten die Ermordung Gedaljas, nicht aber die der Chaldäer angeführt wird.

41 4-9 :   a) Einführung: Zeitangabe, Situation, Personen und Begründung
               ihres Auftretens v. 4f.
            b) Hauptteil: Reden und Konsequenzen v. 6-8
            c) Schlußbemerkung mit histor. Randbemerkung v. 9

41 10-15 : a) Einführung: Situation, Personen, Absichten v. 10
            b) Hauptteil: Bericht der Geschehnisse v. 11-15a
            c) Schlußbemerkung mit Bezug auf Einführung v. 15b

41 16—43 7 : a) Einführung: Situation, Personen, Absichten 41 16—42 1
              b) Hauptteil: Gespräch und Konsequenzen 42 2—43 5
              c) Schlußbemerkung mit Bezug auf Einführung 43 7

Daß alle diese Erzählungen zu einem Zyklus zusammengehören,
ergibt sich aus dieser Übersicht zwangsläufig, wird aber des weiteren
dadurch bestätigt, daß einige der Erzählungen untereinander noch
besonders eng verknüpft sind. So 37 17-21 mit 37 11-16 durch die in
v. 17 verwendeten Suffixe, die sich auf das vorausgehende Stück beziehen, 38 7-13 mit 38 1-6 durch den Rückbezug von v. 7 auf v. 6, 38 28b—
40 6 mit 38 14-28a durch die in v. 28b wiederaufgenommene Zeitangabe
von v. 28a, 41 4-9 mit 40 13—41 2 durch den Rückbezug von 41 4 auf
41 2 und 41 16—43 7 mit den vorausgehenden Berichten durch entsprechende Verweise in 41 16-18. Aufgrund dieser Beobachtungen läßt
sich mit Kremers[12] der Schluß kaum umgehen, daß alle diese Erzählungen von einem Verfasser herzuleiten sind. Um so auffallender muß
es sein, wenn gegenüber der sonst zu beobachtenden Strenge in Stil
und Form an einzelnen Punkten Unklarheiten in der Darstellung, wie
in 38 28b—40 6, oder sonst nicht zu beobachtende Stilelemente, wie
die Prophetenrede von 42 10-22 begegnen[13]. Ob es sich vor allem in
diesen Stücken um Ausnahmen von der Regel handelt, oder ob man
mit mehrfacher Überarbeitung im Laufe der Überlieferung zu rechnen
hat, muß eine gesonderte Analyse zeigen. Desgleichen ist zu überprü-
fen, welche Stellung innerhalb des Erzählungszyklus die schon erwähnten Abschnitte 37 1-10 39 15-18 und 40 7-12 einnehmen.

a) Jeremia 37 1-10

Text

37 1 Und anstelle [Konjas, des Sohnes]ª Jojakims gelangte Zedekia,
der Sohn Josias, den Nebukadrezar, der König von Babel, im Lande Juda
als König eingesetzt hatte, zur Herrschaftᵇ. 2 Und er, seine Diener und die
Bevölkerung des Landes hörten nicht auf die Worte Jahwes, die er durch
den Propheten Jeremia redete. 3 Und der König Zedekia sandte Juchalᶜ,
den Sohn Schelemjas, und den Priester Zephanja, den Sohn Maasejas, zu

---

[12] Kremers, Diss, 15.
[13] Vgl. den nicht näher ausgeführten Hinweis A. Jepsens, Nabi, 1934, 226.

dem Propheten Jeremia mit der Aufforderung: »Bete doch für uns zu Jahwe, unserm Gott!« 4 Jeremia aber ging (ungehindert) ein und aus unter dem Volk, und man hatte ihn (noch) nicht ins Gefängnis[d] getan. 5 Und es war das Heer des Pharao aus Ägypten ausgezogen; als aber die Chaldäer, die Jerusalem belagerten, die Kunde davon hörten, waren sie von Jerusalem abgezogen. 6 Und es erging das Wort Jahwes an den Propheten Jeremia: 7 »So hat Jahwe, der Gott Israels, gesprochen: 'So sollt ihr[e] zu dem König von Juda sprechen, der euch zu mir sandte, mich zu befragen: Siehe, das Heer des Pharao, das euch zur Hilfe ausgezogen ist, wird in sein Land nach Ägypten zurückkehren. 8 Die Chaldäer aber werden zurückkehren und gegen diese Stadt kämpfen, sie einnehmen und mit Feuer verbrennen.'« 9 So hat Jahwe gesprochen: »Täuscht euch nicht selbst, indem ihr sagt: 'Die Chaldäer werden endgültig von uns abziehen', denn sie ziehen nicht ab. 10 Selbst wenn[f] ihr das ganze Heer der Chaldäer, das gegen euch kämpft, schläget und nur einige Schwerverletzte unter ihnen übrigblieben, einzeln in ihrem Zelt würden sie sich erheben und diese Stadt mit Feuer verbrennen.«

a בן כניהו fehlt in 𝔊[BA], was nicht anders zu erklären ist, als daß 𝔊 diese Worte in ihrer Vorlage nicht vorfand[14]. Warum sollte 𝔊 eine historisch richtige Angabe ausgelassen haben[15]? Die Richtigstellung von 𝔐 im Sinne des historischen Tatbestands ist leichter zu erklären als die Streichung durch 𝔊, so daß die Nennung Jojachins als gelehrte Ergänzung zu streichen ist. Die Vernachlässigung der Regierung Jojachins in 𝔐 erklärt sich aus der Absicht des Stückes 37 1f. (siehe hierzu die Analyse) und konnte wegen der kurzen Regierungszeit dieses Königs in Kauf genommen werden. — b מלך ist wohl Dittographie und mit 𝔊 zu streichen. — c 38 1 liest יוכל; vgl. Rudolph zur Schreibung des Eigennamens. — d K כליא und Q כלוא außer hier nur noch 52 31, sonst immer כלא. — e 𝔊 liest den Singular und bezieht damit den Auftrag auf Jeremia selbst, muß daher auch אתכם אלי weglassen. — f Da ein irrealer Konditionalsatz vorliegt, ist besser וְאִם zu lesen, was durch καὶ ἐάν der Septuaginta gestützt wird.—

Analyse

37 1f.: Diese beiden Verse enthalten eine die Regierungszeit Zedekias einführende Bemerkung (v. 1) sowie eine allgemeine Beurteilung der Person des Königs (v. 2). Die sprachliche Form der historischen Notiz über den Regierungsantritt des Königs entspricht genau derjenigen der deuteronomistischen Rahmenstücke der Königsbücher[16], wobei durch den Relativsatz v. 1bβ, der II Reg 24 17 (vgl. 23 34) aufnimmt, diese Beziehung besonders deutlich hervortritt. Daß diese Beziehung nur als Abhängigkeit der Jeremiastelle von den Königsbüchern

---

[14] Vgl. J. Ziegler, Ieremias, Baruch, Threni, Epistula Ieremiae, Göttinger Septuaginta XV, 1957, 43.

[15] Rudolph: weil aus der Zeit Jojachins nichts zu berichten ist, was das Schicksal Jeremias entscheidend berührt. Kremers, Diss, 19: um den Widerspruch zu 36 20 aufzuheben.

[16] I Reg 11 43 14 20. 31 15 8. 24 16 6 u. ö.; vgl. P. R. Ackroyd, Historians and Prophets, SEÅ 33 (1968), 18—54 (44).

bestimmt werden kann, ergibt sich aus der ungeschickten Nebenein-
anderstellung der beiden in den Königsbüchern für je verschiedene
Tatbestände verwendeten Formeln: »und es wurde König« und »sie
machten zum König« hier in v. 1, wodurch auch die sprachlich unschöne Stellung des Relativsatzes zustande kam. Bei einiger Geschick-
lichkeit hätten sich die sprachlichen Härten umgehen lassen. Man war
aber offenbar an einer korrekten historischen Notiz stärker interessiert,
so daß schon vorliegende Texte nur mehr unwesentlich verändert
wurden. Es wäre auch möglich, an eine Ergänzung von v. 1a. bα durch
v. 1bβ nach II Reg 24 17 zu denken[17], der dann auch das in ᴥ fehlende
כניהו בן zugeschrieben werden könnte, nachdem unmittelbar vor
II Reg 24 17 über die Deportation Jojachins berichtet wird. Ganz von
der Hand zu weisen ist diese Möglichkeit nicht, nachdem auch in den
folgenden Kapiteln immer wieder Ergänzungen nach dem 2. Königs-
buch zu beobachten sind[18]. Doch selbst wenn die sprachlichen Schwierigkeiten auf Überarbeitung zurückzuführen wären, ist noch immer
damit zu rechnen, daß dem Verfasser von v. 1a. bα die deuteronomistischen Rahmenstücke der Königsbücher bekannt waren.

Dieser Eindruck verstärkt sich, wenn man beobachtet, daß sich —
entsprechend der in diesen Rahmenstücken auf die Notiz über den
Regierungsantritt folgenden pauschalen Verurteilung der Regierungs-
tätigkeit — hier in v. 2 ein undifferenziertes Urteil über das Verhalten
des Königs an die historische Notiz anschließt. Während jedoch
II Reg 24 19 hierfür die auch sonst in den Königsbüchern übliche
Formel gebraucht, gehört die Terminologie von Jer 37 2 offenbar in
jüngere Überlieferungsstadien des Jeremiabuchs[19]. Trotz dieser terminologischen Unterschiede, die sich aus dem jeweiligen Zusammenhang ergeben, ist eine sachliche Übereinstimmung zwischen beiden
Texten festzustellen. Charakterisiert II Reg 24 19 die Regierung Zedekias, indem sie mit der seines Vorvorgängers Jojakim verglichen
wird — »er tat, was Jahwe mißfiel, ganz wie Jojakim getan hatte« —,
so läßt sich Gleiches auch Jer 37 2 feststellen, da die kurz zuvor in
36 31 begegnenden Äußerungen über Jojakim — über ihn, seine Nachkommen, seine Diener und die Bevölkerung Jerusalems und Judas
wird Unheil kommen, da sie nicht gehört haben — hier in 37 2 auf
Zedekia übertragen erscheinen: er, seine Diener und die Bevölkerung

---

[17] Stade, ZAW 12, 282.

[18] Z. B. Kap. 39 und 41 1. 3.

[19] »Nicht auf Jahwe hören« begegnet häufig in den sog. deuteronomistisch bearbeiteten
Stücken 7 24. 26-28 11 8 u. ö., in späteren Erweiterungen, wie 29 19 36 31 40 3 u. ö.
Daß das Wort Jahwes 'durch' (ביד) einen Propheten gesprochen wird, wird in
dieser Form erst in frühnachexilischer Zeit gebräuchlich: Jes 20 2 Jer 50 1 Hag 1 1. 3
2 1 Mal 1 1; zum Gebrauch von עם הארץ vgl. E. Würthwein, Der 'amm ha'arez im
Alten Testament, 1936, 9f.

hören nicht auf Jahwes Worte. Haben unter anderem die Rahmenstücke der Königsbücher auch die Funktion, von der Regierungszeit
eines Königs zu der seines Nachfolgers überzuleiten, so wird man dies
angesichts der Übereinstimmungen zwischen II Reg 24 17-19 und Jer
37 1f. auch für den zur Diskussion stehenden Zusammenhang annehmen müssen. 37 1f. sollen demnach Kap. 36 mit den folgenden
aus der Zeit Zedekias stammenden Berichten verknüpfen[20]. Die Not-
wendigkeit solcher Verknüpfung[21] liegt offenbar darin begründet,
daß der folgende v. 3 nur sehr schlecht an 36 32 anschließt und mangels
eigener ausreichender Einleitung eine Überleitung geradezu fordert.

V. 3 leitet über zu einem Bericht über eine Gesandtschaft Zedekias
an Jeremia. Genannt werden in diesem Zusammenhang die beiden
Gesandten und der Auftrag, den sie erhalten. Während der Priester
Zephanja nach 21 1 schon einer ähnlichen Gesandtschaft angehörte
und dort von Paschchur, dem Sohn Malkijas, begleitet wurde, wird
er hier von Juchal begleitet, der mit Paschchur unter anderen in 38 1
genannt wird. Der Auftrag an Jeremia beinhaltet nichts weiter als die
Aufforderung zur Fürbitte. Im Gegensatz zu 42 2(4. 20), wo die gleiche
Formulierung ...התפלל begegnet, fehlt hier jede Motivierung für das
Ansinnen Zedekias[22], so daß die eigentliche Absicht der Gesandtschaft
im Dunkeln bleibt.

V. 4f. holt in Form einer Parenthese zwei Dinge nach, von welchen
eines in jedem Fall entbehrlich gewesen wäre, nämlich die Schilderung
der Lage Jeremias (v. 4), während die Schilderung der historischen
Situation (v. 5) für das Verständnis des Ganzen unbedingt nötig ist.
V. 4 nimmt die folgenden Erzählungen über die Gefangensetzung Jeremias vorweg, indem darauf hingewiesen wird, daß er noch nicht ins
Gefängnis gegeben wurde und sich noch frei bewegen konnte. Ein sol-

---

[20] Damit bestätigt sich die schon oft vorgetragene These, daß 37 1f. eine redaktionelle
Überleitung darstellten (Hitzig, Giesebrecht u. a. und zuletzt unter allgemeinem
Hinweis auf die Königsbücher Kremers, Diss. 19f., und Rietzschel 105). Damit er-
ledigt sich Weisers und Volz' These, 37 1f. sei die ursprüngliche Einführung eines ehemals selbständigen Erzählungskomplexes 37—44 (45). Gegen Rudolphs Ansicht,
daß die Neueinführung Zedekias angesichts von Kap. 21. 24. 27—29. 32 und 34 an
dieser Stelle auffällt und darum ihren ursprünglichen Platz vor Kap. 28f. innerhalb
der Barucherzählung gehabt habe, ist zu halten, daß im Blick auf 37 3 das Fehlen
von 37 1f. mehr als auffallen würde. Eine Umstellung des Textes entgeht diesen
Schwierigkeiten allerdings.

[21] Nach Weiser sind solche Überleitungen sonst nicht der Brauch des Redaktors, doch
die von Weiser angeführten Beispiele Kap. 32 und 34 treffen die Sache nicht, da
beide Kapitel eine ausreichende Einleitung haben, was man von 37 3ff. nicht behaupten kann. Außerdem gibt Weiser keine Erklärung für die schon von Duhm und
Hitzig herausgestellten Beziehungen zu Kap. 36.

[22] Anders auch in 21 1-7, wo die Aufforderung, Jahwe zu befragen (דרש!!), ausführlich
begründet ist.

cher Hinweis ist nur sinnvoll, wenn ihm eine Erzählung unmittelbar
vorausginge, die von einer Gefangensetzung Jeremias berichtete, etwa
Kap. 32f.[23], oder wenn er dazu dienen sollte, einen den folgenden Erzählungen vorzuschaltenden Bericht von diesen hinsichtlich der Situation des Propheten abzuheben. Da nach allem, was bislang über die
Redaktionsgeschichte des Jeremiabuchs erarbeitet wurde[24], nicht
damit zu rechnen ist, daß in einem bestimmten Überlieferungsstadium
Kap. 32f. — vielleicht einschließlich Kap. 34 — Kap. 37ff. unmittelbar vorausging, bietet sich der zweite oben genannte Lösungsvorschlag
für die Frage nach dem Sinn von v. 4 an. Rechnet man jedoch damit,
daß 37 3-10 zu dem folgenden Erzählungszyklus ursprünglich hinzugehörte, dann kommt man mit Rudolph um eine Bagatellisierung
dieser Fragen nicht herum. Die gemeinsam mit v. 4 hier eingetragene
historische Notiz v. 5 macht den Leser mit der Situation bekannt:
das babylonische Belagerungsheer ist wegen des herannahenden
ägyptischen Entsatzheeres von Jerusalem abgezogen. Diese Situation
ist auch in 37 11-16 und 34 8-22 vorausgesetzt.

V. 6: Mit der Einführung eines Jahwewortes knüpft v. 6 unmittelbar an v. 3 an und erweist damit v. 4f. eindeutig als Parenthese. V. 7f.
gibt nach einer doppelten Einführung den Inhalt des Jahwewortes
wieder. Die Doppelheit der Einführung (v. 7a) ergibt sich aus der vorangestellten Botenformel und den daran angeschlossenen, auf v. 3 zu-
rückweisenden Auftrag an die Gesandten Zedekias, wobei dieser erst
jetzt deutlich werden läßt, wie die Fürbitte v. 3 zu verstehen ist. Das
התפלל (v. 3) erhält nun seine Erläuterung durch das den Auftrag der
Gesandten näherbestimmende דרש, nach welchem sich die von Jeremia geforderte Fürbitte als Bitte um ein Jahweorakel erweist. Dieses
דרש wiederum findet sich in 21 1-7 anstelle des התפלל bereits in den
die Gesandtschaft einführenden Bemerkungen, womit dort eine
wesentlich deutlichere Form des Berichts erreicht wird. In 21 1-7 ist
es dann auch nicht mehr nötig, in der Antwort Jeremias — die abermals stilistisch geschickter formuliert ist, indem die Anrede an die
Gesandten vor die das Jahwewort einleitende Botenformel gestellt
wird — auf die Gesandtschaft noch einmal einzugehen. Der Vergleich
mit 21 1-7 ergibt — ganz abgesehen von der Frage einer eventuellen
Beziehung zwischen beiden Texten —, daß 37 3-10 wesentlich umständlicher aufgebaut ist als sein Gegenstück. Der Inhalt des Jahweworts nimmt die in v. 5 geschilderte historische Lage auf und redet in

---

[23] Diese schon von Duhm angestellten Beobachtungen hält Rudolph für gegenstands-
los, da eine solche an sich unnötige Bemerkung einem Erzähler verstattet sein müßte.
Letzteres ist gewiß nicht zu bestreiten, doch wird damit die Frage nach der Absicht
dieser Bemerkung, die doch sicherlich das Folgende als bekannt voraussetzt, nicht
beantwortet.

[24] Zuletzt Rietzschel.

sie unmittelbar hinein[25]. Die Chaldäer werden umkehren und neuerlich diese Stadt belagern, sie einnehmen und mit Feuer verbrennen. Die hierfür verwendeten Vokabeln sind typisch für alle Ankündigungen des Falls Jerusalems im Zusammenhang mit der Gestalt Zedekias[26], so daß aus der sprachlichen Gestaltung von v. 8 nur sehr wenig für seine Beurteilung zu entnehmen ist. Offenbar handelt es sich bei dieser Ankündigung um ein Jeremiawort, dessen Eindruck derart groß war, daß es in allen Zusammenhängen, die von der Ankündigung des Falls Jerusalems berichteten, verwendet wurde. 38 3 verwendet dieses Wort geradezu als summarische Zusammenfassung der Verkündigung Jeremias in der Zeit während der Belagerung durch die Babylonier. Im Blick auf die Formulierung von v. 8 erweist sich 34 22a als nächste Parallele; wahrscheinlich bedingt durch die gleiche Situation.

V. 9f. setzt mit der Botenformel neu ein und fügt damit ein weiteres Jahwewort an das erste an. Dieses Jahwewort setzt nun aber offenbar doch — wie es Kremers schon für das erste Wort v. 7f. annahm — eine andere Situation voraus, als die v. 5 beschriebene. Nach v. 5 sind die Chaldäer bereits abgezogen, was durch v. 7f. eindeutig bestätigt wird; nach v. 9f. hingegen hat man damit zu rechnen, daß die Chaldäer die Stadt (noch) belagern[27]. Darüber hinaus fällt auf, daß v. 9 für den Abzug der Chaldäer die Wendung הלך מעל, v. 5 und v. 11 dagegen עלה מעל verwenden[28]. Außerdem fragt man sich, was hinter der Ankündigung, die Chaldäer werden wieder zurückkehren und Jerusalem vernichten, der Hinweis auf die unberechtigten Hoffnungen der Jerusalemer bezwecken soll. Er stünde besser vor v. 7b. Alle diese Einzelbeobachtungen lassen den Schluß zu, daß v. 9f. nicht ursprünglich mit v. 7f. verbunden war; wo v. 9 allerdings seinen ursprünglichen Platz hatte, ist nicht mehr auszumachen. Jedenfalls scheint sich v. 9f. besser in die 21 1-7 angegebene als in die v. 5-8 und 34 22 vorausgesetzte Situation einzufügen.

Überblickt man 37 1-10 als ganzes, so ergibt sich ein sehr uneinheitliches Bild. Zwei, verschiedene Situationen voraussetzende

---

[25] Es ist nicht einzusehen, worin Kremers, Diss, 21, eine Verschiedenheit der Situation in v. 5 und in v. 7 zu erblicken vermeint. In beiden Versen wird der Abzug der Chaldäer wegen des ägyptischen Heeres als vollzogen angesehen.

[26] 21 2. 10 32 3. 24. 28f. 34 2. 22a 37 10 38 3. 17f. 23 enthalten zur Umschreibung dieses Sachverhalts in verschiedenen Kombinationen die Worte נתן, לכד, לחם und שרף.

[27] Die Andersartigkeit der Situation und die Verwendung eines irrealen Konditionalsatzes rechtfertigen Duhms Änderungen in v. 10 und die Streichung von v. 9 durch Erbt nicht.

[28] Eigentümlich an der Terminologie ist außerdem die Konstruktion von לחם mit את (sonst על), die sonst nur noch in dem redaktionellen Stück 32 5 (Rudolph: unter anderm von 37 8-10 abhängig) und in 21 5 als Bezeichnung für Jahwes Kämpfen mit Jerusalem begegnet. V. 10bβ entspricht wieder der üblichen Terminologie (s. o. Anm. 26).

Jahweworte v. 7b. 8 und v. 9f. bilden den Zielpunkt des Stückes. Nur eines der beiden ist mit einer entsprechenden Einführung v. 3-7a verbunden. Die Einführung selbst — an 21 1-7 erinnernd — ist wiederum sehr umständlich aufgebaut. Die den genauen Zeitpunkt und die Absicht der Gesandtschaft Zedekias vernachlässigende Einleitung (v. 3) zwingt zu nachholenden Erläuterungen in Form von Parenthesen (v. 4f.) und umständlichen Erweiterungen der eigentlichen Jahwewort-einführungen. Dieser ganze Abschnitt wiederum ist mit einer an den Rahmenstücken der Königsbücher orientierten historischen Einleitung versehen, die 37 3-10 gleichzeitig mit dem vorausgehenden Kap. 36 verknüpft.

Vergleicht man den Aufbau von 37 3-10 — da seine Funktion schon bestimmt wurde, kann 37 1f. zunächst außer acht gelassen werden — mit dem anderer vergleichbarer Stücke[29], so zeigt sich sofort, daß sich 37 3-10 allen Einordnungsversuchen zunächst widersetzt. Es weist weder den Aufbau der in Kap. 37 11ff. folgenden Erzählungen noch die Form der Prophetenreden von 21 1-7 (32)33 34 1-7. 8-22 auf. Es kennt weder den klaren Dreischritt der Erzählungen von 37 11ff. noch die Einführungsformeln von 21 1f. 32 1-5 33 1 34 1. 8-11, die die Einführung der Jahweworte mit den Zeit- und Situationsangaben verbinden, ehe sie den Inhalt der Jahweworte wiedergeben. Umgekehrt erinnert 37 3-10 an 21 1-7 usw. insofern, als seine Hauptabsicht die Wiedergabe eines Jahwewortes ist[30], und an den folgenden Erzählungs-komplex, als es durch v. 3 im Stil der Erzählung gehalten ist. Vor allem aus den letzten Beobachtungen läßt sich nun aber die Absicht, die hinter 37 3-10 steht, erkennen: Es sollten erstens die die Verkündigung Jeremias zur Zeit der Belagerung Jerusalems charakterisierenden Jahwe-worte[31] an die Spitze des folgenden Erzählungskomplexes gestellt werden und darum zweitens Stil und Situation der folgenden Erzählungen berücksichtigt werden[32]. Daß dies nur sehr unvollkommen gelang, unterscheidet dieses mit Recht so zu nennende redaktionelle Stück von beiden zum Vergleich herangezogenen Textkomplexen.

Ob v. 9f., der ja eine andere Situation vorauszusetzen scheint als der übrige Abschnitt, der Ungeschicklichkeit der Redaktion zuzuschreiben ist, oder aber noch später in den Zusammenhang eingescho-

---

[29] In Frage kommen hierfür vor allem die durch sprachliche, sachliche und geschichtliche Parallelen zu 37 3-10 in Beziehung stehenden Texte 21 1-7 34 1-7. 8-22 37 11ff., vielleicht noch Kap. 32 und 33.

[30] Im folgenden Erzählungszyklus sind die Jahweworte jeweils in den Erzählungs-zusammenhang organisch eingefügt.

[31] Daher auch die zahlreichen sprachlichen Übereinstimmungen mit den aus derselben Zeit an andern Stellen des Jeremiabuchs überlieferten Worten.

[32] Dies wird erreicht durch die erzählende Einleitung v. 3 (vgl. 37 17 38 14), den Verweis auf Jeremias Gefangennahme v. 4 und die Angabe der Situation v. 5 nach 37 11.

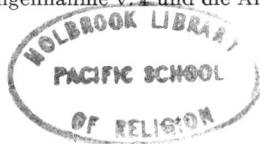

ben wurde, läßt sich nicht mehr feststellen. Ebenso schwierig dürfte
es sein, das Verhältnis zwischen 21 1-7(-10) und 37 3-10 endgültig zu
klären[33]. Dennoch darf nach den angestellten Analysen ein — wenn
auch mit Fragezeichen zu versehener — Versuch unternommen werden. Läßt man zunächst die eindeutig auf die folgenden Erzählungen
verweisenden Verse 37 4 und 5 außer acht, dann ergeben sich für den
Rest des Textes folgende Querverbindungen: V. 3 verweist mit der
Gesandtschaft selbst auf 21 1-7, in der Formulierung auf 37 17 und
38 14; Juchal, der Sohn Schelemjas, auf 38 1, der Priester Zephanja,
der Sohn Maasejas, auf 21 1; התפלל auf 42 2, v. 7 דרש auf 21 2, ebenso
die Einführung des Jahweworts v. 7a. Daraus und nach allem, was
über die Funktion von 37 3-10 bereits gesagt wurde, läßt sich erschließen, daß dieses Stück sowohl von 21 1-7 als auch von 37 11—43 7
her gestaltet wurde. Mit diesem Vorschlag kommt man Kremers am
nächsten, der — wie oben schon angemerkt — eine gemeinsame Grundform der beiden fraglichen Stücke annimmt und weiter voraussetzt,
daß 37 3-10 mit Hilfe von v. 4f. der Erzählung 37 11ff. vorgeschaltet
wurde. Gleichgültig, ob man sich mit Kremers dafür entscheidet, daß
37 3. 6-10 als mit erzählendem Rahmen versehenes Gotteswort vor den
Erzählungskomplex gestellt wurde, oder ob man — wie oben vorge-
schlagen — annimmt, daß 37 3-10 von 21 1-7 her auf das Folgende hin
formuliert wurde, es ist in jedem Fall schwerlich damit zu rechnen,
daß 21 1-7 jünger ist als 37 3-10, und noch weniger damit, daß 37 3-10
ursprünglich zum folgenden Erzählungszyklus gehört hat.

b) Jeremia 38 28b—40 12

Text

38 28b Und es geschah[a], als Jerusalem eingenommen war, [39 1 im
neunten Jahre Zedekias, des Königs von Juda, im zehnten Monat rückte
Nebukadrezar, der König von Babel, und sein ganzes Heer gegen Jerusalem
und belagerte es; 2 im elften Jahr Zedekias, im vierten Monat, am neunten

---

[33] An Versuchen, das Problem zu lösen, hat es nicht gefehlt: Angefangen von der durch
die Situationsangaben nahegelegten Annahme von zwei Berichten über verschiedene
Gesandtschaften (Hitzig, Giesebrecht, Cornill, Volz, Schmidt, Bright, Lamparter
und Weiser), über die Behauptung einer einzigen und später getrennten Erzählung über nur eine Gesandtschaft (Stade, ZAW 12, 280—285) führen die
angebotenen Lösungsmöglichkeiten schließlich zu der Annahme zweier verschiedener
Berichte über ein und dasselbe Ereignis, wobei von einzelnen Unterschieden abgesehen, Erbt, Hyatt, Rudoph und J. Scharbert, Die Propheten Israels um 600
v. Chr., 1967, 251, im wesentlichen annehmen, daß 21 1-7 aufgrund von 37 3-10
frei komponiert oder überarbeitet wurde, also 37 3-10 den ursprünglicheren Bericht enthalte, während Kremers, Diss, 22, annimmt, daß beide Berichte aus
einer Grundform hervorgegangen seien.

des Monats wurde die Stadt erobert[1];] 3 da rückten alle Obersten des Königs
von Babel ein und ließen sich im Mitteltor nieder, Nergalsarezer, der Fürst
von Sin-Magir, der Rabmag, und Nebuschasban, der Rabsaris[b], und alle
übrigen[c] Obersten des Königs von Babel. [4 Und als Zedekia, der König
von Juda, und alle Kriegsleute es[d] sahen, flohen sie und verließen nachts
auf dem Königsgartenweg durch das Tor zwischen den beiden Mauern die
Stadt und wandten sich[e] in Richtung Araba. 5 Aber das Heer der Chaldäer
verfolgte sie und holte Zedekia in den Steppen von Jericho ein. Da ergriffen
sie ihn und führten ihn hinauf zu Nebukadrezar, den König von Babel, nach
Ribla im Lande Hamat. Der aber hielt Gericht über ihn. 6 Und der König
von Babel ließ die Söhne Zedekias vor seinen Augen in Ribla hinschlachten;
ebenso ließ der König von Babel die Vornehmen Judas hinschlachten. 7 Die
Augen Zedekias aber blendete er und ließ ihn mit Ketten fesseln, um ihn
nach Babel zu bringen. 8 Den Palast des Königs aber, den Tempel und die
Häuser der Bevölkerung[f] verbrannten die Chaldäer mit Feuer und die
Mauern Jerusalems rissen sie ein. 9 Und den Rest des Volkes, der in der
Stadt übrigblieb, sowie die, die zu ihm[g] übergelaufen waren, und den Rest
der Handwerker[h] führte Nebusaradan, der Oberste der Leibwache, ge-
fangen nach Babel. 10 Von der geringen Bevölkerung aber, die keinen Be-
sitz hatte, ließ Nebusaradan, der Oberste der Leibwache, welche im Lande
Juda zurück und gab ihnen Weinberge und Äcker[i] (zu jener Zeit)[j].] [11 Und
Nebukadrezar, der König von Babel, erteilte dem[k] Nebusaradan, dem
Obersten der Leibwache, folgenden Jeremia betreffenden Befehl: 12 »Hole
ihn und habe acht auf ihn und tue ihm nichts Böses, sondern[l] wie er es dir
sagen wird, so verfahre mit ihm.«] [13 Und Nebusaradan, der Oberste der
Leibwache, und Nebuschasban, der Rabsaris, und Nergalsarezer, der Rabmag, sandten.] 14[m] Und sie ließen den Jeremia aus dem Wachthof holen
und übergaben ihn dem Gedalja, dem Sohn Achikams, des Sohnes Schaphans, daß er ihn in (s)ein Haus bringe. Und er blieb unter dem Volk.

[15 Und an Jeremia erging das Wort Jahwes, als er noch im Wachthof
gefangen war: 16 »Geh' und sage zu Ebedmelech, dem Kuschiten: 'So
hat Jahwe Zebaoth, der Gott Israels, gesprochen: Siehe, ich erfülle[n]
meine Worte über dieser Stadt zum Unheil und nicht zum Heil. Und
wenn sie vor dir an jenem Tage eintreffen[o], 17 dann werde ich dich an
jenem Tag erretten, ist der Spruch Jahwes, und du wirst nicht in die
Hand der Männer gegeben werden, vor denen du dich fürchtest, 18 sondern ich werde dich davonbringen, und du wirst nicht durch das Schwert
fallen; und dein Leben sollst du als Beute erhalten, weil du auf mich
vertraut hast, ist der Spruch Jahwes.'«]

[40 1 Das Wort, das von Jahwe her an Jeremia erging, nachdem ihn
Nebusaradan, der Oberste der Leibwache, von Rama entlassen hatte, wo
er seiner habhaft wurde — er befand sich nämlich mit Fesseln gebunden
inmitten aller Deportierten aus Jerusalem und Juda, die nach Babel weggeführt werden sollten. 2 Und als der Oberste der Leibwache Jeremias[p]

---

[1] Zu G. Brunet, La prise de Jérusalem sous Sédécias. Les sens militaires de l'hébreu
bâqaʿ, RHR 167 (1965), 157—176, siehe Rudolph.

habhaft geworden war, sprach er zu ihm: »Jahwe, dein Gott, hat über
diesem Ort Unheil angekündigt 3 und führte es herbei und tat, wie er geredet hatte, weil ihr gegen Jahwe gesündigt habt und auf seine Stimme
nicht gehört habt, so daß euch dies[q] geschehen mußte. 4 Und nun, siehe,
ich löse dir hiermit die Fesseln an deinen Händen[r]; wenn es dir gut scheint,
mit mir nach Babel zu kommen, so komm', und ich will achthaben auf dich;
wenn es dir aber nicht gefällt, mit mir nach Babel zu kommen, dann laß es;
siehe, das ganze Land steht dir offen. [s]Wenn es dir gut (...) 5 scheint, zu
bleiben, so kehre um[s] zu Gedalja, dem Sohn Achikams, des Sohnes Schaphans, den der König von Babel (als Statthalter) über die Städte Judas gesetzt hat, und wohne bei ihm inmitten des Volkes, oder geh', wohin es dir
recht scheint.« Und der Oberste der Leibwache gab ihm Wegzehrung und
ein Geschenk und entließ ihn.] 6[m] Und Jeremia kam zu Gedalja, dem Sohn
Achikams, nach Mizpa und blieb bei ihm inmitten des Volkes, das im Land
übriggeblieben war.

[7 Und als alle Heerführer, die sich mit ihren Männern noch auf freiem
Feld befanden, hörten, daß der König von Babel Gedalja, den Sohn Achikams, (als Statthalter) über das Land gesetzt und ihm Männer, Frauen und
Kinder und von den Geringen des Landes diejenigen[t], die nicht nach Babel
weggeführt worden waren, anvertraute, 8 da kamen sie zu Gedalja nach
Mizpa, nämlich Ismael, der Sohn Natanjas, Jochanan und Jonatan, die
Söhne Kareachs[u], Seraja, der Sohn Tanchumets, die Söhne Efais[v], des Neto-
fatiters, Jesanja, der Sohn des Maachatiters, und ihre Männer. 9 Und Gedalja, der Sohn Achikams, des Sohnes Schaphans, versicherte ihnen und
ihren Männern unter Eid: »Fürchtet euch nicht, den Chaldäern zu dienen[w],
bleibt im Land und dient dem König von Babel, so wird es euch gut gehen.
10 Und ich selbst bleibe in Mizpa als Vertreter vor den Chaldäern, die zu
uns kommen werden; ihr aber, erntet Wein, Obst und Öl und tut sie in eure
Vorratsgefäße und bleibt in euren Städten, die ihr in Besitz genommen
habt.« 11 So hatten auch alle Judäer, die sich in Moab, bei den Ammonitern,
in Edom und in allen (übrigen) Ländern[x] befanden, gehört, daß der König
von Babel Juda einen Rest gelassen und über ihn Gedalja, den Sohn Achikams, des Sohnes Schaphans, (als Statthalter) gesetzt hatte. 12 Da kehrten
die ganzen Judäer aus all den Orten, wohin sie versprengt worden waren,
zurück und kamen in das Land Juda zu Gedalja nach Mizpa[y]. Und es gab
eine überreiche Wein- und Obsternte.]

a 6 MSS lesen ויהי, doch vgl. 3 9 37 11 und 40 3. — b Die Aufzählung der Namen
ist in Unordnung geraten und mit Rudolph[2] nach v. 13 und einer von Unger[3] erstmals
veröffentlichten Liste von Beamten Nebukadnezars zu rekonstruieren[4]. — c שארית
ist im Zusammenhang solcher Aufzählungen ungewöhnlich und fehlt auch in v. 13
(vgl. 36 12 40 13); es ist mit Ehrlich als Dittographie zum folgenden zu streichen. —

[2] Rudolph, ZAW 48, 283f.
[3] E. Unger, Namen im Hofstaate Nebukadnezars II., ThLZ 50 (1925), 481—486.
[4] Anders Volz, der auch Nebusaradan genannt wissen will; doch geht diese Rekon-
    struktion weit über das Vertretbare hinaus und berücksichtigt nicht, daß 'Nebu-
    saradan' in v. 13 wahrscheinlich erst durch v. 11f. bedingt ist. Vgl. auch S. Feigin,
    The Babylonian Officials in Jeremiah 39 3. 13, JBL 45 (1926), 149—155.

d Da sich das v. 4 Gesagte ursprünglich auf v. 2 bezog, ist besser רָאָה zu lesen (Duhm ?, Volz). — e Nach 52 7 stünde an dieser Stelle וילכו besser als ויצא. — f In 52 13 und II Reg 25 9 findet sich neben Palast und Wohnhäusern auch der Tempel genannt, so daß vor allem wegen des jetzt unpassenden singularischen בית העם angenommen werden kann, daß zwischen beiden Worten ein יהוה ואת בתי ausgefallen ist (Cornill, Rudolph)[5]. — g Statt des עליו, das sich jetzt auf Nebusaradan bezieht, haben die Paralleltexte 52 15 und II Reg 25 11 genauer »zum König von Babel«. — h Die letzten vier Worte von v. 9a, jetzt nur unnötige Dublette der ersten vier Worte, sind ebenfalls nach 52 15 zu verbessern: lies ואת יתר האמון. — i יגבים ist in der Bedeutung unsicher. Die Paralleltexte 52 16 und II Reg 25 12 haben »Weinbauern und יֹגְבִים«. Wegen des parallelen »Weinberg« bietet sich die Bedeutung »Acker« an[6]. »Fronleistung« (KBL) als Bedeutung ist nicht sehr wahrscheinlich. — j Die Zeitangabe am Schluß des Verses hinkt merkwürdig nach; daran ändert auch die Übersetzung »gleichzeitig« durch Rudolph und Weiser nicht viel. Duhm und Bright ziehen unter geringfügiger Änderung des Kontextes diese Wendung zum folgenden v. 11 und erhalten auf diese Weise einen markanten Neueinsatz. Hitzig kommt ohne Textänderungen aus und nimmt an, daß der Verfasser des »Einschiebsels« dieses durch den Zusatz »an jenem Tage« gegen das Folgende abschließt. Sowohl Duhm und Bright als auch Hitzig sehen jedenfalls mit dieser Wendung eine Nahtstelle markiert. Mehr läßt sich darüber hinaus nicht sagen. — k ביד hier ähnlich gebraucht wie in 37 2. — l Ob man mit K das אם liest oder es mit Q vernachlässigt, ändert am Sinn des Textes nichts. — m Der Text von v. 14 bereitet große Schwierigkeiten, die zum Teil durch die komplizierte Überlieferungsgeschichte des gesamten Textkomplexes mit bedingt sind. Es empfiehlt sich aus diesem Grund und wegen des oftmals ausgesprochenen Verdachts, daß wenigstens v. 14b eine Vorwegnahme von 40 6 darstelle (Duhm, Cornill, Rothstein), die Frage nach dem Text dieser beiden Verse erst nach einer literarkritischen Analyse zu stellen. — n Lies das Qere מֵבִיא. — o V. 16b fehlt in ⑥ und ist auch sehr umständlich formuliert. Es könnte sich um eine Glosse, die auf das inzwischen eingetretene Ereignis hinweist, handeln. — p לקח mit Objekt + ל ist Aramaismus. — q Lies mit Q הדבר. Anders Driver[7]. — r ידך ist Dual; vgl. 38 22. — s V. 4aβ. b fehlt in ⑥; אל־טוב ist ohne Artikel konstruiert; v. bβ wird in v. 5 wiederholt und der Beginn von v. 5 ist unübersetzbar. Daß der Text verdorben ist, ist allem nach deutlich. Die beste Rekonstruktion des Textes ist immer noch die von Volz: v. 4b ist als Dittographie zur gleichlautenden Passage in v. 5 zu streichen; das verbleibende אל־טוב in v. 4 und der unverständliche Anfang von v. 5 sind in אם טוב בעיניך לשבת שבה zu verbessern. — t ⑥ kürzt den v. 7 etwas. מ׳ מדלת הארץ könnte aus 52 16 eingedrungen sein (Duhm, Giesebrecht). — u Jonatan fehlt in ⑥ und II Reg 25 23, beide lesen dementsprechend בן. Vor allem wegen II Reg 25 23 könnte man an Dittographie denken, da jedoch II Reg 25 23 ובני עופי ebenfalls fehlt, in ⑥ aber gelesen wird, ist die Annahme von Haplographie in ⑥ wahrscheinlicher[8]. — v Ob K עופי oder Q עיפי ursprünglich ist,

---

[5] Kremers, Diss. 47. F. Landsberger, The House of the People, HUCA 22 (1949), 149—155, hält aufgrund des Gebrauchs von בית עמא für den Tempel in mandäischen Texten בית העם für eine Interpolation aus nachexilischer Zeit.

[6] A. Schwarzenbach, Die geographische Terminologie im Hebräischen des Alten Testaments, 1954, 91.   [7] G. R. Driver, Hebrew Notes, VT 1 (1951), 241—250.

[8] Schmidt hält auch die Nennung Ismaels in diesem Vers für nicht ursprünglich, da Ismael erst in 41 1 eingeführt wird. Dem kann man nicht zustimmen, da 40 7-9 und II Reg 25 23f. offensichtlich Dubletten sind.

läßt sich nicht mehr feststellen. ⑮ hat ωφει. — w II Reg 25 24 liest מעבדי, ⑮ setzt ähnliches voraus. — x ⑮ hat den Singular: »auf der ganzen Erde«?, »im ganzen Land«? — y ⑮ läßt v. αα aus, der zwar entbehrlich ist (Duhm), aber durchaus hier stehen kann. —

Analyse

Die durch die eben vorgelegte Übersetzung des Textes von 38 28b—40 12 bedingte Abgrenzung desselben von seinem Kontext entspringt einem praktischen Bedürfnis. Sie ist nicht vorweggenommenes Ergebnis der Analyse und soll auch nicht vorweg die Einheitlichkeit dieses Abschnittes behaupten. Die Textabgrenzung ist vielmehr deshalb so gewählt, weil die diesem Abschnitt vorausgehenden und folgenden Erzählungen alle den dem Erzählungskomplex 37 11—43 7 eigentümlichen Aufbau aufweisen, hingegen 38 28b—40 12 schon aufgrund eines offenbar sehr komplizierten Überlieferungsprozesses aller Einheitlichkeit und Geschlossenheit entbehrt[9] und darum einer eigenen Untersuchung bedarf. Die Fülle der zu diesem Problem bereits vorliegenden Untersuchungen, deren Ergebnisse sich im wesentlichen in drei Gruppen gliedern lassen[10], erlaubt es, auf eine Wiederholung der

[9] Einzig M. Noth, Überlieferungsgeschichtliche Studien I, 1943, 86f., hält Jer 39—41 für eine offenbar einheitliche Quelle, die II Reg 25 vorgelegen haben soll: »so wird zunächst in 25 1-12 der Fall von Jerusalem im wesentlichen einfach nach Jer 39 1-10 erzählt, ...« K. Baltzers Meinung zu diesem Textkomplex ist schwer zu erheben, da er sich auf Rudolph und Noth gleichzeitig beruft, die doch zu Jer 39—41 in sehr verschiedener Weise Stellung genommen haben (K. Baltzer, Das Ende des Staates Juda und die Messias-Frage, in: Studien zur Theologie der alttestamentlichen Überlieferungen, G. v. Rad-Festschrift, 1961, 33—43).

[10] Abgesehen von der einheitlichen Ansicht, daß 39 1f. 4-10 redaktioneller Einschub aus II Reg 25 1-7. 9-12 par. Jer 52 4-7. 9-12 ist und der restliche Bestand des Abschnittes in drei Unterteile zerfällt: 1. 38 28b 39 3. 14; 2. 40 1-6 und 3. 40 7-12, von denen der letzte von den meisten Forschern dem Erzählungskomplex zugerechnet wird (Ausnahmen: Hyatt; H. Cunliffe-Jones, The Book of Jeremiah, 1960, 19. 232, und Kremers, EvTh 13, 126), gehen die Ansichten bezüglich der Beurteilung von 38 28b—39 14* und 39 11f. 40 1-6 ziemlich weit auseinander: 1. Beide Stücke sind »echt« (Hitzig, Orelli, Köberle, Lamparter, Giesebrecht, Rothstein, Weiser, Rudolph; Scharbert, Die Propheten Israels um 600 v. Chr., 1967, 269; O. Eißfeldt, Baruchs Anteil an Jeremia 38 28b—40 6, Oriens Antiquus 4, 1965, 31—34; ders., Unheils- und Heilsweissagungen Jeremias als Vergeltung für ihm erwiesene Wehund Wohltaten, WZ Halle-Wittenberg 14, 1965, 181—186 [jetzt: Kl. Schriften IV, 1968, 176—180 und 181—192]; J. Zuckerbram, Variants in Editing, Melilah 3—4, 1950, 1—54, nach P. Benoit, RB 61, 1954, 300f.); 2. 40 1-6 ist »unecht« (Duhm, Erbt, Cornill, Hyatt, Kremers); 3. beide Stücke könnten Paralleltraditionen darstellen (Schmidt: »Untereinander widersprechen sie sich ... in der Darstellung der Gefangennahme und Freilassung Jeremias.« Dennoch sind beide als zuverlässig anzusehen. »Über die Ereignisse einer so furchtbaren Stunde sind völlig einstimmige Berichte schlechterdings nicht zu erwarten.« — Bright 233f. 245f. vermutet — unter Be-

ständig wiederkehrenden Argumente zu verzichten und die eigenen Ergebnisse in einer Zusammenfassung darzulegen, wobei auch hier wieder das Hauptaugenmerk auf die Überlieferungsgeschichte gerichtet werden soll, und zwar insbesondere des Abschnittes 38 28b—40 6. Der Bericht über die Statthalterschaft Gedaljas 40 7-12 soll weiter unten gesondert behandelt werden.

Aus dem Abschnitt *38 28b—40 6* lassen sich, als nicht zum ursprünglichen Erzählungszusammenhang gehörig, zwei Stücke ohne Mühe ausscheiden: 1. das Wort an Ebedmelech 39 15-18 als eine Einheit für sich, und 2. der aus Jer 52 4-11. 13-16 bzw. II Reg 25 1-7. 9-12 stammende Bericht über die Einnahme Jerusalems und das Geschick Zedekias und seines Volkes 39 1f. 4-10. Hat die Einfügung des ersten Stücks an seine jetzige Stelle offenbar keine Änderung des Kontextes nach sich gezogen, so dürfte die Eintragung aus 52 4-11. 13-16 ganz wesentlich zur Umgestaltung des Kontextes beigetragen haben. Auffällig ist zunächst, daß die sehr wesentlichen Zeitangaben des Erscheinens Nebusaradans in Jerusalem 52 12 bzw. II Reg 25 8 in Kap. 39 nicht aufgenommen wurden, und zwar kaum aus Versehen, sondern vielmehr ganz absichtlich. Augenscheinlich sollte die zeitliche Differenz zwischen der Eroberung Jerusalems und dem Auftreten Nebusaradans bzw. zwischen seinem Wirksamwerden und dem der in v. 3 genannten Beamten Nebukadnezars möglichst unterdrückt werden, um einen Ausgleich zwischen beiden zu schaffen, was ganz deutlich aus v. 13 hervorgeht, der einerseits die nach v. 3 unterbrochene Erzählung wiederaufnimmt[11], andererseits sowohl die v. 3 genannten Beamten als auch Nebusaradan gemeinsam handelnd einführt. Die Gründe für dieses Vorgehen dürften folgende gewesen sein: 1. dem Interpolator lagen zwei miteinander verbundene oder unmittelbar aufeinanderfolgende Berichte über Freilassungen Jeremias bereits vor (38 28b + 39 3. 14 und 40 1-6), deren geschichtlicher Hintergrund durch die Einfügung aus Jer 52 deutlich gemacht werden sollte, bedingt durch das Bestreben, offensichtliche »Mängel« des ursprünglichen Erzählungszusammenhangs — das Geschick Zedekias und seines Volkes, das in den Erzählungen bis 38 28a eine so große Rolle spielte, wird im entscheidenden Augenblick nicht einmal erwähnt — zu beheben; 2. der zu diesem Zweck herangezogene Text aus Kap. 52 bzw. II Reg 25, der darüber hinaus auch noch den Vorzug aufwies, Position

---

rufung auf J. Skinner, Prophecy and Religion, Studies in the Life of Jeremiah, 1922, 258f. —, daß beide Berichte die entsprechenden Fortsetzungen von 37 11-21 bzw. 38 1-28a darstellten, welche »are slightly divergent, but complementary and not essentially disharmonious accounts of the same series of events«, deren Einleitungen 37 1-10 bzw. 21 1-10 — vgl. 38 2 und 21 9 — gewesen sein könnten).

[11] Vgl. C. Kuhl, Die »Wiederaufnahme« — ein literarkritisches Prinzip?, ZAW 64 (1952), 1—11.

und Funktion des in 40 1-6 auftretenden Nebusaradan mitzuteilen, brachte notwendig chronologische Differenzen mit sich, wollte man ihn einigermaßen geschlossen und an günstiger Stelle unterbringen. Mit der Einfügung von 39 1f. 4-10 sind auch die durch die Wiederaufnahme v. 13 als in ihrem jetzigen Zusammenhang sekundär erwiesenen v. 11-12 an ihre Stelle gekommen. Sie beziehen sich eindeutig auf 40 1-6, und es besteht kein Grund, sie diesem Abschnitt nicht auch zuzuordnen.

Es bleiben also nach Ausscheidung von 39 1f. 4-10. 13 und Umstellung von v. 11f. zwei Berichte über Freilassungen Jeremias: 1. 38 28b + 39 3. 14 und 2. 39 11f. + 40 1-6; beide beziehen sich auf je verschiedene Ereignisse und sind aufgrund späterer Einschaltungen nicht mehr in ihrem ursprünglichen Zustand erhalten. Dies gilt vor allem für 39 11f. + 40 1-6, den Bericht über die Freilassung Jeremias durch Nebusaradan, der nach der eben erwähnten Aufspaltung durch eine redaktionelle Überschrift (40 1a. b) eine weitere Umgestaltung erfahren hat, so daß es fast aussichtslos erscheint, durch literarkritische Operationen den originalen Text vor allem von 40 1 auch nur einigermaßen wiederherzustellen[12]. Das Verhältnis beider Erzählungen zueinander ist darum auch nur mehr aufgrund einiger weniger Indizien rekonstruierbar. Beide Berichte weisen die gleiche Schlußformel auf 39 14b und 40 6b, so daß man geneigt ist, an Wiederholung zu denken. Die Rede Nebusaradans, besser die Predigt Nebusaradans (40 2b. 3) ist aus Formeln zusammengestellt, die vorwiegend den jüngeren Bearbeitungen des Jeremiabuchs zuzuordnen sind[13]; darüber hinaus fällt es schwer, eine solche Predigt nicht der Legendenbildung zuzuschreiben[14]. V. 5aα, vor allem וישב אתו בתוך העם, nimmt in ganz

---

[12] So beschränkt sich auch Rudolph darauf, durch Umstellung einzelner Versteile von 40 1-6 eine einleuchtende Reihenfolge zu schaffen. — In der Beurteilung der redaktionellen Überschrift 40 1aα schließe ich mich Rudolph an, der sie derjenigen Redaktion des Jeremiabuchs zuschreibt, die mit 1 3aβ. b und 40 1aα eine Zweiteilung des Buches nach historischen Gesichtspunkten vornimmt. Gegen Lamparter und Eißfeldt (s. o. Anm. 10), die hinter 40 1a. bα die Einleitung eines verlorengegangenen Heilswortes an Nebusaradan vermuten, ist zu halten, daß die von Eißfeldt angeführten formalen Analogien 45 1 und 39 15 zur Begründung nicht ausreichen (so schon Rudolph, der sachliche Gründe anführt), da die Form der Überschrift von 40 1 eher mit Überschriften wie 30 1 32 1 34 1, vor allem aber wie 21 1 (ב mit Infinitiv), 33 1 (הוא mit Partizip passiv), 34 8 (אחר mit folgendem Verb) in Zusammenhang zu bringen ist als mit 45 1, dessen einzige Parallele in 51 59 vorliegt (siehe die Analyse beider Stücke).

[13] »Nicht auf Jahwes Stimme hören« 3 25 7 23. 28 9 12 18 10 22 21 u. ö.; »המקום הזה« 19 3. 6. 7 28 3f. 6 29 10. 14 u. ö.; »Unheil ankündigen« 16 10; »Unheil bringen« 11 11. 23 19 3. 15 35 17. Rudolph: »Die einleitenden Worte des babylonischen Stadtkommandanten (40 2b. 3), die in uns sehr geläufigen Wendungen vom verdienten Schicksal Jerusalems reden, sind natürlich von Baruch stilisiert.« Siehe auch S. 126 Anm. 25.

[14] Vgl. Rothsteins Hinweis auf II Chr 35 21f.

ungeschickter Weise v. 6 vorweg. Es fehlt das Bindeglied zwischen beiden Berichten über Jeremias Freilassung, von dem trotz Berücksichtigung der literarischen Schwierigkeiten nur sehr schwer angenommen werden kann, daß es während des Überlieferungsprozesses völlig verlorengegangen sein soll, sollten in der Tat beide Berichte von einer Hand stammen bzw. ursprünglich gemeinsam überliefert worden sein. Besonders auffällig an 39 11f. + 40 1-6 ist die Schilderung der Behandlung Jeremias und seines Ansehens bei den Babyloniern. Berichtet die erste Erzählung nur ganz kurz und ohne Übertreibung von der Freilassung Jeremias, so werden im zweiten Bericht dafür Nebukadnezar und Nebusaradan bemüht, welcher Jeremia auch noch die Richtigkeit seiner Verkündigung bestätigt. Ähnliches ist weder in den Erzählungen des Zyklus davor noch danach zu beobachten; dort ist die Konsequenz seiner Verkündigung für seine Person selbst immer nur Demütigung und Leiden. Selbst dort, wo Jeremia von andern in Anspruch genommen wird (z. B. von Zedekia oder den nach Ägypten Flüchtenden), wird er nur als Orakelempfänger verstanden, auf den man vorsichtshalber nicht verzichtet[15]. Alle diese Einzelbeobachtungen weisen darauf hin, daß 39 11f. + 40 1-6 nicht ursprünglich zu den übrigen Erzählungen des Zyklus hinzugehörten, sondern erst später in sie eingebaut wurden. Allem nach dürfte es sich um eine Legendenbildung der exilischen Zeit, vielleicht aus deuteronomistischen Kreisen handeln, wobei nicht ausgeschlossen ist, daß diese an historisches Geschehen anknüpfte.

Der erste Bericht über Jeremias Entlassung 38 28b + 39 3. 14 hingegen ist schon durch seine Einleitung (38 28b) mit dem Vorhergehenden eng verknüpft und dem Erzählungszyklus zuzurechnen. Seine Schlußbemerkung dürfte allerdings durch die Einfügungen gelitten haben, so daß die Verbindung der Erzählung mit dem Folgenden nicht mehr so deutlich ist, wie man es wünschte. Sie wird es erst, wenn man den Vorgang der Zusammenarbeitung beider Berichte zu rekonstruieren versucht — und nur um einen Versuch kann es sich bei den schwierigen Textverhältnissen handeln.

Auszugehen hat man von den beiden Schlußbemerkungen und den damit verbundenen Versen 39 14 und 40 6, die in der Textkritik noch ausgespart blieben. Schon ⑥ hat den masoretischen Text von 39 14 offenbar nicht mehr recht verstehen können. Sie läßt das heute unverständliche אל־הבית fort, bzw. versucht in einigen ihrer Handschriften eine Transkription des hebräischen Konsonantenbestandes[16], so daß eine sehr alte Textverderbnis vorzuliegen scheint. Desgleichen erscheint die Nennung Gedaljas im jetzigen Textzusammenhang völlig unpassend. Sie ist nach Rudolph durch ein Mißverständnis in den Text geraten, nachdem die Konstruktion ויתנו אתו »und

---

[15] Eine ähnliche Tendenz der Steigerung des Ansehens des Propheten ist zu erkennen in den jüngeren Überlieferungsschichten der Kap. 19 1—20 6 27f. 29 und 36.

[16] L' εις ιαφιθ; 233 εις δαθεις; 538 εις δαφθιθ u. a.

sie gestatteten, daß er« (Vorausnahme des Objekts des abhängigen Satzes) als »und
sie übergaben ihn« verstanden wurde. Im Anschluß daran wird dann auch das Folgende
klarer, da sich die Infinitivkonstruktion besser anschließt und es wahrscheinlicher ist,
daß die Freilassung Jeremias von den babylonischen Beamten selbst ohne Einschaltung
Gedaljas vorgenommen wurde. Vielleicht ist das merkwürdige אל־הבית erst durch
die Einfügung Gedaljas in den Text bedingt und ursprünglich ebenfalls Infinitiv, also
etwa in Anlehnung an Rothstein להביא zu lesen. Für v. 14aβ ergäbe sich danach folgende Textgestalt: ויתנו אתו להוצאו להביא »und sie gestatteten ihm, sich frei zu
bewegen«, was ausgezeichnet zu dem vorausgehenden v. aα passen würde. Die zweite
Schlußbemerkung 40 6 ist schon unschön durch 40 5 vorweggenommen, was die Vermutung zuläßt, daß 40 1-5 40 6 bereits voraussetzt. 40 6 wäre dann der eigentliche
Schluß von 39 14a, während 39 14b — nach 40 6b formuliert — in seiner allgemeineren
Form die Situation Jeremias so unbestimmt läßt, daß die in 39 11f. + 40 1-5 beschrie-
benen Vorgänge sich gut anschließen lassen.

Die auf diese Weise rekonstruierte Gestalt des ersten Berichts
fügt sich gut in den Erzählungszyklus ein; der dreiteilige Aufbau ist
gegeben: 38 28b + 39 3 Einführung: Zeitangabe, Personen, Situation,
39 14a + 40 6a Hauptteil: Bericht über die Geschehnisse, 40 6b Schlußbemerkung; schließlich ist das Stück durch 38 28b und 40 6 gut mit
den vorausgehenden bzw. folgenden Erzählungen verbunden und
stellt somit ein Übergangsstück dar, das in kurzer Form von dem
einen Ort der Ereignisse zu dem nächsten überleiten soll. Eine ähnliche Funktion hat auch das Stück 41 10-15, das von Mizpa zu der nach
Ägypten fliehenden Gruppe führt. Beiden Stücken fehlt das für den
Hauptteil der andern Erzählungen typische Gespräch.

Aus all dem ergibt sich für die Überlieferungsgeschichte von
38 28b—40 6 vorerst folgendes: Ursprünglicher Bestand des Abschnittes war 38 28b + 39 3. 14a + 40 6; in ihm wurde unter Zufügung
von 39 14b 39 11f. + 40 1-5 eingefügt; diese zweite Überlieferungsstufe
wurde in einem späteren Stadium um 39 1f. 4-10 in der Weise erweitert,
daß gleichzeitig 39 11f. vorgezogen wurde, um für diese Verse einen
besseren Platz zu gewinnen, und durch 39 13 beide Erzählungen miteinander verknüpft wurden; durch die redaktionelle Überschrift
40 1aα erfuhr der ganze Komplex abermals eine einschneidende Überarbeitung. Nicht mehr eruierbar ist der Zeitpunkt, an dem die verschiedenen Textverderbnisse in 39 3. 14 und 40 4f. entstanden.

Bislang unberücksichtigt blieb in allen Überlegungen das Heilswort an Ebedmelech *39 15-18*, da es sich durch eine klare Einleitungs-
und Schlußformel vom Kontext deutlich abgrenzt und auch keinerlei
Anzeichen dafür zu erkennen waren, daß die Einfügung dieser Texteinheit im Kontext Spuren hinterlassen hätte. Es wird allgemein
darauf hingewiesen, daß 39 15-18 der Sache nach hinter 38 13 gehört.
Blickt man jedoch auf die Einführungsformel des Wortes, so liegt klar
zutage, daß sie eine gewisse Distanz von den Geschehnissen um Ebedmelech von vornherein voraussetzt, andernfalls wenigstens v. 15b als

sekundär zu betrachten wäre. Auffällig ist an v. 15 auch das betont vorangestellte »an Jeremia«, das darauf hinzuweisen scheint, daß das Heilswort in einen Zusammenhang gestellt wurde, in welchem neben Jeremia noch andere Personen auftreten, aus denen nun Jeremia besonders hervorgehoben werden sollte. Hierfür eignet sich die Stelle, an der das Heilswort jetzt steht, besonders gut. Versucht man nämlich, alle Möglichkeiten durchzuspielen, die sich für die Stellung von 39 15-18 sonst noch anbieten, so begegnet man häufig der gleichen Schwierigkeit: das Wort würde immer einen guten Zusammenhang zerreißen. Zwischen 38 13 und 38 14 eingefügt, würde es von seinem Inhalt her das Gespräch zwischen Jeremia und Zedekia 38 14-28a zur Farce machen. Zwischen 38 28b und 38 28a eingefügt, störte es die enge sprachliche Verbindung beider Halbverse. Hält man es mit Rudolph u. a. für echt und daher zum Erzählungszusammenhang gehörig, dann könnte das Heilswort noch zwischen 40 6 und 40 7 bzw. 40 13[17] gestanden sein, wo es allerdings ebenfalls eine gute Verknüpfung zweier Erzählungen stören würde.

So bleiben für die Einordnung von 39 15-18 nur noch drei Möglichkeiten übrig: 1. 39 15-18 wurde nach der Zusammenfügung der beiden Berichte über Jeremias Freilassung hinter 39 14 eingeschoben; 2. v. 15-18 kamen erst nach den historischen Erweiterungen in den Text und 3. v. 15-18 setzen bereits die redaktionelle Überschrift 40 1 voraus. Am wenigsten störend empfindet man 39 15-18, wenn man die dritte Möglichkeit für die zutreffende hält, da auf das Heilswort ohnehin eine neue Einleitung 40 1 folgte, die einen Bruch im Erzählungsablauf verwischt hätte. Doch auch beide anderen Möglichkeiten bieten sich als vertretbar an, da die beiden Berichte über Jeremias Freilassung ohnehin nur lose miteinander verknüpft gewesen sein dürften. Gleichgültig für welchen der genannten Fälle man sich entscheidet, 39 15-18 erweist sich dann vom überlieferungsgeschichtlichen Standpunkt aus als sekundär.

Wie weit dies auch für den Inhalt zutrifft, ist weit schwieriger zu beurteilen. V. 17a erinnert an 15 20f. und 1 8. 19[18], v. 18b an 21 9 (par. 38 2) und 45 5, v. 17b an 22 25 und schließlich v. 18a an 19 7 und 20 4; besonders auffällig an der Terminologie ist die offenbar absichtliche Verwendung von מלט in Verbindung mit נתן ב, mit der ein Gegensatz zwischen Ebedmelech und Zedekia anschaulich gemacht werden sollte. Der auf Jahwe vertrauende Ebedmelech wird nicht in die Hand seiner Feinde gegeben werden, sondern von Jahwe errettet werden, während Zedekia, der sich aus Unentschlossenheit nicht dem Jahwewillen unterordnet, nicht gerettet werden wird, sondern in die Hand

---

[17] Vgl. die Analyse von 40 7-12.

[18] Beides wohl echte Stücke; doch vgl. hierzu das Urteil S. Herrmanns, Die prophetischen Heilserwartungen im Alten Testament, 1965, 231 f.

der Chaldäer gegeben wird (vgl. 39 17bα. 18aα mit 32 4 34 3 38 18 [23])[19]. Alle diese sprachlichen Parallelen und die Sachparallelen lassen 39 15-18 nicht gerade als originales Stück erscheinen. Auch ein Metrum läßt sich nur mit Schwierigkeiten erkennen, zumal hierfür der als Glosse verdächtigte v. 16b benötigt würde und v. 18bβ als abschließender Kurzvers verstanden werden müßte[20]. Für die Gestaltung des Heilsworts könnten zwei Aspekte maßgebend gewesen sein: auf der einen Seite der schon genannte Gegensatz zu Zedekia und auf der andern Seite die auch Kap. 45 eigene Absicht, die einzigen Menschen, die Jeremia seit seiner Gefangennahme beistanden, nämlich Ebedmelech und Baruch, durch eine besondere persönliche Verheißung hervorzuheben. Für beide gilt, daß sie ihr Leben zur Beute erhalten werden. Trifft diese Sicht der Dinge zu, dann kann angenommen werden, daß 39 15-18 die Kap. 38 und 45 bekannt waren und diese voraussetzt bzw. von ihnen abhängig ist. Da auch keine einzige eigenständige Formulierung in diesem Stück zu finden ist, wird es kaum für ein originales Jeremiawort gehalten werden können.

An die eben besprochene Texteinheit 38 28b—40 6 schließt sich mit *40 7-12* der Bericht von der Statthalterschaft Gedaljas an. Ein Teil dieses Berichts v. 7-9 findet sich im wesentlichen in II Reg 25 23f. wieder. Die Differenzen zwischen beiden Stücken sind so geringfügig, daß von wörtlich übereinstimmenden Dubletten gesprochen werden kann. Auch die Fortsetzung von II Reg 25 23f., nämlich v. 25-26, findet sich fast wörtlich in einzelnen Sätzen innerhalb der folgenden Erzählung wieder (Jer 41 1aα. 2aβ. 3 par. II Reg 25 25) bzw. faßt 41 16—43 7 in einem Satz zusammen (II Reg 25 26). Da Jer 40 7—43 7 den ausführlichen Bericht bietet, wird häufig angenommen, daß II Reg 25 23-26 einen Auszug oder eine knappe Zusammenfassung dessen darstellt[21]. Demgegenüber begegnet auch die Annahme, daß man für Jer 40 7—41 18 und II Reg 25 23-26 mit einer gemeinsamen Quelle zu rechnen habe[22]. Beide Annahmen begegnen einer Reihe von Schwierig-

---

[19] Dieser Gegensatz erfährt eine besondere Unterstreichung durch die Einfügung des Berichts vom Geschick Zedekias nach der Eroberung Jerusalems 39 4-7, so daß gesagt werden kann, daß 39 15-18 gar nicht geschickter in den vorgegebenen Textzusammenhang eingebaut werden konnte als gerade an dieser Stelle (gegen Duhm, der den jetzigen Ort des Stückes für einen ganz unglücklichen Platz hält).

[20] Etwa: v. 16aβ   4 + 3
       v. 16b. 17a   4 + 3 oder 3 + 2
       v. 17b   4 + 3
       v. 18a. bα   4 + 4 oder 4 + 3
       v. 18bβ   2.

[21] Giesebrecht, Rothstein, Rudolph, Zuckerbram (s. o. Anm. 10).

[22] Mowinckel 29f.; Hyatt; Eißfeldt, Einleitung, 398f.; Cunliffe-Jones (s. o. Anm. 10); Kremers, EvTh 13, 126 Anm. 11, nimmt an, daß es sich bei 40 7-12 und 41 3 um Erweiterungen aus einer Quelle handelt, die auch in II Reg 25 22ff. verarbeitet ist.

keiten, die eine noch kompliziertere Überlieferungsgeschichte erwarten lassen, als sie von den genannten Hypothesen vorausgesetzt zu werden scheint.

Es empfiehlt sich, angesichts dieser Schwierigkeiten von 40 7-12 und seiner Stellung im Kontext auszugehen. Und hier ist zunächst mit Kremers festzuhalten, daß die 40 7-12 umgebenden Stücke, vor allem die auf 40 7-12 folgenden Erzählungen, 40 13—41 3 41 4-9 41 10-15, dem Erzählungskomplex 37—43 ursprünglich hinzuzurechnen sind, da sie alle Merkmale aufweisen, die diese Erzählungen auch sonst charakterisieren. Es liegt angesichts dieses Tatbestands kein Grund vor, mit einem Einschub aus anderer Quelle zu rechnen, auch wenn Jeremia in diesen Abschnitten nicht genannt wird. Das gleiche kann von 40 7-12 schon nicht mehr so ohne weiteres behauptet werden. Nur mit Mühe läßt sich dieses Stück — setzt man seine Einheitlichkeit voraus — in das sonst übliche Erzählungsschema einordnen. Immerhin scheinen einzelne Elemente desselben vorzuliegen. So könnte v. 7f. gut die Einführung des ganzen Stücks bilden, welche neu auftretende Personen nennt und die Gründe angibt, die zur Begegnung der handelnden Personen führen. Der Hauptteil des Stückes v. 9f. enthält statt eines Gesprächs und den daraus folgenden Konsequenzen nur eine Rede Gedaljas. Als Schlußbemerkung, die auf den Hauptteil Bezug nimmt, käme v. 12b in Frage. Aus dem Rahmen fallen die v. 11-12a, die — durch וגם vom unmittelbar vorausgehenden v. 10 etwas abgehoben — die Einführung wieder aufnehmen und nur mit verändertem Subjekt wiederholen.

Dieser kurze Überblick hinterläßt einen zwiespältigen Eindruck; es sind sowohl Übereinstimmungen wie Abweichungen vom sonstigen Erzählungsaufbau zu beobachten. Dieser Eindruck ließe sich etwas abschwächen, wenn man annehmen wollte, daß v. 11. 12a eine spätere Zufügung darstellten, was sich durch den guten Anschluß von v. 12b an v. 10 nahelegte. Doch sind damit noch nicht alle Schwierigkeiten beseitigt. So setzt v. 7f. die Einsetzung Gedaljas zum Statthalter als bekannt voraus. Davon ist aber in dem vorausgehenden Abschnitt 38 28b—40 6 nur an einer Stelle die Rede, nämlich in 40 5, einem sicher jüngeren Vers, während in der Dublette II Reg 25 der Jer 40 7 entsprechende v. 23 von einem die Einsetzung Gedaljas mitteilenden Obersatz v. 22 abhängig ist, also den besseren Zusammenhang bietet.

Auffällig ist weiter im Zusammenhang von Jer 40 7-12 die ausführliche Aufzählung der Namen der Heerführer, nachdem im folgenden Stück 40 13—41 2 Jochanan, der Sohn Kareachs, die Heerführer und Ismael offensichtlich erst neu eingeführt werden; es wäre sonst das אשר בשדה v. 13 völlig unverständlich, nachdem v. 10-12 davon berichteten, daß die Heerführer sich in ihren Städten aufhalten und mit der Ernte beschäftigt sind, und in den folgenden Erzählungen die

Näherbestimmung der Heerführer immer dem Zusammenhang an-
gepaßt ist (41 11. 13. 16 42 8); אשר בשדה für Glosse aus v. 7 zu halten,
fällt darum auch außerordentlich schwer[23].

Es ist weiter zu fragen, warum der in 42 1[24] und 43 2 genannte
Asarja, der Sohn Hoschajas, in der Aufzählung der Heerführer 40 8
nicht genannt ist, hat er doch neben Jochanan eine führende Rolle
in den letzten Ereignissen gespielt.

Eine letzte Schwierigkeit ist der im jetzigen Zusammenhang
offensichtlich unterschiedliche Gebrauch der Wendung »zu Gedalja
nach Mizpa kommen«. Sie meint in 40 6. 8 und 11 doch das erstmalige
Erscheinen bei Gedalja im Zusammenhang mit der Konsolidierung
der Zurückgebliebenen, während 40 13 und 41 1 jetzt die gleiche Wendung für ein wiederholtes Kommen gebrauchen. Die Parallelstelle
II Reg 25 23. 25 unterscheidet hingegen beide Vorgänge auch in der
Wortwahl: v. 23 gebraucht für das erste Kommen die genannte Wendung »zu Gedalja nach Mizpa kommen«, während v. 25 im Gegensatz
zu Jer 41 1 nur das Verbum בוא ohne Näherbestimmung aufweist.
Auch hier zeigt sich, daß II Reg 25 22-26 in seiner Darstellung konsequenter vorgegangen ist. Ähnliches wäre für Jer 40 7—41 2 auch zu
erwarten: Nachdem man von der Anwesenheit der Heerführer und
des Ismael schon weiß, genügte es, jedes weitere Auftreten derselben
einfach mit dem Verbum בוא zu umschreiben. Daß dies nicht geschah,
könnte ein Hinweis darauf sein, daß auch in 40 13 und 41 1 ursprünglich mit »zu Gedalja nach Mizpa kommen« der Vorgang des ersten
Sich-Anschließens an die um Gedalja entstandene Kolonie gemeint
ist, was folgerichtig zu dem Schluß führt, daß es sich bei 40 7-12 um
eine Einschaltung handeln muß. Es schließt sich dann auch 40 13 vor-
züglich an 40 6 an. Eine Reihe der genannten Schwierigkeiten findet
so ihre einfachste Erklärung. Nachdem v. 6 berichtet, daß Jeremia
sich Gedalja in Mizpa angeschlossen hat, führt v. 13 unter Voranstel-
lung des Subjekts fort: »Auch Jochanan b. Kareach und alle Heerführer, die sich noch auf freiem Feld befanden, schlossen sich Gedalja
in Mizpa an«. Vermißte man aus historischem Interesse 40 7-12 nur
ungern, so ist dieses Stück für das Verständnis der Erzählungen durchaus entbehrlich. Auch die Erzählungen in Kap. 37 und 38 geben nur
die allernötigsten historischen Details an. So findet beispielsweise die
Rückkehr der Babylonier nach dem Abzug des ägyptischen Heeres
keinerlei Erwähnung, und die Eroberung Jerusalems, vom Geschick
Zedekias und der Deportation ganz abgesehen, wird gerade noch an-

---

[23] Hitzig, Duhm. Rudolph überbrückt die Schwierigkeit, indem er plusquamperfektisch
übersetzt.

[24] 𝔐 »Jesanja« ist Angleichung an 40 8. 𝔊 hat Μαασαίου u. ä. als Vaternamen in 42 1
und 43 2.

gedeutet. Ausführlicher scheint die Darstellung erst dann zu werden, wo angenommen werden muß, daß bestimmte Einzelheiten nicht mehr allgemein bekannt gewesen sind.

Von dem dargestellten Sachverhalt her ist nun nochmals die Frage nach dem *Verhältnis zwischen 40 7—43 7 und II Reg 25 22-26* zu stellen. Es zeigte sich schon oben an einigen Stellen, daß II Reg 25 22-26 die geschlossenere Darstellung aufweist als seine Parallelstellen im Jeremiabuch. Zu den oben genannten Fällen treten noch mindestens zwei weitere hinzu. So hängt die Zeitangabe von 41 1 — »im siebten Monat« — völlig in der Luft bzw. gewinnt erst Sinn, nachdem die Einschaltung 39 1f. 4-10 und damit ein Datum, auf das man sich beziehen konnte, in den Text geraten war, wobei selbst dann noch die kuriose Situation bestehenbleibt, daß ausgerechnet die Zeitangabe, auf die sich der entsprechende Vers von II Reg 25 bezieht (v. 25 auf v. 8), in Jer 39 nicht berücksichtigt worden ist.

Als ein Anhängsel an die Schlußbemerkung 41 2 erweist sich die ergänzende Bemerkung von v. 3. Auch hier hat II Reg 25 25 die bessere Darstellung[25]. Schließlich fällt im Vergleich zu II Reg 25 26 der umständliche Anschluß der Begründung für die Flucht nach Ägypten in 41 18 auf, wie überhaupt die ganze Einleitung des Stückes 41 16—43 7 einen überladenen Eindruck macht. Von all den Stücken, die aus II Reg 25 22-26 in Jer 40 6—43 7 begegnen, ist nur der Bericht über die Ermordung Gedaljas 41 1f. — allerdings ohne die Zeitangabe — im Zusammenhang der Erzählungen gut verankert. Dies ist gleichzeitig auch das einzige Stück, das in II Reg 25 25 textliche Schwierigkeiten bereitet. Das dort stehende וַיָּמָת paßt so nicht in den Zusammenhang und könnte aus Jer 41 2 eingedrungen sein oder aber durch Ablösung der Pluralendung, die zum folgenden Wort gezogen wurde, entstellt worden sein, so daß man als ursprüngliche Lesart וַיָּמִתוּ אֶת־ anzunehmen hätte und sich die Unstimmigkeit auf diese Weise ohne Mühe beseitigen ließe. Doch selbst wenn man die erste Möglichkeit für die wahrscheinlichere hält, ließe sich daraus nicht mehr entnehmen als eine redaktionelle Angleichung von v. 25 an Jer 41 2.

Aus all diesen Beobachtungen ergibt sich eines mit Sicherheit, daß nämlich II Reg 25 22-26 nicht als Kurzfassung von Jer 40 7—43 7 angesehen werden kann. Man wird jedenfalls damit rechnen müssen, daß wenigstens 41 1-3, vielleicht auch 41 18—42 1 von II Reg 25 25f. her überarbeitet sind, und annehmen dürfen, daß II Reg 25 23f. und die — was den Textumfang betrifft — darüber hinausgehende Einschaltung 40 7-12 aus einer gemeinsamen Quelle stammen. Diese Lösungsmöglichkeit hat allen andern eines voraus: sie gestattet eine Antwort auf den Großteil der Fragen, die sich im Zusammenhang mit Jer 40 7—43 7 und II Reg 25 22-26 ergaben, und versagt nur bei einem Problem: der Erklärung der Übereinstimmungen von II Reg 25 25 (ohne Zeitangabe) und Jer 41 1f. Unter Umgehung des zuletzt Angedeuteten läßt sich die Überlieferungsgeschichte von 40 7—41 3 folgendermaßen rekonstruieren: Zwischen die den ursprünglichen Erzählungszusammenhang bildenden beiden Berichte 38 28b + 39 3. 14a + 40 6 und 40 13-16 + 41 1f.* wurde der Bericht über die Statthalterschaft Gedaljas, der aus der gleichen Quelle wie II Reg 25 22-26 stammt, eingeschoben. Vermutlich gleichzeitig mit der Einschaltung von 39 1f. 4-10, die ja ebenfalls aus II Reg 25 stammt, wurde auch der folgende Erzählungszusammenhang noch einmal nach II Reg 25 redigiert (Zeitangabe aus 41 1 41 3; wahrscheinlich auch Teile aus 41 18—42 1).

---

[25] Siehe auch S. 94 Anm. 11.

Somit kann aus dem oben übersetzten Text 38 28b—40 12 nur der Bericht über die Freilassung Jeremias durch Nebuschasban und Nergalsarezer dem Erzählungszyklus zugeordnet werden. Offenbar hat die im Erzählungsstil des ganzen Zyklus zu beobachtende Beschränkung auf das Notwendigste gerade den Bericht über die Ereignisse um Jeremia in Jerusalems schwerster Zeit zu einem Kristallisationskern der Überlieferung werden lassen. Die Einfachheit der Erzählung mußte ein Anreiz sein, ein Mehr an Wissen und Kenntnissen hinzuzufügen. So sind wahrscheinlich aus diesem Grund zwei theologiegeschichtlich bzw. historisch wertvolle Überlieferungen 40 1-5 und 40 7-12 vor dem Vergessenwerden bewahrt worden.

c) Jeremia 41 16—43 7

Text

41 16 Und es nahm Jochanan, der Sohn Kareachs, und alle Heerführer, die bei ihm waren, den ganzen Rest des Volkes, welchen Ismael, der Sohn Natanjas, aus Mizpa weggeführt[a] hatte, nachdem er Gedalja, den Sohn Achikams, erschlagen hatte: Männer [die Kriegsleute][b], Frauen, Kinder und Eunuchen, die er aus Gibeon zurückbrachte. 17 Und sie zogen ab und machten Halt in der Herberge Kimhams[c] bei Bethlehem mit der Absicht, nach Ägypten weiterzuziehen; 18 wegen der Chaldäer, denn sie fürchteten sich vor ihnen, weil Ismael, der Sohn Natanjas, Gedalja, den Sohn Achikams, welchen der König von Babel (als Statthalter) im Lande eingesetzt hatte, erschlagen hatte. 42 1 Und es traten alle Heerführer und Jochanan, der Sohn Kareachs, und Asarja[d], der Sohn Hoschajas[e], sowie das ganze Volk, groß und klein, herzu 2 und sprachen zum Propheten Jeremia: »Es möge doch unsre Bitte bei dir Gehör finden[f]: Bete für uns[g] zu Jahwe, deinem Gott, für diesen ganzen Rest — denn unser sind wenig von vielen übriggeblieben, wie du selbst an uns siehst —, 3 daß Jahwe, dein Gott, uns kundtun möge den Weg, den wir gehen sollen, und was wir tun sollen.« 4 Da sprach der Prophet Jeremia zu ihnen: »Ich habe gehört. Siehe, ich will euren Worten entsprechend zu Jahwe, eurem Gott, beten; und jedes Wort, das Jahwe euch[h] antworten wird, werde ich euch kundtun; kein Wort werde ich euch vorenthalten.« 5 Sie aber sprachen zu Jeremia: »Jahwe soll wahrer und zuverlässiger Zeuge wider uns sein, wenn wir nicht genau dem Wort entsprechend handeln, mit dem Jahwe, dein Gott, dich zu uns senden wird; 6 es sei gut oder schlecht, auf die Stimme Jahwes, unseres Gottes, zu dem wir dich schicken, wollen wir hören, damit es uns gut gehe, wenn wir[i] auf die Stimme Jahwes, unseres Gottes, hören.« 7 Und es geschah nach zehn Tagen, da erging das Wort Jahwes an Jeremia. 8 Und er rief Jochanan, den Sohn Kareachs, und alle Heerführer, die bei ihm waren, und das ganze Volk[j], groß und klein, 9 und sprach zu ihnen: »So hat Jahwe, der Gott Israels, gesprochen, zu dem ihr mich geschickt habt, eure Bitte vor ihn zu bringen[k]: 10 'Wenn ihr ruhig[l] in diesem Lande bleibt, dann werde ich euch aufbauen und nicht einreißen, und werde euch einpflanzen und nicht ausreißen, denn es reut mich das Unheil, das ich euch angetan habe. 11 Fürchtet

euch nicht vor dem König von Babel, vor dem ihr in Furcht seid; fürchtet euch nicht vor ihm, ist der Spruch Jahwes, denn ich bin mit euch, euch zu helfen und euch aus seiner Hand zu retten. 12 Und ich schaffe euch Erbarmen, daß er sich euer erbarme und euch in eure Heimat zurückkehren ᵐ lasse. 13 Wenn ihr aber sagt: 'wir wollen nicht in diesem Land bleiben', und damit nicht auf die Stimme Jahwes, eures Gottes, hört, 14 indem ihr sagt: 'nein, sondern ins Land Ägypten wollen wir gehen, wo wir den Krieg nicht sehen, den Ton des Widderhorns nicht hören und nach Brot nicht hungern werden, und dort wollen wir bleiben.' 15 Und nun, dann hört das Wort Jahwes, Rest Judas; so hat Jahwe Zebaoth, der Gott Israels, gesprochen: 'Wenn ihr wirklich die Absicht habt, nach Ägypten zu gehen, und hingeht, um euch dort anzusiedeln, 16 dann wird ⁿ das Schwert, vor dem ihr euch fürchtet, euch dort im Lande Ägypten erreichen, und der Hunger, vor dem ihr Angst habt, wird sich dort in Ägypten ᵒ an euch hängen, und ihr werdet dort sterben; 17 dann werden ⁿ alle Männer, die die Absicht haben, nach Ägypten zu gehen, um sich dort anzusiedeln, durch Schwert, Hunger und Pest sterben, und es wird keinen unter ihnen geben, der dem Unheil, das ich über euch bringen werde, entkommt und entrinnt.' 18 Denn so hat Jahwe Zebaoth, der Gott Israels, gesprochen: 'Wie sich mein Zorn und mein Grimm über die Bewohner Jerusalems ergossen hat, so wird sich mein Grimm über euch ergießen, wenn ihr nach Ägypten geht, und ihr werdet zum Fluch, zum Entsetzen, zur Verwünschung und Schmähung und werdet diesen Ort nicht wiedersehen.'« 19 »Dies ᵖ hat Jahwe über euch, Rest Judas, geredet: 'Geht nicht nach Ägypten! Wisset wohl — denn ich habe euch heute gewarnt —, 20 daß ihr euch selbst betrügt ᑫ, wenn ihr mich (zuerst) zu Jahwe, eurem Gott, schickt mit dem Auftrag: 'Bete für uns zu Jahwe, unserm Gott, und teile uns genau mit, was Jahwe, unser Gott, sagen wird, daß wir's tun!', 21 und (jetzt), wo ich es euch heute kundgetan habe, aber nicht auf die Stimme Jahwes, eures Gottes, hört, allem entsprechend ʳ, womit er mich zu euch gesandt hat. 22 Nun aber, wisset wohl, daß ihr durch Schwert, Hunger und Pest sterben werdet an dem Ort, zu dem ihr gerne gehen wollt, um euch dort anzusiedeln.'« 43 1 Und es geschah, als Jeremia zum ganzen Volk alle Worte Jahwes, ihres Gottes, mit welchen Jahwe ˢ ihn zu ihnen gesandt hatte, zu Ende geredet hatte, — nämlich alle diese Worte — 2 da sprach Asarja, der Sohn Hoschajas ᵗ, und Jochanan, der Sohn Kareachs, und alle vermessenen ᵘ und widerspenstigen ᵘ Männer zu Jeremia ᵘ: »Lüge redest du; nicht Jahwe, unser Gott, hat dich gesandt zu sagen: 'Geht nicht nach Ägypten, um euch dort niederzulassen!', 3 sondern Baruch, der Sohn Nerias, hetzt dich gegen uns auf, um uns in die Hand der Chaldäer zu geben, daß sie uns töten oder nach Babel deportieren.« 4 Und Jochanan, der Sohn Kareachs, und alle Heerführer und das ganze Volk hörten nicht auf die Stimme Jahwes, im Lande Juda zu bleiben. 5 Und Jochanan, der Sohn Kareachs, und alle Heerführer nahmen den ganzen Rest Judas, der aus all den Völkern, wohin sie versprengt worden waren, zurückgekommen war, um sich im Lande Juda anzusiedeln ᵛ, 6 Männer, Frauen, Kinder, Prinzessinnen und alle, die Nebusaradan, der Oberste der Leibwache, dem Gedalja, dem Sohn Achikams, des Sohnes Schaphans, gelassen hatte, und den Propheten Jeremia und Baruch, den Sohn Nerias, 7 und zogen in das Land

Ägypten, denn sie hörten nicht auf die Stimme Jahwes, und kamen nach
Tachpanches.

a השיב מאת ist nach Hitzig mit Cornill in שבה אתם zu verbessern, da der ganze
Relativsatz sonst keinen Sinn gibt, es sei denn, man folgt ⑤[1], die v. aβ nicht hat, und
nimmt das doppelte מן השיב in Kauf. — b »Kriegsleute« ist interpretierende Glosse
zu גברים, das als גִּבֹּרִים gelesen wurde (Hitzig). — c Lies Q כְּמֹהֶם. — d יוניה ist
in 40 8 ein Sohn des מעכתי. ⑤ nennt an seiner Stelle den 43 2 aufgeführten עזריה, was
das Richtige sein dürfte. — e ⑤ und 𝔐 unterscheiden sich hier wie in 43 2 in der Angabe des Vaternamens: ⑤ Maaseja, 𝔐 Hoschaja; welcher von beiden der ursprüngliche
ist, kann nicht mehr entschieden werden. — f Vgl. 36 7 38 26. — g בעדנו fehlt in ⑤,
umgekehrt בעד כל־השארית הזאת in ⑤; die Übersetzer empfanden offenbar die
stilistische Schwäche des doppelten בעד. Hinweis auf Überarbeitung? — h אתכם
könnte aus אלהיכם verschrieben sein (Volz BWAT), das sachlich zutreffender wäre,
doch ist auch אתכם durchaus möglich. — i Vgl. R. Meyer, Hebräische Grammatik,
II 1969, § 30 2 b. — j ל ist nach Rudolph Weiterführung von אל, das man an dieser
Stelle eigentlich erwartet. — k V. aβ. b fehlt in ⑤. — l Mit ⑤⑤𝔙 ist statt שוב der
Inf. abs. von ישב zu lesen. — m Die Änderung der Punktation in הֹשֵׁיב ist nicht nötig.
— n Anpassung der Verbform an das folgende Subjekt, GK § 112 y[2]. — o Akkusativus
loci oder Ausfall von ב (Rudolph). — p V. 19 setzt ganz unvermittelt neu ein und der
Versanfang ist so nicht ursprünglich. ⑤ leitet den Satz mit ἅ, das gewöhnlich אשר
entspricht, ein, während Σ𝔙𝔗 statt des Verbums das Substantiv דָּבָר lesen, was Giesebrecht im Blick auf 38 21 kombiniert und in זה הדבר אשר דבר ändert, indem er gleichzeitig annimmt, daß הז infolge Haplographie ausgefallen ist. Daneben weist er auf die
schon von Duhm und Ehrlich vertretene, einfachere Änderung nach den genannten
Versionen hin: זֶה דָּבָר, die unter allen Vorschlägen die vertretbarste zu sein scheint[3],
vgl. Sach 4 6 und Mal 1 1. Auch die in der Übersetzung angedeutete Änderung, die nur
mit dem Ausfall eines הז rechnet, ist gut möglich. — q Es ist mit Q התעיתם zu lesen. —
r Vor לכל ist mit 1 MS ⑤[L]𝔙 das ו zu streichen. — s אלהיהם fehlt in ⑤ und
ist wohl Dittographie des folgenden Ausdrucks. — t Siehe Note e. — u הזדים fehlt
in ⑤ und wird gewöhnlich mit dem in 42 17 fehlenden, aber ⑤ vorhandenen הזרים
in Zusammenhang gebracht[4]. Das auf הזדים folgende Partizip אמרים (nach ⑤ הא')
hat im jetzigen Zusammenhang nur Sinn, wenn es verdeutlichender Rückbezug auf
42 1 wäre, der die lange Prophetenrede überbrücken soll. Der in der Übersetzung angegebene Lösungsvorschlag, nämlich nach Giesebrecht הזדים וְהַמֹּרִים zu lesen, und
mit ⑤ לאמר vor שֶׁקֶר einzufügen, ist zwar der ansprechendste, befriedigt aber auch

---

[1] Giesebrecht, Schmidt, Bright.
[2] M. Johannessohn, Die biblische Einführungsformel καὶ ἔσται, ZAW 59 (1942/43),
     129—184 (136 f.).
[3] Volz, Rudolph, Weiser und Bright lassen den Text unverändert, fügen aber zwischen
     das von ihnen vor v. 19 vorgezogene Stück 43 1-3 und v. 19 ויאמר ירמיהו ein, um
     erstens einen besseren Zusammenhang zu gewinnen und zweitens die dafür bei v. 19
     nötige Einführung zu erhalten. Schon Kremers hat an diesem Vorgehen bemängelt,
     daß das Jahwewort, auf das sich 43 2 bezieht, nämlich 42 19a, dann hinter 43 2 zu
     stehen käme. Darüber hinaus ist zu fragen, ob der neu geschaffene Zusammenhang
     allein dazu berechtigt, דְּבַר יהוה zu übersetzen, als läge ein Satz mit vorangestelltem
     Subjekt vor: »Jahwe ist es, der zu euch, Rest Judas, geredet hat« (Rudolph, Weiser).
[4] Vgl. Hitzig, Cornill u. a.

nicht ganz, da man als Redende neben den beiden Heerführern Asarja und Jochanan nicht widerspenstige Männer, sondern, wie 40 13 41 11. 13. 16 und vor allem 42 1, eigentlich »alle übrigen Heerführer« erwartet, die auch in 43 5 wieder ins Geschehen eingreifen. Eine befriedigende Lösung dieses textkritischen Problems ist kaum zu finden. — v V. b von ⅏ stark gekürzt. גור im Zusammenhang mit »Juda« ist sehr auffällig. —

Analyse

Der letzte von Kremers zum Erzählungszyklus Kap. 37—43 7 gerechnete Abschnitt 41 16—43 7⁵ ist nach hinten durch die neue Einleitung 43 8 und die darauf folgenden Stücke, die sich in Stil und Gattung (Bericht über eine symbolische Handlung 43 8-13, Predigt Kap. 44) deutlich von den vorausgehenden Erzählungen abheben, gut abgegrenzt. Nicht ganz so deutlich ist die Abgrenzung der Einheit nach vorne, da — von Kremers und Erbt abgesehen — 41 16-18 immer 41 10-15 zugerechnet wird. Da jedoch 41 10-15 wie alle anderen Erzählungen durch Einführungs- und Schlußformel (vgl. v. 10bβ mit v. 15b!) als einheitliches Stück ausgewiesen sind, 42 1—43 7 ohne entsprechende Angabe der Situation einen fragmentarischen Eindruck hinterläßt und darüber hinaus die in der Schlußformel des Stücks (43 7aα) angegebene Konsequenz der Ereignisse in 41 17b als Absicht bereits ausgesprochen ist⁶, wird man 41 16-18 als einleitende Angabe der Situation zu 42 1—43 7 rechnen müssen.

Das ganze Stück gliedert sich wie die übrigen Erzählungen in drei Teile: 41 16—42 1 Einführung; 42 2—43 6 Hauptteil; 43 7 Schlußformel, wobei der Hauptteil in die bekannten zwei Teile — Gespräch 42 2—43 3 und Konsequenzen 43 4-6 — zerfällt. Läßt sich aufgrund dieser typischen Eigenarten 41 16—43 7 verhältnismäßig leicht den übrigen Erzählungen zuordnen, so unterscheidet es sich von diesen durch die über alles Erwarten hinausgehende Ausführlichkeit seiner Darstellung, die sich nicht nur in der Prophetenrede 42 10-22, sondern auch in den übrigen Stücken des Abschnitts feststellen läßt, so daß mit mehr oder weniger starker Überarbeitung zu rechnen ist, wenn es auch an manchen Stellen schwierig ist, diese Überarbeitung immer eindeutig festzustellen⁷.

---

⁵ Kremers hat seine Beurteilung dieses Abschnitts in seiner Dissertation offenbar revidiert. Diss 25. 61 ff. versteht er 42 1—43 7 (42 1-2a Einleitung, 43 5-7a* Schlußformel) als Einheit, während er in EvTh 13, 128. 131, zu diesem Abschnitt noch 41 16-18 hinzurechnet und 41 16—42 1 als Einleitung bzw. 43 6b als Schlußformel des ganzen Stückes annimmt.

⁶ Vgl. wiederum 41 10-15: וילך אל־בני v. 10bβ Absicht; וילך לעבר אל־בני עמון עמון v. 15b Ausführung.

⁷ Vor allem an den Stellen, wo der Zusammenhang nicht gestört wird, wird man bei der Frage nach der Überarbeitung stehen bleiben müssen. Dennoch seien alle verdächtigen Passagen genannt, wobei die Prophetenrede vorerst ausgeklammert wer-

Eine Sonderstellung innerhalb der Erzählung nimmt in ganz auffallender Weise die Rede Jeremias 42 10-22 ein. Ihre Ausführlichkeit
unterbricht in unschöner Weise die knappe Form des Gesprächs zwischen den Heerführern und Jeremia 42 2—43 3 und entspricht keinesfalls den Erwartungen, die man in ein Jahweorakel setzt, wie es von
den Heerführern gewünscht wird. Man erwartet auf die Frage nach
dem weiteren Verhalten der Flüchtlinge eine kurze Antwort und nicht
eine ausführliche Predigt. Jedenfalls legt sich das aus dem sonstigen
Stil der Erzählungen nahe und wird auch durch die sehr kurze Anwort
der Heerführer, die sich augenscheinlich auf ein Jahweorakel bezieht
(43 2f.), bestätigt. Man mag dagegen einwenden, daß eine besondere
Entscheidungssituation ein besonders nachdrückliches Wort erfor-
dert[8]; die auch sonst mit diesem Textabschnitt verbundenen Schwierigkeiten sind damit aber noch nicht beseitigt. Die älteren Kommentare
versuchten ihrer durch Streichungen[9], die jüngeren durch Umstellun-
gen[10] Herr zu werden. Daß die Umstellung keine befriedigende Erklärung für die Unstimmigkeiten innerhalb der Prophetenrede darstellt, hat schon Kremers gezeigt[11], es braucht daher nicht mehr näher
auf sie eingegangen zu werden. Wie die folgende Analyse zeigen wird,
reichen auch Streichungen nicht aus, um dem komplizierten Sachverhalt gerecht zu werden.

Eine grobe Gliederung des fraglichen Textabschnitts 42 10-22 ergibt vorerst folgendes: auf Heilsankündigungen (v. 10-12) folgen eine
Reihe von bedingten Drohworten (v. 13-18); davon etwas abgehoben
setzt v. 19a mit einem Jahweorakel in der Form einer negativen Aufforderung neu ein; an dieses schließt sich in v. 19b-21 eine prophetische

den soll. Es könnten hierzu gerechnet werden: Die Rückbezüge 41 16aβ (vgl. 41 18)
und 43 5b (entstammt 40 11 und widerspricht den Erzählungen um die Ermordung
Gedaljas) sowie 42 9 (fehlt auch 𝔊); die Vermehrung der Gesprächspartner Jeremias
42 1b. 8b (siehe Kremers, Diss, 67 Anm. 65); die Angaben über die Zusammensetzung
des Rests 41 16bα; 43 6a (vgl. Dtn 2 34 3 6 31 12). Auffällig ist auch noch der umständliche Anschluß zur Begründung für die Flucht nach Ägypten 41 18; obwohl man
gerade das Motiv der Furcht vor den Chaldäern (v. 18a) nur ungern vermißt, kann
doch nicht übersehen werden, daß davon schon vor der Ermordung Gedaljas gesprochen wurde (40 9), und in 43 3. 7 dieses Motiv expressis verbis gerade nicht begegnet; zu 42 11 vgl. die Analyse. Man käme also auch ohne die *ausdrückliche* Nennung der Furcht vor den Chaldäern aus, und es spricht jedenfalls nichts gegen die
Annahme, daß 41 18a aus II Reg 25 26 hier eingetragen ist. — Es ist nochmals darauf
hinzuweisen, daß es sich bei all den genannten Stellen um solche handelt, die der
Überarbeitung *verdächtig* sind.

[8] Vgl. besonders Weiser und Rudolph.
[9] Im Gefolge von Duhm Erbt, Rothstein, Schmidt, Cornill und Köberle.
[10] Im Anschluß an Volz Nötscher, Weiser, Rudolph und Bright. Hyatt und Kremers
schließen sich im Vorgehen wieder Duhm an.
[11] Kremers, Diss, 68f.

Scheltrede (Prophet 1. Person, Jahwe 3. Person) an; den Abschluß des
Ganzen bildet eine das Jahweorakel (v. 19a) begründende Warnung.

Es ist zunächst von den Heilsankündigungen auszugehen: V. 10
enthält eine bedingte und begründete Heilsankündigung. Die Bedingung, an die die Heilszusage geknüpft ist, ist vorangestellt: »wenn ihr
in diesem Lande bleibt«, und mit bloßem ו daran angeschlossen die
Heilszusage, auf die die Begründung folgt.

V. 11f. weist v. 10 gegenüber eine ganz andere Gestalt auf: v. 11a. bα
beginnt mit der Aufforderung, sich nicht vor dem König von Babel
zu fürchten, deren Berechtigung mit einer Heilszusage begründet wird
(v. 11bβ-12)[12]. Auch inhaltlich unterscheiden sich beide Worte voneinander, insofern als in v. 10 das Bleiben im Lande Voraussetzung der
Heilszusage ist, während in v. 11f. die Möglichkeit, im Land zu bleiben,
wesentlicher Bestandteil der Heilszusage selbst ist.

V. 13f. enthält abermals einen Bedingungssatz, der gleichzeitig
die Alternative zu der Bedingung v. 10 darstellt: »Wenn ihr in diesem
Lande bleibt« (v. 10aα) ist die positive Seite dieser Alternative, »wenn
ihr aber sagt: wir wollen nicht in diesem Lande bleiben« (v. 13a) die
negative Seite, die durch v. 13b. 14 noch näher begründet wird.

Mit v. 15 folgt — mit einer sehr umständlichen und an das Vorangehende nur schlecht anschließenden Einführung versehen — ein v. 13f.
inhaltlich entsprechender Bedingungssatz, der sich jedoch von v. 13f.
deutlich durch seine sprachliche Gestalt unterscheidet: V. 15 wird
ähnlich v. 11f. ausdrücklich als Jahwewort gekennzeichnet, in v. 13f.
ist das nicht der Fall; die Bedingung hat in v. 13f. die Form der direkten
Rede (1. pers.), in v. 15 die der Anrede (2. pers.); die in beiden Sätzen
ausgedrückte Absicht, nach Ägypten zu gehen, um sich dort aufzu-
halten, wird in sehr verschiedener Weise formuliert: v. 13f. nimmt dazu
die Vokabel von v. 10 wieder auf (ישב für den Aufenthalt in Ägypten),
während v. 15 hierfür vor allem das Verbum גור verwendet und darüber hinaus die Absicht mit einer eigenen Redewendung besonders
hervorhebt: שים פנים ל.

Beide Bedingungssätze finden in den Drohworten v. 16-18 ihre
je eigene Fortsetzung: v. 13f. in v. 16 und v. 15 in v. 17f. Dies ergibt sich
eindeutig aus der Wiederaufnahme von für die Bedingungssätze cha-
rakteristischen Gedanken bzw. Redewendungen in den entsprechenden Drohworten. So wendet v. 16 die in v. 14 ausgesprochene Hoffnung
(»in Ägypten werden wir den Krieg nicht sehen, den Ton des Widderhorns nicht hören und nicht nach Brot hungern, dort wollen wir blei-

---

[12] Die Form (אני) כי ... אל־תיראו weist auf das priesterliche Heilsorakel hin, und
zwar in einer Form, wie sie häufig bei Deuterojesaja begegnet (Jes 41 10 [13f.] 43 1f. 5
44 2f. [51 7f. 54 4] (siehe J. Begrich, Das priesterliche Heilsorakel, ZAW 52 [1934],
81—92, jetzt: Gesammelte Studien zum Alten Testament, 1964, 217—231). Zu אתכם
אני vgl. H. D. Preuß, »... ich will mit dir sein!«, ZAW 80 (1968), 139—173.

ben«) in sein Gegenteil (»das Schwert, vor dem ihr euch fürchtet, wird euch dort in Ägypten erreichen, und der Hunger, vor dem ihr Angst habt, wird sich dort in Ägypten an euch hängen, und dort werdet ihr sterben«) bzw. knüpft v. 17f., indem er den Inhalt des Bedingungssatzes v. 15 in v. 17aα wörtlich wiederholt, an diesen an. Darüber hinaus scheint v. 17f. auch Beziehungen zu v. 11f. aufzuweisen. Wie in v. 11f. die tröstende Zusage (v. 11a. bα) mit der heilvollen Zuwendung Jahwes begründet wird (v. 11bβ. 12aα) und als Konsequenz dessen die Rückkehr in die Heimat angekündigt wird (v. 12aβ. b), so wird das Drohwort v. 17 mit der unheilvollen Zuwendung Jahwes begründet (v. 18a) und als Konsequenz dessen die Unmöglichkeit der Heimkehr angekündigt (v. 18b)[13].

Schon aus diesen wenigen Beobachtungen läßt sich ganz deutlich die Zweistrangigkeit im Aufbau von v. 10-18 erkennen: zwei im wesentlichen inhaltlich übereinstimmende und auch im Aufbau parallel gestaltete Jahweworte, die sich jedoch, was die Sprache und Form der einzelnen Teile derselben betrifft, erheblich voneinander unterscheiden, scheinen ineinander geschoben worden zu sein. Die inhaltliche Übereinstimmung der beiden Worte — a) v. 10. 13f. 16 und b) v. 11f. 15. 17f. — ergibt sich aus den beiden Worten gemeinsamen Erzählungszusammenhang. Beide geben Antwort auf die von den Flüchtenden gestellte Frage nach dem weiteren Vorgehen: das Bleiben im Land ist mit Heil, das Verlassen des Landes mit Unheil verbunden. Aus dieser inhaltlichen Übereinstimmung resultiert dann auch der parallele Aufbau der Stücke (Heilswort — bedingtes Drohwort).

Für die spätere Beurteilung und Einordnung beider Worte wichtiger sind diejenigen Punkte, in denen sie sich voneinander unterscheiden. Auf die sprachlichen Differenzen ist schon hingewiesen worden. Es muß daher nur noch auf die formalen Differenzen kurz eingegangen werden. Das erste Wort (v. 10. 13f. 16) ist charakterisiert durch die beiden Bedingungssätze v. 10aα und v. 13f. (ואם ... אם), an die sich — jeweils mit ו eingeleitet — die beiden Hauptsätze anschließen, welche die aus den erfüllt gedachten Bedingungssätzen entstehenden Konsequenzen mitteilen. Da darüber hinaus beide Bedingungssätze konträre Möglichkeiten umschreiben (ואם לא ... אם), stellt das Wort als ganzes eine Alternative dar: »Wenn ... dann Heil, wenn nicht ... dann Unheil«. Damit ist gleichzeitig die Funktion des Wortes geklärt. Es soll die in der Erzählung vorausgesetzte Situation als eine Entscheidungssituation charakterisieren, in die die Fragenden gestellt sind, wobei die zur Wahl gestellten Möglichkeiten zunächst einander gleichrangig gegenüberstehen.

---

[13] Es ist durchaus möglich, daß mit המקום הזה eine Anspielung auf Jerusalem beabsichtigt ist. Vgl. die Analyse von 19 3-9 und S. Herrmann, Die prophetischen Heilserwartungen im Alten Testament, 1965, 189. 191.

Ein ganz anderes Bild bietet das zweite Wort (v. 11f. 15. 17f.), das
bestimmt ist durch das als Zusage formulierte Heilswort v. 11f., welches an keine Voraussetzung gebunden ist. Es hat Gültigkeit. Das
dieser Zusage angeschlossene bedingte Drohwort v. 15. 17f. kann darum
auch nicht mehr als gleichwertige Alternative verstanden werden,
sondern erhält in diesem Zusammenhang die Funktion der Warnung
vor der Verwirklichung der in der Erzählung geäußerten, aber durch
die Heilszusage schon als sinnlos hingestellten Absicht, nach Ägypten
zu ziehen. Dem entspricht auch die warnende Einführung des bedingten Drohworts: לכן שמעו דבר־יהוה (v. 15)[14]. Auffallend an v. 11f.
15. 17f. ist, daß jeder einzelne Teil des Wortes für sich als Jahwewort
ausgewiesen ist (v. 11. 15. 18). Dies verleiht dem ganzen einen drängenden Zug, der der nüchternen Sachlichkeit der Alternative von v. 10.
13f. 16 völlig fremd ist.

V. 19 setzt ganz neu ein, gleichgültig, ob man v. 19aα als Einführungsformel eines Jahwewortes (זֶה דָּבָר), oder als im erzählenden Stil
gehalten (זֶה דָּבָר) versteht. Beides soll ein Jahwewort einführen, das
in v. 19aβ folgt und eine kurze negative Aufforderung enthält: »Geht
nicht nach Ägypten«. *V. 19bβ-22aα* folgt eine Prophetenrede, die sich
auf v. 5f. zurückbezieht und durch die Wiederaufnahme des ידע תדעו
von v. 19bα in v. 22aα eindeutig als Parenthese erweist, wahrscheinlicher
noch als eine jüngere Einschaltung, da sie die Entscheidung der Flücht-
tenden (43 2ff.) vorwegnimmt[15]. *V. 22aβ.b* greift mit der Wiederaufnahme von ידע תדעו auf v. 19a.bα zurück und setzt diesen fort[16]. Die
Aufforderung, nicht nach Ägypten zu gehen (v. 19a), wird auf diese
Weise mit einer Warnung verbunden (v. 19bα. 22aβ.b), die Unheil für
den Fall ankündigt, daß man sich der Aufforderung Jahwes widersetzt. Ob v. 22 gemeinsam mit der Parenthese v. 19b-21 der Überarbeitung zuzuweisen ist[17], hängt unter anderem davon ab, wie man die
Formel בחרב ורעב ודבר beurteilt; eine Vorwegnahme der Entscheidung von 43 2f. ist nicht zu erkennen, da die Absicht, nach Ägypten
zu gehen, schon 41 17 ausgesprochen ist, also durchaus davor gewarnt
werden kann[18]; man wird also vorerst Aufforderung und Warnung als
zusammengehörig betrachten müssen.

---

[14] Das in ⑤ fehlende ועתה, das einen Neueinsatz markiert, könnte durch die Inein-
anderarbeitung der beiden Jahweworte nötig geworden sein.

[15] Kremers, Diss, 70, weist darüber hinaus darauf hin, daß die Formulierung v. 19bβ
in der deuteronomischen Predigt als Übergangsformel von der ermahnenden Predigt
zu einer abschließenden Warnung Verwendung findet (Dtn 8 19 32 46, u. ä. 4 26 30 19
31 28).

[16] Die Fortsetzung von v. 19a könnte ursprünglich ועתה ידע תדעו gelautet haben,
da sowohl ⑤ diese Formel voraussetzt, als auch v. 22aα sie wiederaufnimmt.

[17] Duhm, Erbt u. a.

[18] Gegen Duhm.

Blickt man auf die vorgelegte Analyse zurück, so ist hinreichend deutlich geworden, daß die Prophetenpredigt 42 10-22 aus drei selbständigen und in sich geschlossenen Jahweworten besteht: 1. v. 10. 13f. 16; 2. v. 11f. 15. 17f. und 3. v. 19a.bα. 22aβ.b. Von hier aus kann nun weitergefragt werden, welches der drei Worte am wahrscheinlichsten das in v. 7 angekündigte Jahwewort ist. Bei Berücksichtigung des vorgegebenen Erzählungszusammenhangs spricht zunächst nahezu alles für v. 19*. 22*. In v. 3 erbitten die Flüchtenden eine Auskunft darüber, wie sie sich weiterhin verhalten sollen und erhalten in v. 19*. 22* eine entsprechende Anweisung. Genau diese Anweisung wird in 43 2 fast wörtlich von den Heerführern zitiert. Die Kürze des Wortes entspricht ganz dem Stil der Erzählungen des Zyklus. Der im vorliegenden Textzusammenhang offensichtlich gestörte Versanfang (v. 19), läßt sich leicht als durch die Vorschaltung von v. 10-18 entstanden erklären, wäre also ein weiterer Hinweis auf die Ursprünglichkeit von v. 19*. 22*.

Obwohl sich v. 19*. 22* allem nach sehr gut in den Erzählungszusammenhang einbauen läßt, dürfen darüber die Bezüge zwischen der Erzählung und den andern beiden Jahweworten nicht übersehen werden. So scheint v. 11f. das Motiv der Furcht vor den Chaldäern aufzunehmen, das in 41 18 ausdrücklich, in 43 3 indirekt genannt ist, und warnt vor der Flucht nach Ägypten (v. 15. 17f.) mit ähnlichen Worten wie v. 19*. 22*. Abgesehen davon, ob 41 18 zum ursprünglichen Bestand der Erzählung gehört oder nicht[19], scheint v. 11f. 15. 17f. auch nicht ganz dem in v. 2f. erbetenen Jahweorakel zu entsprechen[20].

Schließlich ist noch auf die Beziehungen zwischen v. 10. 13f. 16 und der Erzählung hinzuweisen. Die von v. 10. 13f. 16 dargebotene Alternative Heil—Unheil könnte durch die in v. 6 ausgesprochene Alternative אִם טוֹב וְאִם רָע vorbereitet worden sein. V. 6 gebraucht außerdem die v. 13b wiederkehrende Wendung »auf die Stimme Jahwes hören«. Eine ebenfalls zweifache Beziehung der Erzählung zu dem fraglichen Jahwewort findet sich auch in 43 4, wo abermals die Wendung »auf Jahwes Stimme hören« begegnet und daneben die Möglichkeit, im Lande zu bleiben (יָשַׁב!), erwähnt wird, die so nur in 42 10 ausgesprochen ist[21]. Auch bezüglich dieses Jahwewortes ist die Frage erlaubt, ob es dem entspricht, was man nach 42 3 erwarten sollte, nämlich eine klare Auskunft über das weitere Verhalten der Flüchtenden.

[19] S. o. Anm. 7.

[20] Selbst wenn man annehmen wollte, daß die rekonstruierte Form des Jahwewortes nicht die ursprüngliche ist, sondern das Heilsorakel v. 11f., durch ein bedingtes Drohwort v. 15. 17f. erst später erweitert, die der Orakelforderung ursprünglich entsprechende Antwort darstellt, kommt man zu keinem anderen Ergebnis, da eine sinnvolle Antwort auf die Frage nach der betonten Herausstellung des Verbotes, nach Ägypten zu gehen (43 2), dann nicht mehr gegeben werden kann. Zur Orakelpraxis siehe Fohrer, Einleitung, 84f. 386.

[21] Diese Beobachtung veranlaßt Kremers, EvTh 13, 128 Anm. 14, in v. 10 den wahrscheinlich ursprünglichen Gottesspruch zu vermuten. Warum er die in der gleichen Anmerkung verworfene Beziehung von 43 2 zu v. 19*. 22* nicht gelten lassen will, ist nicht ganz einzusehen, liegt doch eine fast wörtliche Übereinstimmung zwischen beiden Worten vor.

Mit diesen Beobachtungen sind die Möglichkeiten, aus dem Erzählungszusammenhang selbst Kriterien für die Beurteilung der drei Jahweworte zu gewinnen, erschöpft, so daß als vorläufiges Ergebnis festzuhalten ist: als ursprüngliches Jahwewort der Erzählung kommt am ehesten 42 19*. 22* in Frage; da sich jedoch auch die beiden andern Jahweworte hinreichend gut in die Erzählung einfügen (v. 10. 13f. 16 besser als v. 11f. 15. 17f.), ist es nötig, noch weiteres Beweismaterial für die Echtheit des einen bzw. die Unechtheit der anderen beiden Jahweworte beizubringen. Ausgangspunkt hierfür könnte die Beobachtung sein, daß die innerhalb des Erzählungszyklus begegnenden Jahweworte immer nur sehr kurz gehalten sind und sich dem Erzählungszusammenhang unterordnen, also gerade nicht zu den bevorzugten und hervorstechenden Stilelementen der Erzählungen gerechnet werden können. Scheint es darum von daher nicht geboten, die beiden ausführlichen und jetzt das Zentrum der Erzählung 41 16—43 7 bildenden Jahweworte 42 10. 13f. 16 bzw. 42 11f. 15. 17f. dem Überlieferungskomplex 37 11—43 7 zuzuordnen, so ist zu fragen, ob sich im Jeremiabuch nicht noch andere Überlieferungen oder Schichten der Bearbeitung finden, denen die beiden Worte entstammen könnten.

Hier kann zunächst für 42 10. 13f. 16 auf die Ergebnisse der Untersuchungen S. Herrmanns zurückgegriffen werden[22]. Herrmann hat in überzeugender Weise nachgewiesen, daß die Jer 1 10 erstmals begegnende programmatische Begriffsreihe בנה — הרס נטע — נתש[23] in dieser oder erweiterter Gestalt »in unter sich sprachlich, inhaltlich und strukturell verwandten Zusammenhängen steht, die bis zur terminologischen Übereinstimmung reichen und deuteronomisch-deuteronomistisches Gepräge auch in der Durchführung aller wesentlichen Gedanken zeigen« (169). Hierzu gehören nach Herrmann neben 31 27-30 und 45 4, die eine gewisse Sonderstellung einnehmen, vor allem 12 14-17 18 7-10. 11. 12 24 6ff. und 42 10ff. 13ff.[24] Kennzeichnend für diese zuletzt genannten Stücke ist neben der Verwendung eines weitgehend übereinstimmenden Vokabulars der Gebrauch des Stilmittels der Alternative, das grundsätzliche Überlegungen meistens im Anschluß an vorgegebenes Überlieferungsgut erlaubt (18 7-10 24 6ff.).

Da es in diesem Zusammenhang nur darum geht, eine Überlieferungsschicht aufzuspüren, der 42 10. 13f. 16 angehört haben können bzw. angehören, kann auf eine ins ein-

---

[22] S. Herrmann, Die prophetischen Heilserwartungen im Alten Testament, 1965, 162—169.

[23] Siehe auch R. Bach, Bauen und Pflanzen, in: Studien zur Theologie der alttestamentlichen Überlieferungen, G. v. Rad-Festschrift, 1961, 7—32.

[24] Die von Herrmann 167 so vorgenommene Textabgrenzung ist für unsern Zusammenhang nicht von Belang, da sich Herrmann in seinen Ausführungen nur auf 42 10 und 13 bezieht, seine Ergebnisse durch die oben vorgelegte Analyse also eher bestätigt als in Frage gestellt werden.

zelne gehende Darlegung der Beweisführung und der Ergebnisse Herrmanns verzichtet
werden. Es genügt zur Verdeutlichung des Sachverhalts eine kurze Gegenüberstellung
von 42 10. 13f. 16 und einem der genannten Stücke, wofür 18 7-10 gewählt werden soll.
Beide Stücke sind Alternativen (אם ... ואם bzw. רגע ... רגע), verwenden Begriffe
aus der aus 1 10 bekannten Begriffsreihe zur Umschreibung von Heil und Unheil und
weisen darüber hinaus noch weitere terminologische Übereinstimmungen auf (vgl.
42 10b mit 18 8b und 42 13b mit 18 10aβ). Schon diese wenigen Hinweise im Anschluß
an Herrmann machen ausreichend deutlich, daß Jer 42 10. 13f. 16 einer deuteronomistischen Bearbeitung des Jeremiabuchs angehört, und in besonders enger Beziehung
zu den genannten Abschnitten steht. Die der Bearbeitung vorliegende Prosaüberliefe-
rung bot ihr gerade an dieser Stelle eine gute Gelegenheit, ihre geschichtstheologischen
Vorstellungen zu entwickeln, berichtet sie doch von einer Entscheidungssituation,
deren Bedeutung kaum unterschätzt werden kann[25].

Die Einfügung dieser grundsätzlichen Überlegungen hat dann
auch eine geringfügige Bearbeitung der Erzählung nach sich gezogen,
zu der 42 6 und 43 4 zu rechnen sind. Neben der oben herausgestellten
engen Beziehung dieser Verse zu 42 10. 13f. 16 lassen sich weitere Argumente für diese Annahme beibringen. So verwendet die 42 6 ausgesprochene Alternative das auch 18 7-10 und 24 6ff. begegnende Gegen-
satzpaar טוב — רע; die 42 6 formulierte Vorstellung, daß es denen
gut gehen werde, die auf Jahwes Stimme hören, findet sich ins Gegenteil verkehrt in 18 10, jedoch unter Gebrauch des gleichen Vokabulars;
42 6 wiederholt innerhalb der Erzählung nur die v. 5 gegebene Zu-
sicherung, daß man sich Jahwes Wort fügen werde, ist also leicht entbehrlich. Ebenso kann man, ohne den Erzählungsablauf zu stören, auf
43 4 verzichten, der mit der schon bekannten Wendung »auf Jahwes
Stimme hören« das Verhalten der Heerführer und des ganzen Volkes(!)
von 42 6. 13f. her kommentiert. Solcher Kommentar ist innerhalb der
übrigen Erzählungen nirgends zu beobachten. Ihrem Stil entspricht
es viel eher, sich auf die Mitteilung der Gespräche und der daraus folgenden praktischen Konsequenzen zu beschränken und die Beurteilung des Verhaltens der handelnden Personen dem Leser zu überlassen.
Dementsprechend schließt 43 5 gut an 43 3 an[26].

Nicht ganz so klar liegen die Verhältnisse bezüglich des noch zu
behandelnden zweiten Jahwewortes 42 11f. 15. 17f., und zwar deshalb,
weil das Heilsorakel (v. 11f.) von andern Zusammenhängen abhängig
zu sein scheint als das folgende bedingte Drohwort (v. 15. 17f.).

Die v. 11 vorliegende Form des Heilsorakels ist nur noch an wenigen Stellen des
Jeremiabuchs belegt und auch dort nie in seiner vollen Form, zu der folgende Wen-

---

[25] Zur Theologie der deuteronomistischen Bearbeitung des Jeremiabuchs siehe S. Herrmann a. a. O. 188—195.
[26] Der deuteronomistischen Bearbeitung entspricht auch gut die Ausdehnung des
aktiven Personenkreises auf das ganze Volk (v. 4). Demgegenüber nennen 43 2. 5 nur
die Heerführer. Die Verantwortung nur einzelnen Personen aufzubürden, liegt nicht
im Sinne der deuteronomistischen Theologie, der es um das Volksganze geht.

dungen gerechnet werden müssen: I אל תירא(ו), II כי את. אני את.[27], III (מיד) נצל und IV ישע. Es ist auffällig, daß drei der vier in Frage kommenden Belegstellen an Jeremia persönlich ergangene Verheißungen darstellen 1 8 (I, II, III) 1 19 (II, III) und 15 20 (II, IV, III), während nur eine sich an ein Kollektiv wendet 30 10f. par. 46 27f. (I, IV + [I] II, IV); geht es bei den persönlichen Heilszusagen stets um das Hindurchkommen durch die Anfeindung derer, denen Jeremia seine Botschaft auszurichten hat, so in der kollektiven Heilszusage um die Heimkehr (שוב 30 10) Jakob/Israels aus dem Land der Gefangenschaft (שְׁבְיָם). 30 10f. ist somit nicht nur Formal-, sondern zugleich Sach-parallele zu 42 11f. insofern, als es in beiden um die Rückkehr in die angestammten Wohngebiete geht. Die Terminologie für die Umschreibung dessen in 42 12 ist wiederum eng verwandt mit drei deuteronomistischen bzw. nachdeuteronomistischen Stellen, in denen es wie in 30 10f. um die Rückkehr aus der Deportation geht: I Reg 8 50 נתתם לרחמים לפני שביהם לשוב לארץ, II Chr 30 9[28] לרחמים לפני שביהם ורחמום הזאת כי חנון ורחום יהוה und Ps 106 46 ויתן אותם לרחמים לפני כל־שוביהם. Daß es sich bei den ins Auge fallenden Übereinstimmungen um Zufälligkeiten handeln sollte, wird man kaum annehmen können, vielmehr scheint es für diese Wendung deuterono-mistischer Sprachgebrauch nahezulegen, zumal sowohl Ps 106 als auch die Chronik-bücher die deuteronomistische Literatur gekannt und benützt haben bzw. von ihr beeinflußt sind. Da sich nun 42 12 sprachlich besonders eng an I Reg 8 50 anschließt (אתן לכם רחמם ורחם), wird man auch für diese Stelle in den deuteronomistischen Überlieferungsbereich geführt. Die Verwendung dieser sonst immer im Zusammenhang mit Deportationen gebrauchten »Formel« an dieser Stelle läßt sich leicht erklären, geht es hier zwar nicht um Wegführung im strengen Sinn, so doch um Wegzug und mögliche Rückkehr, welche abhängig ist von dem Erbarmen der das Land beherr-schenden Großmacht.

Das an das Heilsorakel als Warnung angeschlossene Drohwort (v. 15. 17f.) kehrt in fast jeder seiner Formulierungen in dem ersten Teil der großen Abschlußpredigt Kap. 44, besonders v. 11-14 wieder: vgl. 42 15bβ. 17aα mit 44 (8aβ) 12aα, 42 17aβ mit 44 12aβ, 42 17b mit 44 11aβ. 14a, 42 18a mit 44 6a. 13a, 42 18bα mit (6bα. 8bβ) 12b und schließlich 42 18bβ mit 44 14b. Die Letztgestalt von Kap. 44 stellt nach Kremers be-gründetem Urteil eine Predigt mit folgendem gut komponierten Aufbau dar: 1. v. 1-6 geschichtstheologischer Rückblick, v. 7-10 Scheltrede, v. 11-14 Drohrede, v. 15-19 Ein-wand und Ablehnung durch die Hörer; 2. v. 20-23 geschichtstheologischer Rückblick, v. 24-25 Scheltrede, v. 26-28 Drohrede, v. 29-30 bekräftigendes Zeichen[29]. Die in ihr be-gegnende Terminologie — vor allem von v. 1-14 — und Gedankenführung wird allge-mein der exilischen und vom Deuteronomisten beeinflußten Theologie zugeschrieben[30].

---

[27] Zu dieser Formel vgl. H. D. Preuß, »... ich will mit dir sein!«, ZAW 80 (1968), 139—173.

[28] Vor לרחמים scheint ein entsprechendes Verbum ausgefallen zu sein; 𝕲 ἔσονται; vielleicht eine Form von נתן?

[29] Da im folgenden keine eigene ausführliche Analyse zu Kap. 44 vorgelegt werden soll, darf an dieser Stelle noch einmal mit Nachdruck auf die im ganzen zutreffende Untersuchung Kremers hingewiesen werden. Zu Kap. 44 siehe Diss 86—96.

[30] Schon Duhm ergießt seinen Spott über den Verfasser dieses Abschnitts: »Von 3 an schwimmt der Verf. in den hundertmal gehörten Redensarten.« Rudolph nimmt Überarbeitung der Quelle B im Sinne der Quelle C an. Kremers geht den Wendungen im einzelnen nach und kommt zu dem im Text vermerkten Ergebnis. Weisers Be-urteilung des Kapitels gründet sich auf Baruchs schwerfälligen Stil und die gebun-

Wie diese Predigt entstanden ist, läßt sich allerdings nicht mehr rekonstruieren. Nur soviel scheint sicher zu sein: sie verwendet und verarbeitet eine Erzählung über Jeremia, die nur mehr fragmentarisch erhalten ist, und sie scheint in irgendeiner Weise mit Jer 42f. in Verbindung zu stehen. Die Schwierigkeiten sind so groß, daß Kremers unter anderem auch folgendes Urteil ausspricht: »Kap. 44 ist ein ganzes Sammelbecken von Droh- und Scheltworten. Nur mühsam werden die verschiedenen Gottessprüche durch einen historischen Rahmen zusammengehalten, der dazu so kümmerlich ist, daß man kaum erkennen kann, wann, wo und zu wem Jeremia eigentlich spricht.«[31]

Angesichts dieses Tatbestandes kann man über die Beziehungen zwischen 42 11f. 15. 17f. und Kap. 44 nur Vermutungen anstellen bzw. sich darauf beschränken festzuhalten, daß das verwendete Vokabular wahrscheinlich in den Bereich späterer Überarbeitung der Jeremiaüberlieferungen gehört. Man kann vermuten — vorausgesetzt Jer 44 ist in seiner Letztgestalt an den Erzählungszyklus angehängt worden —, daß 42 11f. 15. 17f. von Jer 44 her in Kap. 42 eingetragen wurden, und zwar von der Hand, der Kap. 44 seine Letztgestalt verdankt. Dafür sprechen mehrere Beobachtungen: 1. die terminologischen Übereinstimmungen von Kap. 44 und 42 11f. 15. 17f.; 2. daß wörtliche Übereinstimmungen mit anderen Partien von 42 1—43 7 gerade nicht festzustellen sind; 3. die Übereinstimmung der theologischen Konzeption zwischen Kap. 44 und 42 11f. 15. 17f. gegenüber 42 10. 13f. 16: qualifiziert 42 10. 13f. 16 die Lage der Flüchtenden als Entscheidungssituation, in der man erst noch Stellung zu beziehen hat bzw. in der die Entscheidung Heil—Unheil noch nicht gefallen ist, so kennzeichnet 42 11f. 15. 17f. dieselbe Lage bereits als eine grundsätzliche Heilssituation (v. 11f. Heilszusage), aus der herauszufallen gewarnt wird; dementsprechend reflektiert Kap. 44 die ständige Ablehnung des durch die Propheten ergangenen Jahweworts in Vergangenheit und Gegenwart (v. 1-10) und das damit verbundene Herausfallen aus der heilvollen Zusage Jahwes, so daß das, wovor 42 15. 17f. noch gewarnt wird, Wirklichkeit wird (v. 15. 17f. die als bedingte Drohung formulierte Warnung wird zur unbedingten Drohung 44 11-14).

Treffen diese Vermutungen zu, dann ließe sich auch die Einordnung dieses Jahweworts in Kap. 42 hinreichend verstehen. Sie diente zur Angleichung des Schlusses des Erzählungszyklus an das Anhangskapitel 44. Soweit es sich um Drohworte handelte, konnte man dafür das in Kap. 44 unmittelbar zur Verfügung stehende Textmaterial verwenden, soweit es sich um Heilsworte handelte, bezog man sich auf das 41 18 ausgesprochene Motiv der Furcht vor den Chaldäern und die in der Erzählung geschilderte Situation der Flüchtenden und griff zur Ausgestaltung dieser Elemente auf passende Formulierungen aus andern Zusammenhängen des Jeremiabuchs bzw. der deuteronomistischen Literatur zurück.

Angesichts der aufgezeigten Zusammenhänge, die für beide Jahweworte auf von der deuteronomistischen Theologie beeinflußte Über-

---

dene Überlieferungsform der prophetischen Predigt, womit sich für Weiser literarkritische Versuche erledigen (vgl. auch seinen Hinweis auf die Bundeskultterminologie!). Hyatt: Deuteronomist.

[31] Kremers, EvTh 13, 132.

arbeitungen der Jeremiaüberlieferung hinweisen[32], wird man für die Frage nach dem ursprünglichen Jahweorakel der Erzählung wieder zu 42 19*. 22* zurückgeführt. Einzige Schwierigkeit bei diesem Wort ist die Verwendung der Begriffsreihe רעב ,חרב und דבר, die ein Hinweis auf Überarbeitung sein könnte[33]. Da sich diese Begriffsreihe aber auch in wahrscheinlich echten Jeremiastellen[34] findet und darüber hinaus der Erzählungszyklus — in den seltenen Fällen, in denen das überhaupt der Fall ist — auch sonst offenbar für eine bestimmte Verkündigungsperiode Jeremias als typisch empfundene Jahweworte benützt (37 17b 38 3), ist es nicht ratsam, hier eine endgültige Entscheidung zu fällen. Die Basis dafür ist doch zu schmal, und das Wort fügt sich auch mit dieser Begriffsreihe gut in den Zusammenhang ein. Berücksichtigt man die eigene Einführungsformel, die diesem Jahwewort beigegeben ist, so schloß es aller Wahrscheinlichkeit nach ursprünglich an v. 9aα ויאמר אליהם an. V. 9aβ. b, wahrscheinlich im Verein mit v. 8b[35], dürften die Einleitung der später zugefügten Erweiterungen sein.

Zur Diskussion steht nun nur noch der Abschnitt *43 1-7*, von dem v. 4. 5b. 6a schon besprochen sind. V. 1, in seiner Formulierung eine Parallele zu 26 8, dient der Anknüpfung der folgenden Erzählung an die ausführliche Prophetenrede 42 7-22; die gleiche Funktion hat 26 8. 43 1 setzt offenbar eine längere Unterbrechung des Erzählungsablaufs voraus, ist also wahrscheinlich erst mit der Erweiterung des ursprünglichen Jahweorakels in den Text aufgenommen worden. Als Adressaten der Jahweworte nennt er das »ganze Volk« (ähnlich 42 1. 8 43 4), nicht hingegen die sonst immer auftretenden Heerführer[36]. Diese Tendenz entspricht der Verallgemeinerung des Sachverhalts, wie sie schon im Zusammenhang mit 42 10. 13f. 16 begegnet ist, so daß man 43 1 dieser Bearbeitungsschicht zuweisen könnte.

V. 2f. setzt mit der ablehnenden Antwort der Heerführer auf Jeremias Botschaft das Gespräch mit Jeremia fort und schließt es ab. Dies entspricht ganz dem Stil der Erzählungen des Zyklus. Ebenso die unmittelbar anschließende Angabe der aus dem Gespräch resultierenden Konsequenzen in v. 5-7*: Aufbruch der Heerführer nach Ägypten unter Mitnahme des Rests, Jeremias und Baruchs. Als Schlußbemer-

---

[32] Gerade Jer 42 zeigt, daß es sich durchaus um mehrere solcher Bearbeitungen, wenigstens aber um zwei, handeln könnte. Vgl. hierzu die differenzierende Wertung des Gesamtkomplexes der deuteronomisch-deuteronomistischen Theologie bei S. Herrmann a. a. O 190f.

[33] Sie begegnet im Jeremiabuch 30mal und sehr häufig in jüngeren Schichten: 24 10 27 8. 13 28 8 cj. 29 17f. 32 24. 36 34 17 u. ö.

[34] 14 12f. 15f. 18 15 2.

[35] Vgl. oben Anm. 7 sowie 43 4.

[36] Kremers, EvTh 13, 128 Anm. 13, sieht darin ebenfalls einen Hinweis darauf, daß ursprünglich nur die Heerführer Gesprächspartner Jeremias waren.

kung wäre v. 7 anzusehen, wenn nicht auch hier kommentierende Bemerkungen eingeflochten zu sein scheinen. Die Angabe des Ziels »und
sie zogen nach Ägypten« ist sicherlich ursprünglich, während die Begründung für den Abzug v. 7aβ einerseits der Begründung des Abzugs
von 41 18 nicht entspricht und andererseits ganz den Eindruck eines
theologischen Schlußkommentars macht, der nach 42 6. 13. 21 43 4 an
sich schon überflüssig ist, also am ehesten dieser Überlieferungsschicht
zuzuweisen wäre. Nicht zu entscheiden ist die Frage, ob der Schluß
von v. 7 »und sie gelangten nach Tachpanches« zur Schlußbemerkung
und damit zur Erzählung ursprünglich hinzugehörte oder nicht, da
nicht mehr gesagt werden kann, ob der folgende Bericht über eine
symbolische Handlung, der zum Erzählungszyklus nicht mehr hinzu-
gerechnet werden kann und wie Kap. 44 als Anhang dazu zu betrachten ist[37], an seinen jetzigen Ort geriet, weil 43 7b ein willkommenes
Stichwort für die Verknüpfung bot, oder ob v. 7 dem folgenden Bericht entsprechend erweitert wurde, um einen besseren Anschluß zu
gewinnen.

Zusammenfassend kann gesagt werden, daß diese Abschlußerzäh-
lung 41 16—43 7 mit ihren beiden Anhängen 43 8-13 und Kap. 44 ein
äußerst kompliziertes überlieferungsgeschichtliches Bild bietet, dessen
Rekonstruktion mit einigen Vorbehalten doch noch versucht werden
sollte. Zur ursprünglichen Erzählung und damit zum Erzählungszyklus
ist nach der S. 112f. und 114f. vermuteten Überarbeitung der Einleitung
41 16—42 1 von II Reg 25 22-26 her, 41 16—42 1* 42 2-5. 7. 8a. 9aα. 19*.
22* 43 2f. 5a. 6b. 7aα(b?) zu rechnen. Diese Erzählung ist vermutlich zuerst um 42 11f. 15. 17 im Zusammenhang mit Kap. 44 erweitert worden,
da dieses Wort offenbar nur die Erzählung selbst, und hier besonders
41 18 und 42 19*. 22*, sowie Kap. 44 voraussetzt, und seine Entstehung
ohne v. 10. 13f. 16 leichter verständlich ist. Dieser Vorgang könnte sich
durchaus noch in einem Überlieferungsstadium abgespielt haben, in
dem der Überlieferungskomplex Kap. 37—44 noch nicht mit andern
Überlieferungskomplexen verbunden war[38]. Das Wort v. 10. 13f. 16,
das sich aufgrund seiner grundsätzlicheren und reflektierteren theologischen Position als jünger erweist, kann dagegen gut an die durch
Heilswort (v. 11f.) und bedingtes Drohwort (v. 17-18) angedeutete Heils-
Unheilsalternative angeschlossen haben, und gestaltet diese explizit
aus. Darüber hinaus scheinen die Parallelen in Kap. 12 18 24 31 45
darauf hinzuweisen, daß dieser Überarbeitung schon eine umfang-
reichere Jeremiaüberlieferung vorlag[39], der sie ihr Gepräge gab. Dieser

---

[37] Im Anschluß an Kremers. 43 8-13 ist ein in sich geschlossenes selbständiges Stück,
das dem Stil der Erzählungen davor in keiner Weise entspricht.
[38] Vgl. hierzu Rietzschel 95—110.
[39] An dieser Stelle muß noch darauf hingewiesen werden, daß einiges in 38 14-28a darauf
hindeutet, daß auch dort unter Umständen diese deuteronomistische Bearbeitung

Überarbeitung wären noch eine Reihe kleinerer Ergänzungen innerhalb der Erzählung selbst zuzuschreiben (42 1b. 6. 8b. 9aβ.b 43 1. 4. 7aβ).
Der letzte größere Einschub 42 19bβ-22aα scheint unter anderm 42 6 vorauszusetzen, gehört also entweder zu der eben genannten Bearbeitung
oder ist jünger als diese.

Kaum mehr zu beantworten ist die Frage, wann das Anhangsstück 43 8-13 in den
Überlieferungskomplex eingefügt wurde, zumal es sich um ein in sich geschlossenes
Stück handelt, das keinerlei Beziehungen zu den vorausgehenden und folgenden Abschnitten aufweist. Ein Hinweis auf die zeitliche Ansetzung könnte die Bezeichnung
עבדי für Nebukadnezar (v. 10) sein, die in 27 6 und 25 9 in jüngeren Überlieferungsschichten begegnet[40], vorausgesetzt daß es sich bei dieser Bezeichnung nicht um ein
später eingefügtes Interpretament handelt[41]. Einen Hinweis für die redaktionsgeschichtliche Einordnung des Berichts 43 8-13 könnte die Beobachtung liefern, daß die Überschrift 43 8 mit der Überschrift des ebenfalls später in den Erzählungskomplex eingefügten Wortes an Ebedmelech 39 15-18 im wesentlichen übereinstimmt, vor allem dann,
wenn die ⑥-Lesart von 39 15 die ursprüngliche sein sollte; beide Überschriften sind nach
dem gleichen Schema aufgebaut: (Ortsangabe*) ב' ויהי דבר־יהוה אל־ירמיהו.
Nimmt man an, daß diese Übereinstimmung der Überschriften von ein und derselben
Redaktion herrührt, dann könnte von der überlieferungsgeschichtlichen Einordnung
von 39 15-18 her auf 43 8-13 zurückgeschlossen werden.

*

Neben die schon in der Einleitung zu diesem Abschnitt B im Anschluß an Kremers dargelegten Argumente dafür, daß es sich in Jer
37 11—43 7 um einen Erzählungszyklus und damit um einen ursprünglich selbständigen Überlieferungskomplex handelt, treten einige weitere
aus den vorgelegten Einzelanalysen sich ergebende Argumente, die
zur Stützung dieser These beitragen. Es hat sich nämlich gezeigt, daß
die Hauptmasse der im Laufe der Überlieferung dieses Erzählungszyklus hinzugetretenen Erweiterungen sich an den Randstellen desselben ansiedelten, nämlich am Beginn 37 (1f.)3-10 und am Schluß
(42 10-18) 43 8-13 44. Diese Erweiterungen legen sich gleichsam als
Rahmen um einen vorgegebenen Textkomplex herum. Daß es sich
bei diesen Erweiterungen fast ausschließlich um Worte bzw. Reden

---

beteiligt ist: vgl. vor allem die Alternative in 38 17f. Umgekehrt weist gerade auch
dieses Stück alle Stilelemente des Erzählungszyklus auf, so daß es schwerfällt, an
Überarbeitung zu denken, zumal es hoffnungslos erscheint, verschiedene Überlieferungsschichten in diesem Abschnitt voneinander abzuheben.

[40] Vgl. die Analyse von Kap. 27—28 und Rietzschel 30ff.
[41] Vgl. die Lesarten von ⑥ zu den fraglichen Stellen und dazu W. E. Lemke, »Nebuchadrezzar, My Servant«, CBQ 28 (1966), 45—50. Die Lemke entgegengesetzte Auffassung T. W. Overholts (CBQ 30, 1968, 39—48), »it would thus seem that the title
'Nebuchadnezzar my servant' accurately reflects Jeremiah's theological position«
(45), ruht u. a. auf der Behauptung der Einheitlichkeit von Kap. 27—29, so daß ihr
schon deshalb große Bedenken entgegenzubringen sind.

des Propheten handelt[42], hat seine Ursache unter anderm in Stil und Absicht des vorgegebenen Erzählungszyklus. Die Absicht, vor allem das Ergehen des Propheten von seiner Gefangennahme bis zu seiner Verschleppung nach Ägypten zu schildern und damit verbunden ein bestimmtes Bild des Propheten vor Augen zu stellen, sowie die dafür in konsequenter Beschränkung eingesetzten Stilmittel führten unter anderm dazu, daß Gottesworte und Schilderungen historischer Umstände nur soweit in Anspruch genommen wurden, als sie unbedingt für das Verständnis der einzelnen Episoden notwendig waren; und sogar dort, wo darauf nicht verzichtet werden konnte, beschränkte man sich auf kurze Hinweise bzw. Andeutungen, wenn anzunehmen war, daß die Ereignisse dem Leser gegenwärtig sind[43]. Genau dies aber empfand man später offensichtlich als einen Mangel, den es zu beseitigen galt. Daß man trotz dieses empfundenen Mangels mit dem vorgegebenen Überlieferungsbestand äußerst vorsichtig umging, wird erstens daraus ersichtlich, daß man sich zunächst darauf beschränkte, Prophetenworte dem Textkomplex vor- bzw. nachzuschalten; zweitens daraus, daß man dort, wo sich Eingriffe nicht umgehen ließen, weil für nötig erachtete historische Erweiterungen nur an dem je entsprechenden Platz sinnvoll sind, den vorgegebenen Textbestand im wesentlichen unangetastet ließ und sich auf Einschaltungen beschränkte, so daß jener in der literarkritischen Analyse wieder hinreichend gut rekonstruierbar war; und schließlich drittens daraus, daß durch diese Einschaltungen entstandene historische Unstimmigkeiten — vor allem in Kap. 39—40 6 — weder geglättet noch beseitigt wurden. Daß sich vor allem aus den »Rahmenerweiterungen« erschließen läßt, daß man auch das vom Erzählungszyklus gezeichnete Jeremiabild für nicht ausreichend hielt, braucht an dieser Stelle nur angemerkt zu werden. Diese Anmerkung ist jedoch nötig, damit nicht der Eindruck entsteht, daß einzig formale »Mängel« als Anlaß für die Erweiterungen des Überlieferungskomplexes angenommen werden. Gerade dieser Erzählungszyklus ist ein Paradebeispiel dafür, wie stark Form und Inhalt einander bestimmen können, so daß eine beabsichtigte Änderung des Inhalts meist eine Änderung der Form nach sich zieht.

Es ist überraschend festzustellen, daß auch die Untersuchung der Methodik der Bearbeitung von Texten einen Rückschluß auf den ursprünglichen Textbestand ermöglicht bzw. an der literarkritischen Analyse gemachte Beobachtungen stützen und bestätigen kann. Für Jer 37—44 liefert genau dieses Vorgehen eine Reihe von Argumenten für

---

[42] Dort, wo erzählende Elemente innerhalb der Erweiterungen auftreten, haben sie immer nur eine untergeordnete Funktion. Sie dienen dem mitzuteilenden Gottes- oder Prophetenwort immer nur als Rahmen oder bereiten seine Verkündigung vor.

[43] Es handelt sich dabei vor allem um die Schilderung der historischen Umstände unmittelbar vor und nach der Eroberung Jerusalems.

die oben schon ausgesprochene Annahme, daß man es mit einem ursprünglich selbständigen Überlieferungskomplex zu tun hat, der ein
geschlossenes Ganzes in Form und Inhalt darstellt.

C. JEREMIA 45 UND 51 59-64

1. Jeremia 45

Text

1 Das Wort, das der Prophet Jeremia zu Baruch, dem Sohn Nerias,
sagte, als er diese Worte nach Jeremias Diktat in ein Buch schrieb im vierten Jahre Jojakims, des Sohnes Josias, des Königs von Juda: 2 So hat
Jahwe, der Gott Israels, über dich, Baruch, gesprochen:

3 Weil[a] du gesagt hast: »Wehe mir!   4 (3)
     denn Jahwe fügt Kummer zu meinem Schmerz,   I   4
     ich bin müde von meinem Seufzen und finde keine Ruhe«, 4

4 [so sollst du zu ihm sprechen][b] so hat Jahwe gesprochen:
Siehe, was ich gebaut habe, das reiße ich ein,   4
     und was ich gepflanzt habe, das reiße ich aus[c];   II   4
     5 da begehrst du Großes für dich, begehre es nicht.   4

Denn siehe, ich bringe Unheil über alles Fleisch,   4
                  — Spruch Jahwes —
     dir aber gebe ich dein Leben zur Beute   III   4
     an allen Orten, wohin du gelangen wirst.   4

a Es ist mit ⑹ כי einzufügen, das nach ברוך durch Haplographie leicht ausgefallen sein kann. — b כה תאמר אליו spricht von Baruch in der 3. Person entgegen
dem Gebrauch der 2. Person in v. 2f.; außerdem erscheint in v. 2 Jeremia als Sprecher,
in v. 4aα Jahwe selbst; die Einleitungsformel ist allem nach später zugesetzt worden. —
c V. 4b ist in seiner jetzigen Form nur als Glosse verständlich[1], und zwar als interpretierende Randbemerkung, die verstümmelt in den Text geraten ist. Die meist aufgrund von ⑤ vorgenommene Rekonstruktionsversuche erscheinen als Erklärungsversuche wesentlich komplizierter[2]. Wahrscheinlich ist das Fehlen des Verses in ⑹ und
der verbesserte Text von ⑤ schon auf die Unverständlichkeit der Vorlage zurückzuführen.

Analyse

V. 1: Der Aufbau der Einführungsformel für das folgende Trostwort an Baruch begegnet im Jeremiabuch nur noch an einer Stelle,
nämlich 51 59, der Einleitung des Berichts über die symbolische Handlung, mit deren Ausführung Baruchs Bruder Seraja beauftragt wird[3]:

---

[1] Duhm, Giesebrecht, Cornill.

[2] Vgl. Volz BWAT; Rudolph, ZAW 48, 284; G. R. Driver, Linguistic and Textual
     Problems: Jeremiah, JQR 28 (1937/38), 122f., und Weiser.

[3] Dies ist in der älteren Literatur zum Jeremiabuch nicht beachtet und in der jüngeren
     z. T. ausdrücklich übersehen worden; vgl. Kremers, Diss, 100: Einleitungsformel
     im Jeremiabuch ganz singulär; Rudolph: »so sonst nirgends im Jer vorkommenden

a) Angabe des Sprechers (Jeremia), b) Angabe des Adressaten (Baruch), c) Angabe der näheren Umstände (beim Schreiben dieser Worte in ein Buch nach dem Diktat Jeremias) und d) Zeitangabe (4. Jahr Jojakims). *V. 2*: Da die ausführliche Einführungsformel das folgende Wort nicht eindeutig als Jahwewort ausweist[4], gibt v. 2 der Einführung noch die Botenformel bei, unter nochmaliger Nennung des Adressaten Baruch in der 2. Person.

V. 3: Das in v. 2 angekündigte Jahwewort greift zunächst in der Form der direkten Rede »weil du gesagt hast: ...« eine Klage Baruchs auf, die mit dem Wörtchen אוי eingeleitet wird und durch einen begründenden Nachsatz in ihrem Anlaß näher bestimmt wird. Die Klage ist dreiteilig aufgebaut: 1. Klageruf[5], 2. Ursache der Klage, 3. Situation des Klagenden. Das verwendete Vokabular begegnet vorwiegend in exilisch-nachexilischer Zeit[6].

V. 4f.: Nachdem in v. 3 das Jahwewort nur ein Zitat der Klage Baruchs war, nun aber mit v. 4 das Jahwewort selbst beginnt, ist eine nochmalige Einleitung desselben durch die Botenformel am Platz. Gleichzeitig wird damit die Antwort Jahwes der Klage Baruchs scharf gegenübergestellt. Die Antwort Jahwes zerfällt in zwei Teile: v. 4aβ. 5a und v. 5b. Beide Teile beginnen mit einem Hinweis (הנה!) auf das Unheilshandeln Jahwes (v. 4aβ bzw. v. 5bα), dem je ein an Baruch gerichtetes Wort gegenübergestellt ist (v. 5a bzw. v. 5bβ). Beide Teile sind durch כי miteinander verbunden. Im ersten Teil des Wortes entfallen auf die Schilderung des Unheils zwei Versglieder, auf das an Baruch gerichtete Wort ein Versglied. Im zweiten Teil des Wortes verhält es sich umgekehrt: ein Versglied für die Unheilsankündigung und zwei Versglieder für das Wort an Baruch. Der parallele Aufbau beider Teile, in denen nur die Schwerpunkte etwas verschoben sind, könnte darauf hinweisen, daß auch in der metrischen Gestaltung dies seinen Niederschlag findet. Schon die Möglichkeit, umfangmäßig Schwerpunkte zu setzen, ohne aus dem parallelen Aufbau herauszu-

---

Einleitungsformel ...«; Rietzschel 103: »keine zweite Einleitungsformel, die noch einmal nach dem gleichen Schema aufgebaut ist« und M. Kessler, Jeremiah Chapters 26—45 Reconsidered, JNES 27 (1968), 86, unter Berufung auf Rudolph und Rietzschel. Nur bei Hitzig, auf dessen Beobachtung auch F. Schwally, Die Reden des Buches Jeremia gegen die Heiden. XXV. XLVI—LI, ZAW 8 (1888), 217, und C. Budde, Ueber die Capitel 50 und 51 des Buches Jeremia, Jahrbücher für die Deutsche Theologie 23 (1878), 428—470. 529—562 (553), verweisen, ließ sich ein Hinweis auf 51 59-64 finden, der jedoch später von der Forschung unbeachtet blieb.

[4] Gegen Kremers, EvTh 13, 129 Anm. 16.

[5] G. Wanke, אוי und הוי, ZAW 78 (1966), 215—218.

[6] Ausnahmen: יגון Gen 42 38 44 31; מכאוב Ex 3 7; יגע Jos 7 3 24 13(?); II Sam 23 10(?). Darüber hinaus siehe G. Lisowsky, Konkordanz zum hebräischen Alten Testament, 1958, zu יגון, מכאוב, אנחה und יגע.

fallen, setzt mindestens dreigliedrige Verse voraus. Da auch die Klage Baruchs dreiteilig aufgebaut ist, ergibt sich somit eine klare Gliederung des Jahwewortes. Es besteht aus drei dreigliedrigen Versen, jedes Versglied zu vier Hebungen[7]:

v. 3:	Klage	4 + 4 + 4
v. 4a. 5a:	Mahnung: Unheilsankündigung + Mahnwort	4 + 4 / 4
v. 5b:	Trost: Unheilsankündigung + Heilswort	4 / 4 + 4

Aus diesem Rahmen fallen immer nur die Einführungs- bzw. Schlußformeln heraus.

Erweist sich somit das Jahwewort v. 3-5 formal als Einheit, so ist dasselbe auch vom Inhaltlichen her zu sagen. Folgerichtig folgt ein Gedankenschritt dem andern. Der auf die Person Baruchs beschränkten Klage (v. 3) wird Jahwes Handeln an seinem Volk gegenübergestellt (v. 4aβ) und daraus die Konsequenz gezogen, daß es angesichts des Planes Jahwes nicht gerechtfertigt scheint, den Blick allein auf sich selbst zu konzentrieren und den eigenen Vorteil zu suchen (v. 5a), vielmehr kann angesichts des angekündigten Unheils (v. 5bα) Heil nur mehr als Geschenk empfangen werden, das Baruch schließlich persönlich zugesagt wird (v. 5bβ).

Im Blick auf die oben herausgestellte formale und inhaltliche Einheitlichkeit des Wortes könnte man geneigt sein, sich der allgemeinen Meinung anzuschließen, Jer 45 enthalte ein echtes Jeremiawort. Doch lassen sich die Zweifel daran nicht ganz beseitigen. So wurde schon oben angemerkt, daß das für die Gestaltung der Klage verwendete Vokabular vorwiegend jüngerer Zeit angehört. Dazu kommt noch die in v. 4f. gebrauchte Terminologie, die innerhalb des Jeremiabuchs vorwiegend in jüngeren Überlieferungsschichten begegnet[8] und die darüber hinaus allgemein und wenig konkret gehalten ist, also eher an Formeln erinnert[9]. Das Wort als ganzes wäre ohne die Angaben in v. 1

---

[7] Unter gleichzeitiger Abänderung seiner in: Jeremias Metrik am Texte dargestellt, 1905, 50, dargelegten Meinung über das Metrum von Jer 45 bemerkt Giesebrecht in seinem Kommentar (224): »Die Sprüche sind 4 hebig, cf. JM. und wahrscheinlich tristichisch«, ohne das allerdings näher auszuführen. Diese Beurteilung liegt offensichtlich auch der Übersetzung Ballas zugrunde (E. Balla, Die Botschaft der Propheten, 1958, 231 f.). Alle übrigen Versuche metrischer Gliederung (vgl. Erbt, Schmidt und Weiser) werden dem formalen und inhaltlichen Aufbau des Wortes nicht gerecht.

[8] Zu v. 4a vgl. S. Herrmann, Die prophetischen Heilserwartungen im Alten Testament, 1965, 165. 168. 192, der die topische Verwendung der Begriffsreihe הרס — בנה נתש — נטע herausstellt und darauf verweist, daß sie sonst vorwiegend in deuteronomistischen Stücken begegnet; zu v. 4a vgl. weiter oben S. 134. Zu v. 5bα vgl. 19 3-15 23 12 32 42 35 17 36 31 42 17 und 44 2 dagegen 4 6 vielleicht 6 19. Zu v. 5bβ vgl. 21 9 38 2 39 18.

[9] Vgl. F. Schwally, Die Reden des Buches Jeremia gegen die Heiden. XXV. XLVI—LI, ZAW 8 (1888), 177—217 (217).

über die konkrete Situation, in die hinein es gesprochen worden sein soll, auch nicht so gut verständlich als mit diesen[10], so daß der Eindruck entsteht, als wäre die Überschrift v. 1 von vornherein mit dem folgenden Jahwewort verbunden gewesen, das ganze Wort in seiner jetzigen Form also nicht ursprünglich.

Über das Aufweisen der Diskrepanz zwischen Form und Inhalt einerseits und Terminologie andererseits kommt man nur schwer hinaus, so daß eine Entscheidung über die Echtheit von v. 3-5 ohne weitere Argumente nicht möglich ist, und diese wären nur aus einer bis ins einzelne gehenden Analyse der gesamten Jeremiaüberlieferung zu gewinnen.

2. Jeremia 51 59-64

Text

59 Das Wort, das der Prophet Jeremia[a] Seraja, dem Sohn Nerias, des Sohnes Machsejas, auftrug, als er mit[b] Zedekia, dem König von Juda, nach Babel ging im vierten Jahr seiner Regierung — Seraja aber war der oberste Quartiermeister[c]; 60 und Jeremia hatte all das Unheil, das über Babel kommen sollte, auf ein einzelnes Blatt geschrieben, alle die Worte, die über Babel aufgeschrieben sind. — 61 Und Jeremia sprach zu Seraja: »Wenn du nach Babel kommst, dann sieh zu, daß du alle diese Worte verliest, 62 und du sollst sagen: 'Jahwe, du selbst hast diesem Ort angedroht, ihn zu vernichten, daß niemand mehr darin wohne, weder Mensch noch Tier, denn eine ewige Öde[d] soll es sein'. 63 Und wenn du dieses Blatt zu Ende gelesen hast, dann binde einen Stein daran und wirf es mitten in den Euphrat 64 und sage: 'So soll Babel versinken und nicht wieder hochkommen, wegen des Unheils, das ich über es bringen werde.'« [Und sie ermatten. Bis hierher gehen die Worte Jeremias.][e]

a ⑤ hat יהוה als Subjekt, woraus sich notwendig auch eine Änderung des übrigen Wortlauts ergibt: Das Wort, das der Herr dem Propheten Jeremia auftrug, es dem Seraja, ..., zu sagen. — b ⑤𝔄 setzen offenbar מאת voraus und damit gleichzeitig, daß Zedekia selbst an der Reise nach Babel nicht teilnahm. — c Statt מנוחה liest ⑤ δώρων, das מִנְחָת voraussetzt. Ähnlich 𝔗. — d Nach BHK³ lesen die Versionen den Singular, doch dürfte nach 51 26 und 25 12 der Plural ursprünglich sein. — e Der Schluß des Verses fehlt in ⑤, da er dort nicht gleichzeitig Schluß des Jeremiabuchs ist. —

Analyse

V. 59: Wie schon bei 45 1 angemerkt wurde, ist die Überschrift des folgenden Berichts über eine symbolische Handlung nach dem gleichen Schema aufgebaut wie dort: a) Angabe des Sprechers (Jere-

[10] Die einzige Möglichkeit, dem Wort auch ohne die »redaktionellen« Angaben einen konkreten Sinn abzugewinnen, besteht in der Annahme, Kap. 45 sei ursprünglich ein an Jeremia gerichtetes Wort (G. Jacoby, Zur Komposition des Buches Jeremja, ThStKr 79, 1906, 27f.); nur kann wegen 51 59-64 die Beziehung zu Baruch nicht ohne weiteres eliminiert werden (siehe unten).

mia), b) Angabe des Adressaten (Seraja, Baruchs Bruder[1]), c) Angabe
der näheren Umstände (Gesandtschaft nach Babel) und d) Zeitangabe (4. Jahr Zedekias). Dem entspricht außerdem die weitgehende
Übereinstimmung in der sprachlichen Gestaltung beider Einführungsformeln: הדבר אשר דבר/צוה ירמיהו הנביא אל/את ברוך/שריה בן־נריה
(בן־מחסיה); daran wurde mit Infinitiv $+ ב +$ suff. die Umstandsbestimmung angeschlossen. Daß sich die Zeitbestimmungen formal etwas unterscheiden, ergibt sich daraus, daß in 51 59 der Name
des Königs in der Umstandsbestimmung bereits vorweggenommen ist.
In einer nachholenden Bemerkung wird die Funktion Serajas innerhalb der Gesandtschaft kurz charakterisiert.

Als Parenthese formuliert, folgt mit v. 60a eine für das Verständnis
des folgenden Auftrags unentbehrliche Bemerkung über das Herstellen
eines Schriftstücks durch Jeremia, wohl eines einzelnen Blattes, wie
אחד andeutet, mit einer Unheilsankündigung über Babel. Den Inhalt
des Schriftstückes gibt v. 60b näher an, indem es ihn mit allen diesen
Worten, die über Babel schon geschrieben sind, in Zusammenhang
bringt. Hier liegt offenbar ein Hinweis auf das der symbolischen Handlung vorausgehende Babylonorakel 50—51 58 vor. Die ungeschickte
Anknüpfung von v. 60b an v. 60a sowie die erläuternde Wiederholung
eines Teils von v. a durch v. b erweisen diesen als redaktionelle Glosse[2].

V. 61 setzt nach der kurzen Nebenbemerkung von v. 59b und der
Parenthese von v. 60a mit einer nun nötigen neuen Einleitung (v. 61a)
v. 59a fort und nimmt den fallengelassenen Faden des Berichts wieder
auf. V. 61b bringt den in der Einleitung angekündigten Auftrag des
Propheten an Seraja. Es handelt sich um den ersten Teil des Befehls
zur Ausführung der Handlung[3]. Seraja soll, wenn er nach Babel kommt,
eine günstige Gelegenheit suchen[4], »alle diese Worte« zu verlesen.
Worauf beziehen sich כל־הדברים האלה ? Nach Schmidt und Cornill
können sich diese Worte wie auch v. 60b nur auf Kap. 50f. beziehen.
In der Tat erwartet man an dieser Stelle nach v. 63 eine andere Formulierung, etwa קרא את־הספר הזה. Für eine Textänderung fehlen nun
aber in v. 61b jegliche Grundlagen, so daß nur angenommen werden
kann, daß eine eventuelle Anpassung des Textes an den Kontext auch
in diesem Vers schon sehr früh vorgenommen wurde. Der ursprüngliche Wortlaut scheint in v. 61bβ jedenfalls nicht vorzuliegen; dazu

---

[1] Dies kann nach 32 12 als ziemlich sicher angenommen werden.

[2] Vgl. G. Fohrer, Die Glossen im Buche Ezechiel, ZAW 63 (1951), 33—53, jetzt:
Studien zur alttestamentlichen Prophetie (1949—1965), 1967, 204—221 (Va).

[3] Jer 51 59-64 ist eine der wenigen symbolischen Handlungen, von denen kein Jahwebefehl oder Jahwewort mitgeteilt wird; siehe dazu Fohrer, Berichte über symbol.
Handlungen, 100. 106.

[4] So wird וראית gewöhnlich verstanden. Giesebrecht will dagegen וְרָאִיתָה »und
wenn du sie siehst« lesen.

paßt er zu schlecht zu v. 60a und v. 63a, bzw. der die gleiche Wendung
aufweisende v. 60b ist zu eindeutig Glosse.

V. 62 setzt den Befehl Jeremias an Seraja fort. Gerade diese Fortsetzung aber hinterläßt einen zwiespältigen Eindruck. Stellt das dem
Seraja durch Jeremia aufgetragene Wort eine einleitende Begleitformel
zur Verlesung des Schriftstücks dar[5], was sich aus der einleitenden
Wendung יהוה אתה דברת nahelegte? Oder soll das ganze Wort einen
Hinweis auf den Inhalt des Schriftstücks beabsichtigen, was sich aus
der unmittelbaren Fortsetzung von וקראת את כל־הדברים האלה
(v. 61bβ) durch ואמרת und die Bemerkung v. 63a ergäbe? Schon diese
Zweideutigkeit des Verses innerhalb des Berichtes weckt Bedenken
an der Ursprünglichkeit des Wortes. Sie verstärken sich, wenn man
feststellt, daß das Jahwe in den Mund gelegte Wort innerhalb des
Babylonorakels begegnet: v. 62aβ in 50 3 und v. 62b in 51 26b. V. 62
wäre also demnach als ganzer eine redaktionelle Glosse[6], die den Bericht über die symbolische Handlung mit dem Babylonorakel verknüpfen soll. Daß mit v. 62 außerdem ein sonst vermißtes Jahwewort
zwischeneinkommt, mag den redaktionellen Eingriff zusätzlich rechtfertigen. Ohne v. 62 ergäbe sich auch ein guter Zusammenhang zwischen v. 61 und *v. 63*, nachdem dieser den Befehl zur Verlesung des
Schriftstückes mit dem Befehl zur Ausführung der eigentlichen symbolischen Handlung verbindet: Nach dem Verlesen soll das Schrift-
stück, an einen Stein gebunden, im Euphrat versenkt werden.

Das in *v. 64* unmittelbar an die Ausführung angeschlossene und
wie diese im Stil des Befehls gehaltene Deutewort mit Symbolbeziehung[7] reicht nur bis תקום. Das folgende Wort v. 64β ist durch das
plötzliche Auftreten einer Jahwerede als erläuternde Glosse ausgewiesen[8]. Der Schluß von v. 64 — von ויעפו an — bildete ursprünglich den Schluß des Babylonorakels und ist ein weiteres Indiz dafür,
daß der Bericht über die symbolische Handlung erst in einem späteren
Überlieferungsstadium an das Babylonorakel angeschlossen wurde.
Wahrscheinlich handelte es sich bei dieser redaktionellen Glosse ursprünglich um eine Randnotiz, die ויעפו als das letzte Wort des Babylonorakels markieren sollte. Nur so erklärt sich nämlich, daß nach der An-
fügung der Erzählung ויעפו mit der Schlußnotiz hinter v. 64a geriet.

Läßt man die durch die Verbindung von Bericht und Orakel bedingten sekundären Bemerkungen (v. 60b. 62. 64aβ. b) zunächst bei-
seite, so bleibt ein in sich geschlossener Bericht über eine symbolische

---

[5] Duhm, Weiser, Rudolph.

[6] Cornill, Schmidt, Rothstein; Fohrer, Symbol. Handlungen, 46. Vgl. die bedenken-
los übernommene Verbform תהיה, die 51 26 als 2. m. sg. gut paßt, in 51 62 hingegen
als 3. f. sg. nicht. Das ואמרת von v. 62 stößt sich auch mit dem von v. 64.

[7] Siehe Fohrer, Berichte über symbol. Handlungen, 100.

[8] Duhm, Rudolph; Fohrer a. a. O.; u. a.

Handlung, der eine Zeitlang durchaus selbständig überliefert worden sein kann. Dieser Bericht setzt sich im wesentlichen aus vier Elementen zusammen: a) Überschrift v. 59a(b), b) vorbereitende Zwischenbemerkung v. 60, c) Befehl zur Ausführung der symbolischen Handlung v. 61. 63 und d) Deutewort mit Symbolbeziehung v. 64aα. Vergleicht man nun diesen Aufbau bzw. den Bericht als ganzen mit den anderen überlieferten Berichten über symbolische Handlungen Jeremias[9], so lassen sich einige auffallende Abweichungen feststellen. So ist 51 59-64 der einzige Bericht, der keinerlei Hinweis auf ein Jahwewort enthält, vielmehr allein dem Prophetenwort untergeordnet ist. In allen andern Berichten sind wenigstens der Befehl und das Deutewort als Jahweworte gekennzeichnet. Selbst wenn man die besondere Situation dieses Berichtes berücksichtigt, ist es auffällig, daß nicht einmal die Deutung ein Jahwewort ist[10]. Weiter fällt auf, daß 51 59-64 die die symbolische Handlung vorbereitenden Verrichtungen parenthetisch vorwegnimmt, während in den übrigen Berichten eventuell nötige Vorbereitungen in den Befehl mit aufgenommen sind (13 1 19 1 27 2a).

Diese formalen Besonderheiten von 51 59-64 bleiben natürlich nicht ohne Auswirkungen auf den Inhalt des Berichts, bzw. es wird umgekehrt der Inhalt die Form beeinflußt haben. So entspricht dem Fehlen der Jahweworte das stärkere Hervortreten des magischen Hintergrunds der prophetischen Handlungen[11] in diesem Text, das durch das Fehlen von Augenzeugen nur noch deutlicher wird. Diese Beobachtungen insgesamt und die noch hinzukommenden Schwierigkeiten vor allem im Blick auf Kap. 29, das ebenfalls von einer Gesandtschaft Zedekias nach Babel berichtet und einer mit ihr verbundenen Botschaft Jeremias an die Deportierten, die den Worten von 51 59-64 zu widersprechen scheint[12], machen es nicht leicht, diesen Text in die Verkündigung Jeremias einzuordnen. Umgekehrt fällt es ebenso schwer, diese symbolische Handlung dem Jeremia rundweg abzusprechen, da die Verknüpfung der Erzählung mit den beiden Hauptpersonen, Jeremia und Seraja, so eng ist, daß auch nicht angenommen werden kann, daß es sich hier um einen dem Jeremia einfach unterschobenen Bericht handelt. Mit diesen Feststellungen ist nun aber ein ähnlicher Punkt wie bei der Analyse von Kap. 45 erreicht: man kommt über die Konstatierung von sich widersprechenden Beobachtungen nicht hinaus.

---

[9] 13 1-11 16 1-4. 5-7. 8-9 19 1-2a*. 10-11a 27 2-3. 12b 32 1-15 43 8-13.

[10] H. Wildberger, Jahwewort und prophetische Rede bei Jeremia, 1942, 102 Anm. 86.

[11] Vgl. Schmidt, Volz. Siehe Fohrer, Symbol. Handlungen, 94—98.

[12] Kap. 29 Forderung der Fürbitte für Babel, Kap. 51 Ankündigung des Untergangs von Babel; Kap. 29 Gesandtschaft ohne Zedekia, Kap. 51 Gesandtschaft mit Zedekia, obwohl beide wohl die gleiche Datierung aufweisen (vgl. jedoch 𝕲 und 𝕾, die diesen Schwierigkeiten aus dem Weg zu gehen scheinen).

3. Das Verhältnis von Jer 45 und Jer 51 59-64

In beiden Analysen an einem toten Punkt angelangt, ist es ratsam, beide Stücke miteinander zu vergleichen, zumal schon in den Analysen Beziehungen zwischen beiden festgestellt werden konnten und man danach annehmen kann, daß die Aufhellung des Verhältnisses von Kap. 45 und 51 59-64 in der Beurteilung beider Texte einen Schritt weiterführt. Die unterschiedlichen Ergebnisse aus der Untersuchung beider Texte sind zum Teil dadurch bedingt, daß die Jeremiaforschung bislang einfach übersehen hat, daß schon aufgrund der Gleichartigkeit der Überschriften beider Texte und deren Einmaligkeit innerhalb des Jeremiabuches[1] diese in irgendeiner Beziehung zueinander stehen und nicht nur unabhängig voneinander untersucht werden können[2].

Auf die Gleichartigkeit der Überschriften beider Stücke ist nun schon mehrfach hingewiesen worden. Die formalen Übereinstimmungen brauchen hier also nicht nochmals wiederholt zu werden. Zu ihnen treten nun aber noch einige inhaltliche Besonderheiten, die einen Zusammenhang zwischen beiden nahelegen. So wird man als sicher annehmen können, daß die in den Überschriften und im Text beider Stücke genannten Adressaten, Baruch und Seraja, Brüder sind, wenigstens aber von den Verfassern beider Stücke als solche verstanden wurden. Dies wird nicht nur durch die gemeinsamen Vater- und Großvaternamen bestätigt, sondern legt sich auch durch den Inhalt beider Stücke nahe. Sowohl Kap. 45 als auch 51 59-64 setzen eine besondere Vertrauensstellung zwischen dem Propheten und den Angesprochenen voraus. Nur so sind in Kap. 45 die Aufnahme der Klage Baruchs und das persönliche Mahn- und Trostwort überhaupt erst verständlich. Und auch die offenbar unter strenger Geheimhaltung zu vollziehende symbolische Handlung in 51 59-64 ist nur möglich, wenn sie von einer das besondere Vertrauen Jeremias genießenden Persönlichkeit ausgeführt wird. Daß es sich dabei dann gerade um den Bruder desjenigen handelt, dessen besonderes Verhältnis zum Propheten im Jeremiabuch mehrfach belegt ist (Jer 32 36 43 1-7 45), kann nicht mehr als Zufall angesehen werden.

Diese enge Verbindung beider in den Überschriften genannten Brüder mit dem Inhalt der ihnen je zugeordneten Texte führt nun zu einer weiteren Besonderheit beider Texte. Versucht man nämlich, ausgehend von der Annahme, es handle sich bei den Überschriften zu beiden Texten um das Ergebnis redaktioneller Bearbeitung, diese Be-

---

[1] Siehe S. 133 Anm. 3.

[2] Es ist daneben interessant zu beobachten, daß zur Beurteilung von 51 59-64 die Form der Überschrift nirgends herangezogen wird, hingegen bei Kap. 45 besondere Beachtung findet (Kremers, Diss, 100; Rietzschel 103; Mowinckel 15f.! 44f.; Rudolph).

arbeitung von dem ihr überlieferten Textmaterial zu scheiden, dann erhält man zunächst ein formal durchaus befriedigendes Ergebnis: den Überschriften stehen jeweils formal in sich geschlossene Stücke gegenüber, einmal ein Jahwewort an Baruch, das andere Mal ein Bericht über eine symbolische Handlung. Versucht man nun aber in einem weiteren Schritt, beide ohne Berücksichtigung der Überschriften zu interpretieren, dann begegnet man größten Schwierigkeiten. Die in den Überschriften gemachten Angaben sind nämlich für das Verständnis des Inhalts beider Stücke unerläßlich, so daß angenommen werden muß, daß die jetzige Gestalt von Kap. 45 und 51 59-64*[3] insgesamt von der Hand stammt, die die Überschriften formulierte. Hinter sie aber zurückzufragen, ist aussichtslos, da man nur mehr auf wilde Vermutungen angewiesen wäre[4].

Die Sonderstellung beider Worte gerade auch im Blick auf den eben angesprochenen Sachverhalt wird noch deutlicher, wenn man den Kapiteln 45 und 51 59-64* entsprechende Texte zum Vergleich heranzieht. Es kommen hierfür vor allem das Heilswort an Ebedmelech 39 15-18, als Parallele zu Kap. 45, und der Bericht über die symbolische Handlung in Tachpanches 43 8-13, als Parallele zu 51 59-64*, in Frage[5]. Verfährt man mit diesen beiden Texten nun in der gleichen Weise wie mit Kap. 45 und 51 59-64*, so zeigt sich, daß nach Loslösung der wahrscheinlich redaktionellen Überschriften sowohl 39 16-18 als auch 43 9-13 sich als formal einheitliche und im Gegensatz zu Kap. 45 und 51 59-64* auch inhaltlich unabhängige Stücke erweisen, da — von der Nennung Jeremias abgesehen — die Überschriften keinerlei Angaben enthalten, die für das Verständnis der ihnen zugeordneten Texte unentbehrlich wären. Läßt sich also bei 39 15-18 und 43 8-13 noch leicht erkennen, daß es sich bei diesen Stücken um Einzelüberlieferungen handelt, die in einem späteren Überlieferungsstadium wahrscheinlich von derselben Bearbeitung in einen größeren Textzusammenhang eingefügt worden sind, so war das bei Kap. 45 und 51 59-64* nicht mehr möglich. Man wird bei diesen beiden Texten vielmehr damit rechnen müssen, daß sie nicht als Einzelüberlieferungen, sondern als kleiner Überlieferungskomplex zu betrachten sind, dessen Vorgeschichte nicht mehr zu erhellen ist. Die enge Verbindung zwischen eventuell übernommenem Überlieferungsgut und bearbeitender Gestaltung könnte auch der Grund dafür sein, daß die Frage nach der Echtheit beider Stücke nicht eindeutig beantwortet werden konnte und auch kaum zu beantworten ist.

Eines hingegen geht aus den bislang vorgelegten Beobachtungen ohne Zweifel hervor, daß nämlich die beiden Stücke Kap. 45 und 51 59-64* in ihrer jetzigen Gestalt eine an den Söhnen Nerias haftende

---

[3] Von denjenigen Stücken natürlich abgesehen, die durch die Verbindung von 51 59-64 mit dem Babylonorakel bedingt sind.

[4] Vgl. Rudolph 319.

[5] 39 15-18, weil es neben Kap. 45 das einzige Heilswort an eine Einzelperson innerhalb des Jeremiabuchs ist und sprachliche Parallelen festzustellen sind (siehe die Analyse von 39 15-18); 43 8-13, weil es ähnlich 51 59-64* als Bericht über eine symbolische Handlung an einen vorgegebenen Überlieferungskomplex angeschlossen wurde; beide zusammen, weil sie vielleicht von derselben Redaktion in 37—44 eingefügt wurden.

Sonderüberlieferung innerhalb der Jeremiaüberlieferung darstellen und darum auch nicht primär mit andern Überlieferungen in Zusammenhang gebracht[6] bzw. als Einzelüberlieferungen betrachtet werden können[7]. Daß dieser Überlieferungskomplex (45 und 51 59-64*) eine Zeitlang selbständig überliefert worden ist und seine Gestalt nicht erst etwa durch diejenigen erhalten hat, die diese beiden Texte mit andern Jeremiaüberlieferungen verbanden, ist unter anderem daran zu erkennen, daß in Kap. 51 59-64 die durch die Verbindung mit dem Babylonorakel bedingten redaktionellen Eingriffe auf die Einfügung einzelner gut erkennbarer Glossen (v. 60b. 62. 64aβ.b) beschränkt wurden und der vorgegebene Textbestand darüber hinaus unangetastet blieb; ein typisches Verfahren im Umgang mit vorgegebenen, fest formulierten Überlieferungen.

Aus all diesen Überlegungen folgt nun aber, daß dieser Überlieferungskomplex erst bei seiner Einfügung in andere Jeremiaüberlieferungen in seine beiden Teile zerfallen ist bzw. beide Teile von derselben Redaktion an passender Stelle in die vorgegebene Überlieferung eingefügt wurden. Nicht zufällig stehen beide Stücke im jetzigen Jeremiabuch jeweils am Ende größerer Überlieferungsblöcke: Kap. 45 bildet den Abschluß von Kap. 37—44 bzw. gleichzeitig den des gesamten Jeremiabuchs, 51 59-64 den Abschluß von Kap. 46—51.

Welchem Überlieferungsstadium des Jeremiabuchs bzw. welcher Redaktionsstufe dieser Vorgang zuzuschreiben ist, ist schwer zu sagen. Es bieten sich mehrere Möglichkeiten an.

Sollte Herrmann mit seiner Beurteilung von Kap. 45 im Recht sein, daß dieses nämlich einer deuteronomistischen Redaktion des Jeremiabuchs zuzuordnen ist[8], dann wären Kap. 45 und 51 59-64 erst spät in das Jeremiabuch eingefügt worden[9], da diese Redaktion bereits das Zusammenwachsen mehrerer Überlieferungsblöcke voraussetzt.

Sollte hingegen Rietzschel darin Recht haben, daß Kap. 45 ursprünglich den Abschluß des Überlieferungsblocks Kap. 1—20 (21—24) bildete, dann wären Kap. 45 und 51 59-64 zu einem Zeitpunkt in die Jeremiaüberlieferung eingearbeitet worden, da die Überlieferungsblöcke 1—20 (21—24) und 25 + 46—51 bereits miteinander verbunden waren. Da es dann aber fast unmöglich ist, zu erklären, wie Kap. 45 an seinen jetzigen Platz gekommen ist, spricht nicht sehr viel für diese Annahme[10].

---

[6] Vgl. z. B. Rudolph 319; daß Kap. 45 und Kap. 36 verschiedenen Überlieferungskomplexen zugehören, vermutet H. Birkeland, Zum hebräischen Traditionswesen, 1938, 51.

[7] Vgl. z. B. Rietzschel 80. 103.

[8] S. Herrmann, Die prophetischen Heilserwartungen im Alten Testament, 1965, 192.

[9] Für 51 59-64 gesteht dies Rietzschel 80f. als möglich zu, auch wenn er sich schließlich anders entscheidet.

[10] Rietzschel kann zu dieser Beurteilung von Kap. 45 kommen (127ff.), da er die Singularität der Überschrift 45 1 behauptet (103), das ganze Kapitel also als Einzelstück ohne Berücksichtigung von 51 59-64 behandelt.

Daß der jetzige Platz von Kap. 45 allerdings nicht der ursprüngliche gewesen sein muß, legt sich durch die Angaben von 45 1 nahe, die Kap. 45 eindeutig mit Kap. 36 in Beziehung setzen. In der Tat paßte Kap. 45 auch wesentlich besser hinter Kap. 36 als hinter Kap. 44, so daß diese Lösungsmöglichkeit nicht ganz von der Hand zu weisen ist. Sie wird durch zwei weitere Beobachtungen gestützt: 1. Kap. 37—43 7(—44) stellen einen selbständigen Überlieferungsblock dar, der durch 37 1f. mit Kap. 36 verbunden wurde; 2. die Analyse von Kap. 36 zeigte, daß dieses Kapitel in engerer überlieferungs- geschichtlicher Verbindung mit Erzählungen aus Kap. 26—35 stand, also wenn über- haupt, dann diesem Überlieferungskomplex zuzuordnen wäre und dann dessen Ab- schluß bildete und nicht — wie Rietzschel[11] u. a. annehmen — als Einzelerzählung den folgenden Kap. 37—44 vorgeschaltet wurde; immer vorausgesetzt, daß es sich bei Kap. 26—35 um einen selbständigen Überlieferungskomplex handelte und Kap. 36 nicht vielleicht zunächst als Abschlußkapitel von Kap. 25 + 46—51 diente und im Laufe der Überlieferung einzelne kleinere Überlieferungskomplexe zwischen Kap. 25 + 46—51 und 36 eingeschoben wurden (Kap. 30f. 32-35), wofür vor allem die Sonder- überlieferung von Kap. 26—29 spräche. Träfe diese Sicht der Dinge zu, dann könnte es durchaus sein, daß Kap. 45 und 51 59-64 zu einem Zeitpunkt in die Jeremiaüberliefe- rungen eingebaut wurden, da Kap. 37—44 noch nicht mit diesen verbunden war. Bei Einfügung von Kap. 37—44 rückte Kap. 45 wieder ans Ende des Buches, zumal gegen Ende des Komplexes Kap. 37—44 Baruch noch einmal ausdrücklich erwähnt wird (43 1-7).

Von den genannten Lösungsmöglichkeiten haben die erste und dritte die größere Wahrscheinlichkeit für sich, während der zweiten beträchtliche Schwierigkeiten entgegenstehen. Doch auch die erste ist nicht frei von Problemen: Folgt man einerseits Herrmann in der Annahme, daß Kap. 45 deuteronomistisch ist, und berücksichtigt man andererseits, daß Kap. 45 und 51 59-64 einen Überlieferungskomplex darstellen, der erst bei der Einfügung ins Jeremiabuch aufgespalten wurde, dann müßte daraus gefolgert werden, daß der Überlieferungs- komplex von vornherein dieser Redaktion entstammt, was angesichts der poetischen Form von Kap. 45[12] nicht sehr wahrscheinlich ist und auch nicht der von dieser Redaktion angewandten Methode entspricht, die eigenen theologischen Reflexionen im Anschluß an vorgegebene Überlieferungen darzubieten[13]. Sprechen neben Form und Inhalt von Kap. 45[14] nun auch überlieferungsgeschichtliche Überlegungen gegen Herrmanns Annahme, so kann sie wegen der in Kap. 45 gebrauchten Terminologie doch nicht pauschal verworfen werden. Es könnte durch- aus sein, daß Kap. 45 und 51 59-64 zwar nicht dieser deuteronomisti- schen Redaktion entstammen, jedoch gerade wegen des ihrer Theolo- gie entsprechenden Inhalts von Kap. 45 von ihr in das Jeremiabuch eingefügt wurden, und zwar dann an den Stellen, die sie heute noch einnehmen.

---

[11] Rietzschel 110.   [12] Gegen Herrmann a. a. O. 165.
[13] Vgl. Jer 12 14-17 18 24 und die Analyse zu Kap. 42.
[14] Siehe die Analyse von Kap. 45.

II. Ergebnisse und Folgerungen

Was kann nun — unter Berücksichtigung des in der Einleitung zu Methode und Forschungsgeschichte Ausgeführten — von den vorgelegten Analysen her abschließend zum Problem der sogenannten Baruchschrift gesagt werden? Zunächst jedenfalls dies, daß die Fremdberichte des Jeremiabuchs nicht als ein einheitliches Werk eines Verfassers mit einer das Ganze bestimmenden Grundabsicht verstanden werden können. Es liegen vielmehr drei ihrer Entstehung, Struktur und Tendenz nach völlig verschiedene Überlieferungsgebilde vor, denen die zur Baruchschrift gewöhnlich gerechneten Stücke zuzuordnen sind:

A. 19 1—20 6 26—29 und 36;
B. 37—44;
C. 45 und 51 59-64.

Am einfachsten liegen die Dinge in den Fällen B. und C. Der Grundbestand der Kap. 37—44 ist ohne jeden Zweifel das Ergebnis bewußter literarischer Gestaltung. Die Einheitlichkeit der Form sowie die Einheitlichkeit der Absicht, wie sie in jedem einzelnen Stück des ganzen Komplexes begegnen, verraten die Hand eines Verfassers von hohem dichterischem Rang, was darüber hinaus durch seine Beschränkung in der Wahl der Stilmittel, durch die Konsequenz, mit der sie eingesetzt werden, und den dadurch erzielten Effekt noch besonders deutlich wird. In der gesamten alttestamentlichen erzählenden Literatur ist kein Werk zu finden, das diesem an die Seite zu stellen wäre. Es ist aus all den genannten Gründen darum auch nicht verwunderlich, daß dieses Werk im wesentlichen unverändert und geschlossen weiterüberliefert wurde und sich so im vorliegenden Jeremiabuch wiederfindet.

Anders die Kap. 45 und 51 59-64, die streng genommen den erzählenden Stücken des Jeremiabuchs nicht mehr zugerechnet werden dürfen. Sie erweisen sich durch die besondere Form ihrer Überschriften und deren enge inhaltliche Verbindung mit dem formal selbständigen Hauptteil, sowie durch ihre Zuordnung an die Brüder ben-Neria als selbständiger kleiner Überlieferungskomplex, dem wahrscheinlich — wenn auch nicht sicher — Worte Jeremias zugrunde liegen. Die Tatsache, daß diese Worte nach Gattung und Inhalt völlig Verschiedenes darstellen (Kap. 45 ein persönliches Mahn- und Trostwort; Kap. 51

59-64 den Auftrag zur Ausführung einer symbolischen Handlung) und sich auf verschiedene Perioden der judäischen Geschichte beziehen, hat dazu beigetragen, daß dieser Überlieferungskomplex bei seiner Verbindung mit anderen Jeremiaüberlieferungen auseinandergerissen wurde und jeder Teil an besonders günstige Stellen gesetzt wurde.

Ein wesentlich komplizierterer Sachverhalt begegnete im Zusammenhang mit den unter A. genannten Erzählungen. Komplizierter vor allem deshalb, weil der Überlieferungsvorgang wesentlich schwieriger zu rekonstruieren ist als bei B. und C. Dennoch wurde wenigstens soviel deutlich, daß auf der einen Seite keine wesentlichen Verbindungen zu dem Werk in Kap. 37—43* zu beobachten waren, auf der anderen Seite jedoch diese Erzählungen auch nicht pauschal als Einzelerzählungen verstanden werden können. Auf der ältesten literarischen Überlieferungsstufe zeigten wenigstens die Kap. 26—28 und 36 so viele Gemeinsamkeiten, daß der Schluß, sie seien das Produkt einer Hand, nicht zu umgehen war. Sprache, Aufbau und Absicht der Erzählungen erweisen sie als zusammengehörig. Ähnliches war in einem weiteren Überlieferungsstadium für die Kap. 19 1—20 6 27—29 und 36 zu beobachten, wo eine mit der ihr vorliegenden Überlieferung zwar behutsam umgehende, jedoch von ganz bestimmten Vorstellungen geprägte Bearbeitung angenommen werden mußte, die den Erzählungen im wesentlichen ihre heutige Gestalt verlieh, was unter anderm dazu führte, daß genau diese Form als Urform der Erzählungen heute weitgehend angenommen wird, gleichgültig, ob man nun von einem gemeinsamen Verfasser für diese Erzählungen ausgeht oder in ihnen Einzelüberlieferungen zu erkennen vermeint. Läßt sich also wenigstens für die ersten Überlieferungsstadien die Hand von Verfassern erkennen, denen diese Kapitel zuzuschreiben sind, so besteht doch auch die Annahme, es handle sich bei diesen Stücken um Einzelerzählungen, nicht ganz zu Unrecht. Jedes dieser Stücke ist nämlich, auch bei gemeinsamer Absicht und gemeinsamem Stil, ein in sich geschlossenes Ganzes, das unabhängig von andern verstanden werden kann. Dies ließ sich zwar auch bei den Einzelteilen des Erzählungszyklus Kap. 37—43* beobachten, doch greifen diese in ihrer Abfolge so ineinander ein, daß sie wiederum zusammen ein größeres Ganzes bilden, aus dem kein Stück ohne Schaden herausgenommen werden kann. Die weitgehende Selbständigkeit der Erzählungen von 19 1—20 6 26—29 und 36 ist schließlich auch die Ursache dafür, daß ihre Überlieferung oft merkwürdige und verschlungene Wege ging.

Liegen also kaum Anzeichen dafür vor, daß die Fremdberichte ursprünglich ein geschlossenes Werk eines Verfassers gebildet haben, so muß an dieser Stelle die Frage nach den Verfassern noch einen Schritt weiter verfolgt werden. Es könnte ja sein, daß zumindest der Verfasser von Kap. 26—28 und 36 (in deren ältester Form) mit dem Verfasser von Kap. 37—43* identisch ist, und dieser wiederum mit Baruch zu identifizieren wäre. Sollten nun in der Tat beide Textgruppen von ein und demselben Mann stammen, dann trägt dies zwar für die Erhellung der persönlichen Geschichte dieses Mannes etwas aus, bringt aber kaum etwas für das bessere Verständnis der ihm zugeschriebenen Texte ein, sofern man nicht einiges mehr und vor allem Sichereres von ihm weiß. So kann man im besten Fall feststellen, daß er sich zu verschiedenen Zeiten, in verschiedenen Situationen über die Person Jeremias, seine Tätigkeit und sein Ergehen in unterschiedlicher Weise und mit unterschiedlicher Absicht geäußert hat. Mehr als dies würde man gewinnen, könnte man mit einiger Wahrscheinlichkeit diesen Verfasser mit Baruch identifizieren. Denn alles, was über ihn überliefert ist[1], wiese darauf hin, daß man sich auf ihn als einen zuverlässigen Zeugen der Geschehnisse um Jeremia berufen könnte. Doch ist gerade diese Identifikation mit einer Reihe von Schwierigkeiten verbunden.

Sollte vor allem Baruch der Verfasser von Kap. 37—43* sein, dann muß angenommen werden, daß dieser Erzählungszyklus in Ägypten entstanden ist, nachdem die letzte Nachricht über Baruch (Jer 43) von seiner Verschleppung nach Ägypten berichtet. Gerade dann aber überrascht es, wenn nach einer nahezu lückenlosen Darstellung der Ereignisse um Jeremia von der Belagerung Jerusalems an bis zur Verschleppung nach Ägypten keine weiteren Nachrichten über das Ergehen Jeremias in Ägypten vorliegen[2]. Auch daß von Baruch immer in der dritten Person die Rede ist, spricht nicht gerade für seine Verfasserschaft. Diesen Tatbestand mit der Bescheidenheit Baruchs erklären zu wollen, dürfte nicht ganz ausreichen[3]. Stellt man dagegen in Rechnung, daß dieser Erzählungszyklus der Schilderung der Ereignisse um die Kolonie Gedaljas in Mizpa breiten Raum einräumt und daß er ganz überraschend mit dem Hinweis auf die Verschleppung nach Ägypten abbricht, dann ist — fragt man überhaupt nach der Person des Verfassers — dieser am ehesten unter den Angehörigen der Kolonie um Gedalja zu suchen. Und zwar könnte es sich dabei um einen Mann handeln, der der Verkündigung des Propheten Vertrauen entgegenbrachte und sich nicht dem Beschluß der judä-

---

[1] Siehe Jer 32 36 43 und 45.

[2] Jer 44 kann als Quelle für solche Nachrichten nicht herangezogen werden, da nichts darauf hinweist, daß die in Jer 44 verarbeitete Erzählung (v. 15-19*. 24f.*) in Ägypten zu lokalisieren ist. Die Verbindung dieses Stückes mit Ägypten ergibt sich erst aus seiner Verwendung für die es umrahmende Predigt. Auch 43 8-13 gehört ursprünglich nicht zu diesem Erzählungszyklus hinzu; es liegt auch kein Anhaltspunkt vor, der erkennen ließe, ob die Einordnung des Stückes an dieser Stelle auch dem Zeitpunkt seiner Entstehung entspricht. Für E. Janssen, Juda in der Exilszeit, 1956, 67, scheint die Verläßlichkeit von Kap. 44 außer Frage zu stehen.

[3] Rudolph 229.

ischen Heerführer, doch nach Ägypten zu gehen, beugte. Sind auch dies nur Vermutungen, so haben sie im Blick auf die vorliegenden Texte mehr Wahrscheinlichkeit für sich als die Annahme der Verfasserschaft Baruchs. Damit blieben für Baruch nur noch die Kap. 26—28 und 36, doch lassen sich dafür ebensoviele positive wie negative Argumente ins Feld führen[4].

Daß Baruch innerhalb der Jeremiaüberlieferung dennoch eine so große Rolle spielt oder, anders gesagt, daß die Jeremiaüberlieferung an seiner Person nicht vorüberging, weist darauf hin, daß Baruch in einem besonderen Vertrauensverhältnis zu Jeremia stand. Dies darf man der Überlieferung jedenfalls entnehmen und nicht einer von Theologen ausgedachten Baruchlegende zuschreiben[5]. Daraus wiederum könnte allenfalls noch entnommen werden, daß Baruch nicht unerheblich an der Entstehung des Kerns der Jeremiaüberlieferung beteiligt war. Ihm aber die Verfasserschaft der Fremdberichte zuschreiben zu wollen, verwehrt der heute vorliegende Textbestand, so daß von einer 'Baruchschrift' oder ähnlichem nicht mehr gesprochen werden kann.

Soweit dies die vorgelegten Analysen zulassen, sollen nun im folgenden noch einige Linien weiter ausgezogen werden, die mögliche weitere Konsequenzen für die Beurteilung der Fremdberichte und des Jeremiabuchs verdeutlichen sollen. Daß es sich dabei vorwiegend nur um Ausblicke handeln kann, soll noch einmal ausdrücklich vermerkt werden, da ein vollständiges Bild der Gesamtproblematik des Jeremiabuchs in vertretbarer Weise nur vorgelegt werden kann, wenn auch die übrigen vierzig Kapitel einer ähnlichen Analyse unterzogen werden.

B. ÜBERLIEFERUNGSGESCHICHTLICHES UND REDAKTIONSGESCHICHTLICHES

Es ist allgemein üblich, für die Erhellung der Entstehung des Jeremiabuchs auf die in Kap. 36 vorliegenden einzigartigen Angaben zurückzugreifen und von ihnen her das Werden des Buches zu erklären. Dieses Vorgehen führte schließlich über Duhms und Mowinckels Thesen zu der Annahme Rudolphs[6], daß der Hauptredaktor des Jeremiabuchs die ihm vorliegenden »Quellen« A, B und C aufgelöst und nach den ihm richtig erscheinenden Gesichtspunkten die sich daraus ergebenden Einzelbestandteile wieder zusammengefügt habe. Gegen dieses mechanische Verfahren wendet sich Rietzschel[7] mit der Vermutung, der Überlieferungsprozeß habe sich wie anderswo nach dem Gesetz

---

[4] Vgl. neben den Kommentaren G. Jacoby, Zur Komposition des Buches Jeremja, ThStKr 79 (1906), 1—30 (26f.), und Rietzschel 105f.

[5] Mowinckel 30.

[6] Rudolph XXI.

[7] Rietzschel 94.

der Konzentration abgespielt, so daß Einzelstücke bzw. Sammlungen sich im Laufe der Zeit zu größeren Überlieferungskomplexen und schließlich zu Überlieferungsblöcken verbanden, die dann der Endredaktor nur mehr zusammenzustellen brauchte[8], so daß der Entstehungsvorgang eher als ein organischer Prozeß zu verstehen wäre.

Schwierigkeiten bereiten beide vorgeschlagenen Methoden. Auf der einen Seite muß Jer 36 als ein im höchsten Maße zuverlässiger historischer Bericht verstanden werden und darüber hinaus nachgewiesen werden, daß die im Jeremiabuch zu beobachtenden drei verschiedenen Stilformen ursprünglich selbständige literarische Quellen darstellten. Daß man damit bis heute zu keinem befriedigenden Ergebnis kam, zeigen die zahlreichen und verschiedenen Versuche, die Urrolle zu rekonstruieren. Auf der andern Seite zeigt es sich, daß mit der Annahme von selbständig entstandenen Überlieferungsblöcken, die von der Redaktion nur mehr zusammengestellt werden mußten, der Überlieferungsvorgang in seiner Kompliziertheit nicht ganz erfaßt worden ist, da vor allem keinerlei Hinweise dafür vorliegen, daß der Redaktionsvorgang einer Hand zugeschrieben werden muß. Dennoch wird der von Rietzschel beschrittene Weg den heute vorliegenden Tatbeständen eher gerecht als der Weg Rudolphs, da jener vom Überlieferungsergebnis her die Dinge in den Griff zu bekommen sucht und vorerst nicht von bestimmten Thesen ausgehend auf das Überlieferungsergebnis hinarbeitet.

So legt sich auch für die Arbeit an der Überlieferungs- und Redaktionsgeschichte des Jeremiabuchs diejenige Methode nahe, die Fohrer am Jesajabuch exemplarisch vorgeführt hat[9] und die von Rietzschel auf das Jeremiabuch angewandt wurde. Man hat von der literarkritischen Analyse des Überlieferungsergebnisses her nach den Überlieferungseinheiten (Einzelüberlieferungen bzw. kleinen Überlieferungskomplexen), ihrem je besonderen Charakter und den Entstehungs- und Sammlungskriterien zu fragen. In einem nächsten Schritt wäre dann erst zu versuchen, das weitere Zusammenwachsen dieses Urgesteins bis zum vorliegenden Buch zu rekonstruieren, und zwar zunächst ohne Berücksichtigung eventuell vorhandener Hinweise auf Personen und Vorgänge, wie sie im Jeremiabuch vorliegen. Erst wenn dies getan ist, kann gefragt werden, ob Kap. 36 zu einem weiteren besseren Verständnis der Entstehungsgeschichte des Buches etwas beizutragen hat. Es mag sein, daß sich gegen eine solche Vorgangsweise der Vorwurf des Formalismus erhebt[10], doch ist es um nichts weniger

---

[8] Ähnlich auch schon E. Podechard, Le livre de Jérémie: Structure et formation, RB 37 (1928), 181—197 (194f.).

[9] G. Fohrer, Entstehung, Komposition und Überlieferung von Jesaja 1—39, in: Studien zur alttestamentlichen Prophetie (1949—1965), 1967, 113—147.

[10] Vgl. Rudolph XVI Anm. 3 gegen Kremers.

formalistisch, allein von stilistischen Kriterien her auf literarische Quellen zu schließen. Daß man bei Anerkennung von Rietzschels methodischem Vorgehen nicht notwendig zu dem gleichen Ergebnis kommt, zeigten an einigen Stellen die Analysen des ersten Teils dieser Untersuchung. Es ist vor allem darauf hinzuweisen, daß der Überlieferungsprozeß noch komplizierter vorzustellen ist, als ihn Rietzschel sah.

So zeigte die Analyse von Kap. 19 1—20 6 26—29 und 36, daß ursprünglich miteinander verbundene Überlieferungseinheiten auch wieder auseinanderfallen konnten. Obwohl Kap. 26 aller Wahrscheinlichkeit nach ursprünglich den gleichen Verfasser hat wie Kap. 28 und 36 und darum wohl auch mit diesen Kapiteln eine erste kleine Sammlung bildete, ist es von einem späteren Bearbeiter nicht in seine Sammlung von Erzählungen über die Auseinandersetzung Jeremias mit seinen Gegnern aufgenommen worden, demjenigen Bearbeiter nämlich, der 19 1—20 6 27—29 und 36 um die entsprechenden Drohworte vermehrte. Doch auch diese Sammlung blieb im weiteren Verlauf der Überlieferung nicht unangetastet. Die Kap. 27—29 wurden ausgegrenzt, bearbeitet und gesondert überliefert und ihnen in einem weiteren Stadium Kap. 26 vorgeschaltet. Erst dieser Überlieferungskomplex wurde schließlich geschlossen in die übrige Jeremiaüberlieferung eingebaut, während 19 1—20 6 aufgrund von Stichwortanordnung mit Kap. 18 verbunden wurde, und Kap. 36 mutmaßlich einmal als Abschluß eines der großen Überlieferungsblöcke Kap. 1—20 oder Kap. 25 46—51 diente, wofür einiges zu sprechen scheint. Doch dies bedürfte noch einer genauen Untersuchung.

Einige andere Hinweise für die Art des Überlieferungsprozesses lieferte die Analyse der Kap. 37—44. Hier zeigte sich, daß als ursprünglicher Überlieferungskern ein ganzer Erzählungszyklus zu gelten hat, der nicht durch Sammlung von Einzelelementen entstanden ist, sondern seinen Ursprung einem Verfasser verdankt. Die Geschlossenheit dieses Werkes brachte es mit sich, daß es im Verlauf der Überlieferung nicht mehr auseinanderfiel, sondern vor allem an seinen Rändern mit andern Überlieferungen angereichert wurde, bzw. einer recht deutlich erkennbaren Bearbeitung ausgesetzt war. An ihr ist als besonders bemerkenswert festzuhalten, daß sie zu einem Teil durchaus als Bearbeitung des selbständigen Überlieferungskomplexes gelten kann, zu einem andern Teil aber als Bearbeitung das Zusammenwachsen mehrerer Überlieferungskomplexe voraussetzt[11], woraus geschlossen werden muß, daß die Redaktion des Jeremiabuchs sich nicht nur im wesentlichen auf das Zusammenstellen von Überlieferungsblöcken beschränkt hat, sondern einen nicht unbeträchtlichen eigenen Anteil zur Gestaltung der Überlieferung beigetragen hat, wobei offen bleiben muß, ob

---

[11] Siehe oben die Analyse von Jer 41 16—43 7 bes. S. 130 ff.

Bearbeitung und Sammlung jeweils einer oder verschiedenen Händen zugeschrieben werden sollen.

Endlich sind die im Zusammenhang mit der Untersuchung von Kap. 45 und 51 59-64 gemachten Beobachtungen für die Überlieferungsgeschichte und Redaktionsgeschichte des Jeremiabuchs nicht ganz unerheblich. Wenn es richtig ist, daß in diesen beiden Stücken ein kleiner Überlieferungskomplex zu sehen ist, der erst bei seiner Einarbeitung in die Jeremiaüberlieferung auseinanderfiel, dann setzt seine Einarbeitung das Zusammenwachsen anderer Überlieferungsblöcke oder -komplexe bereits voraus (wenigstens Kap. 1—20 mit 25 + 46—51 + Kap. 36 bzw. einem noch zu rekonstruierenden Block mit Kap. 36); und sollte Kap. 45 ursprünglich hinter Kap. 36 gestellt worden sein, dann wäre damit zu rechnen, daß Kap. 37—44 noch später zwischen Kap. 36 und Kap. 45 geschoben worden ist. Es könnte aber auch sein, daß die Einordnung von Kap. 45 und 51 59-64 erst von der Hauptredaktion des Jeremiabuches vorgenommen wurde.

An dieser Stelle mag es gestattet sein, eine von diesen redaktionsgeschichtlichen Folgerungen ausgehende, im übrigen aber im einzelnen nicht überprüfte Vermutung über die Hauptlinien der Entstehungsgeschichte des Jeremiabuches auszusprechen: Als erster wesentlicher Schritt des Zusammenwachsens verschiedener in Umlauf befindlicher Jeremiaüberlieferungen wäre die Verbindung der Überlieferungsblöcke 1—20 und 25 + 46—51 anzusehen, denen als Abschluß die Einzelüberlieferung Kap. 36 beigegeben wurde. In dem unmittelbar darauffolgenden oder aber in einem der letzten Überlieferungsstadien folgte der kleine Komplex Kap. 45 + 51 59-64. In mehreren Stadien sind dann zwischen die jeweiligen Komplexe weitere eingeschoben worden: zwischen Kap. 20 und 25 die Kap. 21—24; zwischen 25 und 36 (nach Septuaginta) die Komplexe Kap. 30f. und 32—35 und zwischen 36 und 45 der Block Kap. 37—44. Als letzter Überlieferungskomplex dürfte aller Wahrscheinlichkeit nach Kap. 26—29 eingefügt worden sein, was sich durch die griechische Sondertradition nahelegt und woraus geschlossen werden kann, daß die Kap. 26—35 entgegen Rietzschels Annahme nicht als ein selbständiger Überlieferungsblock der Jeremiaüberlieferung einverleibt wurden. Daß dieser Überlieferungsvorgang nicht nur als ein allmähliches Zusammenwachsen von Überlieferungsgebilden vorgestellt werden darf, sondern daß damit auch in verschiedenem Maße Bearbeitungs- und damit Interpretationsvorgänge verbunden waren, dafür liegen zahlreiche Anzeichen vor.

C. GATTUNGS- UND FORMGESCHICHTLICHES

Auch für die Gattungs- und Formkritik bleibt das Erarbeitete nicht ohne Konsequenzen. Schon Kremers[12] hat darauf hingewiesen, daß die Kap. 37—43 nicht nur aufgrund ihres Inhalts und ihrer Sprache, sondern auch wegen ihrer Form von den übrigen Fremdberichten des Jeremiabuchs zu unterscheiden sind, und stellt jene einer ganz bestimmten Form der israelitischen Legendendichtung an die Seite.

Die einzelnen Erzählungen in Kap. 37—43 folgen, wie in der Analyse herausgestellt wurde, einer einheitlichen Erzähltechnik. Die Schilderung der Ereignisse, die sie wiedergeben wollen, gliedert sich im wesentlichen in drei Abschnitte, wobei die jeweils sehr kurz gehaltenen Einleitungs- und Schlußstücke ein ausführlicheres Mittelstück umrahmen. Jeder dieser Teile erfüllt im Ganzen wieder eine ganz bestimmte festgelegte Funktion. Die Einleitung gibt in wenigen Worten die Voraussetzungen für das zu schildernde Ereignis an (Umstände, Personen). Der Hauptteil ist in den meisten Fällen in die Form des Gesprächs gekleidet, in dem die wesentlichen Entscheidungen fallen; auf eine Ausmalung der Ereignisse wird verzichtet, sie ergeben sich meist aus den Gesprächen von selbst. Nur in einer ganz kurzen Schlußbemerkung wird vermerkt, in welcher Situation sich die Hauptperson nach diesem Geschehen befindet. Besonders auffallend ist, daß in diesen Erzählungen jede Einzelheit diesem Erzählungsprinzip untergeordnet ist. Obwohl es sich eindeutig in der Mehrzahl der Fälle um Prophetenlegenden handelt, gewinnt beispielsweise das ergehende Jahwewort keine eigenständige Bedeutung. Es ist Erzählungselement wie andere auch und wird nur in dem Maß herangezogen, als es für den Erzählungsablauf unbedingt nötig ist.

Ähnliches gilt für die herangezogenen historischen Bemerkungen, die keinerlei exakte chronologische Angaben enthalten, sondern zur Verdeutlichung des zu Berichtenden nur kurz auf wesentliche historische Ereignisse hinweisen. Mit dieser Form stehen die Prophetenerzählungen in der Tradition der alten israelitischen Sagen- und Legendendichtung, wie sie in den Sagen- und Legendenkränzen um Jakob — Laban (Gen 29—32 1), Simson (Jdc 15—16*), Samuel (I Sam 1—3*), Elia (I Reg 17—19*) und Ruth vorliegen, die wie noch andere Einzelerzählungen auch die gleiche Erzähltechnik anwenden[13].

Freilich stellt trotz aller Übereinstimmungen der Erzählungszyklus um Jeremia insofern etwas anderes dar, als er von vornherein auf ein größeres Ganzes hin angelegt wurde. Jede Erzählung bildet zwar noch eine aus sich selbst heraus verständliche Einheit, ist jedoch

[12] Kremers, Diss, 109 f.; EvTh 13, 129 ff.
[13] Kremers, Diss, 109 f. Zur Geschichte der Gattung siehe auch noch K. Koch, Was ist Formgeschichte?, 1967², § 10—12. 15 f.

mit den sie umgebenden kunstvoll verknüpft, so daß der Erzählungszyklus zu einer die Einzelerzählung umgreifenden, größeren Einheit wird und nicht bloß durch lose Aneinanderreihung von Einzelerzählungen entstanden ist. Es ist schwierig, für diese so neu entstandene Gattung einen Namen zu finden, da sich der Begriff der Biographie nur höchst unvollkommen dafür eignet[14].

Daß die Form den Inhalt nicht unwesentlich bestimmt bzw. die Absicht, Bestimmtes über Jeremia mitzuteilen, zur Wahl dieser Gattung geführt hat, muß hier noch angemerkt werden. Es geht ohne Zweifel in diesem Erzählungszyklus nicht um den »idealen Propheten«, sondern um die Wirklichkeit prophetischer Existenz. Jedes vom Propheten handelnde Stück dieses Zyklus endet mit dem Hinweis auf das äußere Scheitern seiner Wirksamkeit.

In krassem Gegensatz dazu stehen die übrigen Fremdberichte Kap. 19 1—20 6 26—29 und 36. Sie enden jeweils mit der Bestätigung des Propheten, entweder daß er von andern bestätigt wird oder sich selbst bestätigt. Doch zur Form dieser Berichte[15]: Sie weisen ähnlich den Erzählungen von Kap. 37—43 einen dreiteiligen Aufbau auf, doch nehmen in diesen Erzählungen Einleitung und Schluß eine zentrale Stellung ein. Nicht mehr das Ergehen des Propheten ist Mittelpunkt, sondern seine Verkündigung. So nehmen in diesen Erzählungen die prophetischen Redegattungen und Berichte einen wichtigen Platz ein und bilden in jeder Erzählung Einleitung und Schluß, wobei der Schluß meist direkt oder indirekt die Einleitung wieder aufnimmt (Kap. 26 27f. 36), oder die Verkündigung des Propheten, wie sie in der Einleitung vorgeführt ist, durch eine Verurteilung seiner Gegner bestätigt (19 1—20 6 27f. 29 36). Der Mittelteil enthält in ganz verschiedener Form die Darstellung der aus der prophetischen Verkündigung resultierenden Auseinandersetzungen mit verschiedenen Gegnern dieser Verkündigung. Muß man diese Erzählungen auch in die Reihe der Gattung Prophetenlegende stellen, so ist schon aus dem Gesagten deutlich geworden, daß die alte Form der Legenden- bzw. Sagendichtung hier längst verlassen ist. Nicht mehr die Einfachheit des Aufbaus, die Bescheidenheit in der Verwendung der Stilmittel und die Beschränkung auf eine einzige Erzählform charakterisieren diese Erzählungen, sondern vielmehr die Vielfalt der angewendeten Mittel, das Hervortreten bestimmter Gattungen, vor allem der prophetischen Rede, und der allerdings um nichts weniger kunstvolle Aufbau bestimmen die Form dieser Stücke.

[14] Von Mowinckel 24ff. und Kremers a. a. O. mit guten Gründen abgelehnt, wird diese Gattungsbestimmung, wenn auch mit Vorbehalt, von K. Koch a. a. O. 249 wieder eingeführt.

[15] Zunächst sollen die Erzählungen in der Form der ältesten Überlieferungsstufen berücksichtigt werden.

Sie bilden selbständige Einheiten, die, wenn auch in einigen Fällen von einem Verfasser herzuleiten, doch nicht zu einem Zyklus zusammengefaßt, sondern höchstens gemeinsam überliefert, also lose aneinandergereiht worden sind[16]. Hier hat sich die 'Theologie' einer Gattung bereits so stark bemächtigt, daß sie ihre Form entscheidend zu wandeln verstand. Wir haben es bei diesen Erzählungen bereits mit eindeutig tendenziöser Literatur zu tun, was durchaus positiv verstanden sein will. Daß diese Behauptung zu Recht besteht, zeigt darüber hinaus die Redaktionstätigkeit, die gerade an den Stellen mit ihrer Überarbeitung ansetzt, die einer Verstärkung der ursprünglichen Tendenz dienen. So ist es nicht zufällig, daß neben die bloße Bestätigung der Verkündigung des Propheten (Kap. 26 27f. 36) in einem späteren Stadium die Verurteilung seiner Gegner durch Schelt- und Drohworte tritt (Kap. 27f. 36).

Hat der Verfasser von Kap. 37—43 die Gattung der Legende dadurch zu einem Ende geführt, daß er kleine Einheiten dieser Gattung, ohne ihre Form anzutasten, durch eine kunstvolle Verknüpfung zu einer größeren Einheit verband und damit zu einer neuen Form der Darstellung kam, so ist die Legende in den übrigen Fremdberichten insofern an ein gewisses Ende gelangt, als sie, der theologischen Reflexion einmal bewußt dienstbar gemacht, gemäß ihrer neuen Funktion einen Formwandel über sich ergehen lassen mußte.

Mit der neuen Funktion verändert sich aber auch der Sitz im Leben der jeweiligen Gattung. Ihn zu bestimmen, kann hier nicht der Ort sein, da es dazu größerer Zusammenhänge und ihrer weiteren Untersuchung bedarf. Nur soviel soll noch gesagt sein: die Frage nach dem Sitz im Leben und seiner möglichen Veränderung muß auf jeder feststellbaren Überlieferungs- bzw. Redaktionsstufe neu gestellt werden, da mit jeder Überarbeitung einer Überlieferung eine neue Funktion verbunden sein kann, aus der sich unter Umständen ein gewandelter Sitz im Leben erschließen läßt. Als Beispiel darf hierfür die Überlieferungsgeschichte der Kap. 26—29 angeführt werden, die ein beredtes Zeugnis davon gibt, wie aus Einzelstücken prophetischer Verkündigung schließlich eine Kampfschrift gegen falsche Propheten (so Rudolph) wird und im Jeremiabuch letztlich ihren Platz unter den Verheißungen für Israel und Juda findet.

---

[16] Hier muß Mowinckel 24—30 und besonders K. Koch a. a. O. 249 widersprochen werden, wenn beide annehmen, daß die Einzelstücke der sogenannten Baruchschrift Glieder eines größeren Ganzen sind. Da aus der Annahme der Einheitlichkeit der sogenannten Baruchschrift auch formgeschichtliche Konsequenzen gezogen werden müssen, führt das zu manchen Merkwürdigkeiten in der Beurteilung beider, indem Beobachtungen aus Kap. 19 1—20 6 26—29 und 36 auf Kap. 37—43(—45) und umgekehrt übertragen werden.

D. HISTORISCHES

Es steht außer Zweifel, daß jedes im Alten Testament überlieferte Stück für die Erhellung der Geschichte Israels von wesentlicher Bedeutung ist, wenn in gebührender Weise Entstehung und Überlieferung jedes Stückes für die Frage nach dem Quellwert berücksichtigt werden. Daß dieser Allgemeinplatz hier angeführt werden muß, hat seinen besonderen Grund darin, daß überall dort, wo die Fremdberichte des Jeremiabuchs als Werk Baruchs verstanden werden, ihnen ein hohes Maß an Zuverlässigkeit in der Wiedergabe der tatsächlichen Ereignisse zugemessen wird. Hierzu zwei Beispiele: »Die Meinung, daß das Kap. nicht von Baruch stamme und deshalb nicht in allen Stücken als historisch angesehen werden dürfe, kann ich nicht teilen ...«[17] und »Hier berichtet ein Augenzeuge, auf den unbedingt Verlaß ist. Ein Problem der Historizität besteht deshalb nicht; wie hier berichtet, so ist es geschehen«[18].

Es ist schon bei Kap. 36 die Frage gestellt worden, ob angesichts der klar zutage liegenden bewußten literarischen Gestaltung dieses Stücks die Zuverlässigkeit seiner »historischen« Aussagen so fraglos hingenommen werden kann. Die Fragen vermehren sich erheblich, wenn man erkennen muß, daß die Verfasserschaft des Baruch mit Recht in Zweifel gezogen werden muß und damit der Garant für die Historizität des Berichteten nicht mehr greifbar ist. Weiter stimmt vor allem im Blick auf Jer 19 1—20 6 26—29 und 36 bedenklich, daß die jeweils älteste literarische Form der Erzählungen einem völlig schematischen Handlungsablauf folgt, im Blick auf Kap. 45 und 51 59-64, die ja auch gewöhnlich der sogenannten Baruchschrift zugerechnet werden, daß die Argumente für und gegen die Echtheit der Worte sich wenigstens die Waage halten.

Diese Hinweise mögen genügen. Sie sollen nicht dazu dienen, den Quellwert dieser Erzählungen grundsätzlich in Frage zu stellen, wohl aber dazu, seiner Festlegung in Zukunft durch eine differenziertere Fragestellung eine bessere Grundlage zu verschaffen. Es ist auch methodisch nicht zu rechtfertigen, von der Person eines Verfassers her automatisch die Zuverlässigkeit seiner Äußerungen abzuleiten; selbst wenn die sogenannte Baruchschrift wider alles Erwarten nach wie vor als Werk eines Verfassers behauptet werden sollte, dürfen die Differenzen zwischen den einzelnen Textgruppen auch im Blick auf die Historizität nicht nivelliert werden und wird man zu verschiedenen Ergebnissen bezüglich der Zuverlässigkeit des Berichteten kommen.

---

[17] Rudolph 229 im Zusammenhang mit Kap. 36.

[18] K. Koch, Was ist Formgeschichte?, 1967², 249. Koch legt sich zwar nicht auf Baruch fest, schreibt aber dennoch alle Fremdberichte e i n e m »Augenzeugen« zu.

E. THEOLOGISCHES

Neben den zahlreich aufgeführten Beobachtungen bestätigen schließlich auch Inhalt, Absicht und Theologie der einzelnen Fremdberichte, daß sie nicht einem einheitlichen Werk zuzuschreiben sind, sondern ganz deutlich in die drei genannten Gruppen auseinanderfallen.

Ist über die Absicht des kleinsten Überlieferungskomplexes Kap. 45 und 51 59-64 nicht viel mehr zu sagen, als daß er vermutlich die an mit Jeremia besonders verbundene Persönlichkeiten ergangene Verkündigung überliefern wollte[19], so verdanken die andern beiden Überlieferungsgebilde ihre Entstehung nicht bloß dem Bestreben, die Kunde über den Propheten nicht verstummen zu lassen, sondern damit verbunden bestimmten festumrissenen Verkündigungsabsichten, worin sich beide Gruppen schließlich klar voneinander unterscheiden.

Einzige und zentrale Absicht des Erzählungszyklus Kap. 37—43* ist, *die Wirklichkeit der prophetischen Existenz Jeremias* vor Augen zu führen, wobei der Verfasser bei der Realisierung seiner Absicht mit einer erstaunlichen Nüchternheit in der Sicht der Dinge und großer Zielstrebigkeit im Verfolgen seiner Absicht vorgeht. So wird auf Schwarz-Weiß-Zeichnung in der Schilderung der Personen einerseits und auf unnötiges Beiwerk andererseits völlig verzichtet. Das Thema des ganzen Zyklus kehrt abgewandelt in jeder einzelnen Erzählung, in der Jeremia auftritt, wieder, so daß Kremers geradezu von Variationen über ein Thema sprechen konnte[20]. Wie stellt sich nun solche Wirklichkeit des Prophetseins nach der Auffassung dieses Erzählungszyklus dar: in die Erfolglosigkeit seiner Verkündigung, in das vergebliche Werben um glaubendes Vertrauen in das durch den Propheten ergehende Jahwewort wird die persönliche Existenz des Propheten miteinbezogen[21]; die Ablehnung des Jahwewortes ist Ablehnung des Pro-

---

[19] Es soll hier den Gemeinsamkeiten der Überlieferungskomplexe nachgegangen werden. Für die theologische Bedeutung der in dieser kleinen Sammlung vereinigten beiden Einzelstücke trägt ihre zeitweilige gemeinsame Überlieferung jedoch nichts aus. Sie ist für jedes Stück gesondert zu erheben, wobei nicht übersehen werden sollte, daß die jetzige Stellung von Kap. 45 als Versuch Späterer gewertet werden könnte, die Kap. 37—44 sachgemäß zu interpretieren. Doch ist hierüber schon zahlreich gehandelt. Zu Jer 45 vgl. neben vielen andern A. Weiser, Das Gotteswort für Baruch Jer. 45 und die sogenannte Baruchbiographie, in: Heim-Festschrift, 1954, 35—46, jetzt: Glaube und Geschichte im Alten Testament, 1961, 321—329; zu Jer 51 59-64: Fohrer, Symbol. Handlungen, passim.   [20] Kremers, EvTh 13, 131.

[21] Der Vergleich der Berichte über den Untergang Jerusalems II Reg 24 18—25 30 Jer 37—44 und Jer 52 führt P. R. Ackroyd, Historians and Prophets, SEÅ 33 (1968), 18—54, zu einem ähnlichen Ergebnis: »... and this, in my view, firmly disposes of any suggestion that we have here (sc. Jer 37—44) — or indeed anywhere else — a Jeremiah *Leidensgeschichte* — a passion story of Jeremiah, as if he were somehow

pheten, das Scheitern seiner Verkündigung ist Scheitern des Propheten, in das schließlich auch derjenige miteinbezogen wird, der sich auf die Seite des Propheten stellt (43 2–6). An dieser Sicht der Dinge wird nicht mehr herumgedeutet. Hier wird das erste Mal im Alten Testament der Zusammenhang zwischen glaubender Existenz und Leiden bewußt zum Ausdruck gebracht: Leiden des Gottesboten als Konsequenz aus der Ablehnung seiner Verkündigung.

In einem völlig andern Licht erscheinen dagegen die Erzählungen Kap. 19 1—20 6 26—29 und 36. Hier steht nicht das Ergehen des Propheten wegen seiner Verkündigung im Vordergrund, sondern gerade die Durchsetzung der prophetischen Verkündigung gegen alle Anfeindung und Infragestellung. Kap. 26. 27f. und 36 lassen dies besonders klar in ihrer ältesten Form erkennen. Ihr Verfasser wandelt dieses Thema exemplarisch an den wesentlichsten Formen prophetischer Verkündigung ab: Kap. 26 mündliche Verkündigung, Kap. 27f. Verkündigung durch eine symbolische Handlung und Kap. 36 schriftliche »Verkündigung«, wobei er immer nach dem gleichen Schema verfährt: Verkündigung — Infragestellung — Bestätigung. Erster und dritter Teil entsprechen sich jeweils: Kap. 26 Silowort — Michazitat, Kap. 27f.: hölzernes Joch — eisernes Joch, Kap. 36: erste Niederschrift — Wiederholung der Niederschrift. Dieses Verfahren verrät noch ziemlich urtümliche Züge der Argumentation. So gewinnt in Kap. 28 und 36 die einfache Wiederholung des in Frage gestellten Vorgangs Beweiskraft, was nur aus dem ursprünglich magischen Verständnis des Wortes bzw. der Schrift verständlich wird[22]. In Kap. 26 begegnet zwar das gleiche Phänomen, jedoch wird hier durch die Berufung auf die Verkündigung Michas schließlich ein Traditionszusammenhang hergestellt, der *die Wahrheit der Verkündigung des Propheten Jeremia* erweisen soll. Hier setzt theologische Reflexion ein, die sich schließlich in Kap. 28 in einem späteren Überlieferungsstadium in ähnlicher Weise fortsetzt (28 5–9). In eben diesem Überlieferungsstadium kommt ein weiterer Zug hinzu, der die Wahrheit der Verkündigung Jeremias untermauern soll. Wer sich nämlich der Verkündigung des wahren Jahwepropheten entgegenstellt, hat mit seinem eigenen Untergang zu rechnen. Dies wird sinnfällig durch die zahlreichen stereotypen Drohworte in Kap. 19 1—20 6 28 29 und 36. An all diesen Zügen wird deutlich, daß die Hochschätzung des Propheten und seiner Verkündigung doch zu einer gewissen Einseitigkeit der Darstellung verleitet. Eine Idealisierung des Prophetenbildes ist jedenfalls nicht zu übersehen.

---

thought to be the centre of the story. He is not. There are incidents here which have to be taken into account in a total attempt at assessing the personality of the prophet. But he is here as the expression of the divine word.« (52).

[22] Vgl. G. Fohrer, Prophetie und Magie, ZAW 78 (1966), 25—47, jetzt: Studien zur alttestamentlichen Prophetie (1949—1965), 1967, 242—264.

Beihefte
zur Zeitschrift für die alttestamentliche Wissenschaft

Herausgegeben von GEORG FOHRER

Zuletzt erschienen:

Das ferne und nahe Wort. Festschrift LEONHARD ROST zur Vollendung seines 70. Lebensjahres am 30. XI. 1966 gewidmet. Im Auftrag der Mitarbeiter herausgegeben von F. MAASS. Mit 1 Frontispiz. VIII, 275 Seiten. 1967. Ganzleinen DM 62,— (Heft 105)

Yariḫ und Nikkal und der Preis der Kuṭarāt-Göttinnen. Ein kultisch-magischer Text aus Ras Schamra. Von W. HERRMANN. X, 48 Seiten. Mit 1 Tafel. 1968. DM 18,— (Heft 106)

The Samaritan Chronicle No. II (or: Sepher Ha-Yamim) From Josua to Nebuchadnezzar. By J. MACDONALD. VIII, 227, 93 Seiten. 1969. Ganzleinen DM 70,— (Heft 107)

The Problem of Etiological Narrative in the Old Testament. By B. O. LONG. VIII, 94 Seiten. 1968. Ganzleinen DM 24,— (Heft 108)

Ursprünge und Strukturen alttestamentlicher Eschatologie. Von H.-P. MÜLLER. XII, 232 Seiten. 1969. Ganzleinen DM 46,— (Heft 109)

Mose. Überlieferung und Geschichte. Von H. SCHMID. VIII, 113 Seiten. 1968. Ganzleinen DM 32,— (Heft 110)

The Prophetic Word of Hosea. A Morphological Study. By M. J. BUSS. XIV, 142 Seiten. 1969. Ganzleinen DM 46,— (Heft 111)

Text und Textform im hebräischen Sirach. Untersuchungen zur Textgeschichte und Textkritik der hebräischen Sirachfragmente aus der Kairoer Geniza. Von H. P. RÜGER. VIII, 117 Seiten. 1970. Ganzleinen DM 46,— (Heft 112)

Die Wurzel schalom im Alten Testament. Von W. EISENBEIS. XVI, 367 Seiten. 1969. Ganzleinen DM 80,— (Heft 113)

Das Todesrecht im Alten Testament. Studien zur Rechtsform der Mot-Jumat-Sätze. Von H. SCHULZ. X, 208 Seiten. 1969. Ganzleinen DM 42,— (Heft 114)

Studien zur alttestamentlichen Theologie und Geschichte (1949—1966). Von G. FOHRER. X, 371 Seiten. 1969. Ganzleinen DM 74,— (Heft 115)

Prophet und Tradition. Versuch einer Problemstellung. Von M. L. HENRY. X, 77 Seiten. 1970. Ganzleinen DM 22,— (Heft 116)

Die Psalmen: Stilistische Verfahren und Aufbau. Mit besonderer Berücksichtigung von Ps 1—41. Von N. H. RIDDERBOS. Aus dem Holländischen von K. E. MITTRING. Etwa 320 Seiten. 1970. Ganzleinen etwa DM 40,— (Heft 117)

Strukturen und Figuren im Kult von Jerusalem. Studien zur altorientalischen, vor- und frühisraelitischen Religion. Von F. STOLZ. XI, 235 Seiten. 1970. Ganzleinen DM 58,— (Heft 118)

Geschichtliche Rückblicke und Motive in der Prophetie des Amos, Hosea und Jesaja. Von J. VOLLMER. X, 217 Seiten. 1970. Ganzleinen DM 62,— (Heft 119)

Die Priesterschrift von Numeri 1, 1 bis 10, 10 — literarkritisch und traditionsgeschichtlich untersucht. Von D. KELLERMANN. VI, 168 Seiten. 1970. Ganzleinen DM 48,— (Heft 120)

Handbook of Classical and Modern Mandaic

Groß-Oktav. LXVIII, 649 Seiten. 1965. Ganzleinen DM 200,—

RUDOLF MACUCH

Grammatik des samaritanischen Hebräisch

Groß-Oktav. XL, 571 Seiten. 1969. Ganzleinen DM 220,—
(Studia Samaritana, herausgegeben von Rudolf Macuch, Band 1)

In Vorbereitung:

Wörterbuch des samaritanischen Hebräisch
Grammatik des samaritanischen Aramäisch
Wörterbuch des samaritanischen Aramäisch

AUGUST FREIHERR VON GALL

Der hebräische Pentateuch der Samaritaner

5 Teile

I. Teil: Prolegomena und Genesis. Mit 4 Tafeln. — II. Teil: Exodus
III. Teil: Leviticus. — IV. Teil: Numeri. — V. Teil: Deuteronomium nebst Nachträgen
und Verbesserungen
Quart. XVI, XCIV, 440 Seiten. 1914/1918. Nachdruck 1966. Ganzleinen DM 110,—

MARK LIDZBARSKI

Ephemeris für semitische Epigraphik

3 Bände

I. Band: 1900—1902. Mit 49 Abbildungen. — IV, 371 Seiten. — II. Band: 1903—1907
Mit 1 Schrifttafel und 38 Abbildungen. VIII, 444 Seiten. — III. Band: 1909—1915
Mit 15 Tafeln und 107 Abbildungen im Text. VI, 322 Seiten
Groß-Oktav. Halbleder DM 300,—

Walter de Gruyter & Co · Berlin 30

Abraham Schalit

König Herodes
Der Mann und sein Werk

Groß-Oktav. XVI, 890 Seiten. Mit 1 Frontispiz, 8 Bilddtafeln, 4 Karten und 1 Stammtafel.
1969. Ganzleinen DM 148,—

Die deutsche Ausgabe ist eine vom Verfasser überarbeitete und bedeutend erweiterte Fassung
des 1960 im Bialik-Institut, Jerusalem, erschienenen hebräischen Originals. Die Übersetzung
der hebräischen Originalfassung des Werkes wurde von Jehoshua Amir besorgt.

(Studia Judaica Band 4)

Arnold M. Goldberg

Untersuchungen über die Vorstellung von der Schekhinah in der frühen rabbinischen Literatur
— Talmud und Midrasch —

Groß-Oktav. XII, 564 Seiten. 1969. Ganzleinen DM 72,—

(Studia Judaica Band 5)

Hebräisches und aramäisches Wörterbuch zum Alten Testament
Herausgegeben von Georg Fohrer
in Gemeinschaft mit Hans Werner Hoffmann, Friedrich Huber,
Jochen Vollmer und Gunter Wanke
Groß-Oktav. Etwa 400 Seiten. 1970. Ganzleinen DM 28,—

Johannes Hempel

Die althebräische Literatur und ihr hellenistisch-jüdisches Nachleben

Quart. 203 Seiten mit Abbildungen und Tafeln. 1930
Nachdruck 1968. Ganzleinen DM 36,—
(Mit Genehmigung des Athenaion-Verlages)

Ludwig Diestel

Geschichte des Alten Testamentes in der christlichen Kirche
Neubearbeitung in zwei Bänden von Herbert Donner
Oktav. Etwa 960 Seiten. Ganzleinen zusammen etwa DM 140,—

Der erste Band erscheint voraussichtlich im Herbst 1970, der zweite Band im Winter 1970/71.

Walter de Gruyter & Co · Berlin 30

Religionsgeschichtliche Versuche und Vorarbeiten

Attis. Seine Mythen und sein Kult. Von Hugo Hepding. VI, 224 Seiten. 1903. Nachdruck 1967. Ganzleinen DM 38,— (I)

Die Apologie des Apuleius von Madaura und die antike Zauberei. Beiträge zur Erläuterung der Schrift de magia. Von Adam Abt. VIII, 271 Seiten. 1908. Nachdruck 1967. Ganzleinen DM 36,— (IV, 2)

Der Reliquienkult im Altertum. Von Friedrich Pfister. Nachdruck geplant. Subskr. DM 86,—
1. Das Objekt des Reliquienkultes. 1909.
2. Die Reliquien als Kultobjekt. Geschichte des Reliquienkultes. — XII, 686 Seiten. 1912. (V)

Die kultische Keuschheit im Altertum. Von Eugen Fehrle. XII, 250 Seiten. 1910. Nachdruck 1966. Ganzleinen DM 34,— (VI)

Antike Heilungswunder. Untersuchungen zum Wunderglauben der Griechen und Römer. Von Otto Weinreich. XII, 212 Seiten. 1909. Nachdruck 1969. Ganzleinen DM 44,— (VIII, I)

Die sakrale Bedeutung des Weines im Altertum. Von Karl Kircher. VIII, 102 Seiten. 1910. Nachdruck 1970. Ganzleinen DM 19,80 (IX, 2)

Epiktet und das Neue Testament. Von Adolf Bonhöffer. XII, 412 Seiten. 1911. Nachdruck 1965. Ganzleinen DM 42,— (X)

De saltationibus Graecorum capita quinque. Von Kurt Latte. VIII, 116 Seiten. 1913. Nachdruck 1967. Ganzleinen DM 24,— (XIII, 3)

Die Menschenopfer bei den Griechen und Römern. Von Friedrich Schwenn. VII, 202 Seiten. 1915. Nachdruck 1966. Ganzleinen DM 28,— (XV, 3)

Triskaidekadische Studien. Beiträge zur Geschichte der Zahlen. Von Otto Weinreich. X, 124 Seiten. 1916. Nachdruck 1967. Ganzleinen DM 24,— (XVI, 1)

De philosophorum Graecorum silentio mystico. Von Odo Casel. VII, 166 Seiten. 1919. Nachdruck 1967. Ganzleinen DM 24,— (XVI, 2)

Das Fasten bei den Griechen und Römern. Von P. R. Arbesmann. VIII, 131 Seiten. 1929. Nachdruck 1966. Ganzleinen DM 22,— (XXI, I)

Sylloge inscriptionum religionis Isiacae et Sarapiacae colleg. Von Ladislaus Vidman. XVII, 373 Seiten. 1969. Ganzleinen DM 98,— (XXVIII)

Isis und Sarapis bei den Griechen und Römern. Epigraphische Studie zur Verbreitung und zu den Trägern des ägyptischen Kultes. Von Ladislaus Vidman. VI, 189 Seiten. 1970. Ganzleinen DM 52,— (XXIX)

Garizim und Synagoge. Von Hans Gerhard Kippenberg. XIV, 374 Seiten. 1970. Ganzleinen DM 88,— (XXX)

Die iranischen Feuerheiligtümer. Von Klaus Schippmann. Etwa 592 Seiten. In Vorbereitung.

Walter de Gruyter & Co · Berlin 30

DATE DUE
